呑道不二

돈과 道는 다르지 않다

강상삼

돈道不二

돈과 도(道)는 둘이 아니다.

세간 속에 도가 있다.

돈 벌기와 쓰기가 도(道)와 다르지 않다.

생각나눔

Contents

왜 나는 흙수저일까?

왜 저 사람은 아무 노력도 없이 금수저일까?

우리는 알 수 없는 이유는 접어둔 채,

금수저를 분노하면서 동시에 부러워한다.

황금만능이 판치는 이 세상에도 쓸모없이 많은 잉여의 삶보다는

흘러넘칠 것이 아무것도 없는 내면의 부(富)를 찾은 진정한 부자의 삶은 있다.

무소유 도인(道人)으로 깊은 산 속이 아닌, 세간(世間)에서 부자

도인(道人)이 되어 많은 사람을 살릴 수 있는 해탈한 자산가가 되어야 한다!

이를 위해 돈과 도(道)는 둘이 아님을 이야기하고자 하였다.

하늘과 땅이 공감하고 스스로가 받아들일 수 있는

명확한 이유와 목적이 있는 부(富)는 반드시 이루어진다.

내 가슴이 열망하는 그 일이 이루어진 장면을 기필코 상상하라!

그리고 이루어진 그 기쁨의 느낌에 푹 빠져들어라!

"군자는 재물을 좋아하되, 반드시 도(道)에서 이를 구한다."

한 번뿐인 인생, 그놈의 돈 때문에 얼마나 많이 울고 웃고 비상하고 추락하고 다시 일어서는 것일까? 숱한 노력에도 돈은 스쳐 지나가고 통장은 비어만 가는, 스스로는 부자와 돈에는 뭔가 어울리지 않는다고 느끼는 사람들이 부지기수다.

그들과 함께 공감하며 동시에 현재 상황을 바꾸고 싶다면 시도해볼 만한 방법을 나누고 싶었다. 또한, 돈을 보면서 울고 웃으며 쌓인 나의 고민과 수행에 대해 정리해봐야겠다는 생각으로 이 책을 썼다.

춘추전국시대의 여불위(呂不韋)와 더불어 중국 역사상 양대 거상으로 손꼽히는 호설암(1823~1885)은 언젠가 전 재산을 생사(生絲)에 투자했지만 큰 손해를 본 적이 있었다. 그런 와중에도 수해나 가뭄 구호를 위해 거금을 기부했다. 그는 "군자는 재물을 좋아하되 반드시 도(道)에서 이를 구한다."라는 말을 입에 달고 다녔다고 한다. 이 말은 '높은 도덕성을 지닌 군자도 재물을 좋아한다. 또한, 재물을 취하는 방법이 도리에 어긋나지 않고 정도(正道)를 취한다면 그 사람은 군자라 할 수 있다.'라는 의미다.

호설암과 비슷한 시대를 살았던 조선 시대의 거상 임상옥

(1779~1855)의 부에 대한 철학은 재상평여수(財上平如水) 인중직사형(人中直似衡)이란 말에 함축돼있다. "재물은 평등하기가 물과 같고 사람은 곧기가 저울대와 같다."라는 의미다. 그는 재산이란 물처럼 흘러야 함을 알았기에 생전에 어떠한 유산을 남기지 않고 모두 기부했다.

부(富)와 도(道)는 공존하기 어렵다. 하지만 내려놓을 때 공존이 가능해진다. 중국 춘추전국시대 책사이자 재력가인 범려를 후대 사람들은 상업의 성인, 상성(商聖)이라고 부른다. 그것은 그가 가진 높은 벼슬과 많은 재산을 언제든지 모두 놓아버릴 수 있었기 때문이었다.

놓아버릴 수 있어야만 얻을 수 있다. 그것이 세상의 이치다. 재물을 통해 도(道)를 구하는 경지가 상도(商道)다. 상업이라는 경제활동 속에도, 돈에도 도(道)는 있다.

"흉년의 공포에 한번 사로잡히기만 하면 농민들은 하늘도 땅도 믿지 않았고, 다정한 이웃, 핏줄이 얽힌 동기간도 믿지 않는다. 오직 수중에 있는 곡식만 믿는다." 박경리의 『토지』에 나오는 글이다. 무항산 무항심(無恒産 無恒心)이다.

맹자는 백성들의 배를 채우는 것을 항산(恒産)이라 하고, 백성들이 도덕을 실천하는 것을 항심(恒心)이라고 했다. 무항산 무항심(無恒産 無恒心), 이는 '항산(恒産)이 없으면 항심(恒心)도 없다, 배가 부르고 등이 따뜻해야 비로소 윤리와 도덕이 생긴다.'라는 의미다. 그러나 항산(恒産) 없이 항심(恒心)을 가지고 살 수 있는 사람, 즉 먹고 사는 문제가 불안정하더라도 변치 않고 도덕과 윤리를 지킬 수 있는 사람이 진정한 군자이며 도인이다. 하지만 보통 사람들에게는 항산

(恒産) 없이 항심(恒心)을 기대해서는 안 된다는 게 나라를 다스리는 자들에 대한 맹자의 가르침이다.

가정사(家庭事)도 마찬가지다. 먹고 사는 문제를 해결할 수 없다면 가정을 지키기 어렵다.

톨스토이의 소설 『안나 카레리나』는 "행복한 가정은 모두가 닮았지만, 불행한 가정은 모두 저마다의 이유로 불행하다."라는 문장으로 시작한다. 모든 가정의 모습이 비슷한 행복과 저마다 다른 불행들을 안고 있다는 의미다.

행복과 불행의 두 갈래 모습으로 나뉘는 가장 큰 원인은 '돈'에 있다. 세상사 고통의 밑바닥에는 돈이 있다. 대부분 돈의 질곡에서 빠져나오지 못하고 허우적거린다. 어떤 이는 그 나락에서 헤어나오지 못하고 삶을 마감하기도 한다.

『포브스』의 발행인 말콤 포브스는 "인생의 100가지 문제 중에 99가지 문제의 해답은 바로 돈에 있다."라고 했다. 행복의 많은 것들은 돈과 무관할 수 있지만, 불행의 많은 원인은 대부분 돈과 관련이 있기 마련이다.

'먹느냐, 먹히느냐'만 존재하는 전쟁, 그 승패를 좌우하는 것은 돈이다. 로스차일드가의 셋째 아들 네이선은 "나는 해가 지지 않는 잉글랜드 제국을 통치하는 왕이 누군지 상관하지 않는다. 대영제국의 통화 공급을 통제하는 사람이 곧 대영제국의 통치자다. 그 사람은 다름 아닌 나다!"라며 돈의 위력을 설파한다.

세계를 이끌어가는 나라는 미국이고, 미국을 이끌어가는 사람은 대통령이다. 하지만 그 대통령을 움직이는 것은 정치자금, 돈이다. 결국,

돈이 세계를 이끌어간다. 돈을 지배하는 자가 최후의 승자가 된다.

많은 사람들의 관심사는 '부자 되는 것'이다. 본인도 늘 이런 생각을 했다. "부자들은 나와 뭐가 다른가? 어떻게 하면 나도 부자가 될 수 있을까?"

보험회사에서 30여 년 근무하며 돈을 매개로 많은 사람들을 만났다. 퇴직 후에는 경제금융, 가정재정(Home Financing)전문 강사로 활동하며 돈과 관련해 사람들이 어떤 생각과 태도를 가졌는지 관찰할 기회가 많았다.

그 과정에서 알게 된 것은 '돈은 덕이 높은 사람, 선한 사람, 악한 사람을 가리지 않으며, 학벌 좋고 머리 좋은 사람을 가리지도 않는다.'라는 사실이었다. 지식과 돈은 상생관계가 아니다. 공자님도 가난에 찌들어 살았고, 자공을 제외한 모든 제자들도 가난했다. 제자 중 가장 뛰어난 인물로 꼽히는 안회는 굶주림으로 인한 영양실조로 스물아홉 살의 젊은 나이로 요절했다.

돈은 양지에만 있지 않다. 음지에도 얼마든지 있다. 코로나 19로 수많은 사람이 죽어 나가도 큰돈을 버는 사람은 있다. 우리가 아프거나 죽어야 돈을 버는 의사, 장의사도 있으며, 우리의 통장이 비기만을 학수고대하는 사채업자도 있다.

이렇듯 돈이란 세상 곳곳에 넘쳐난다. 많은 사람들이 스스로의 노력으로 부를 이뤄낼 수 있다면 개인의 복지, 더 나아가 사회 전체의 복지도 이룰 수 있다. 개인들의 부(富)가 국력의 원천이다. 많은 사람들이 큰 부자는 아니더라도 작은 부자, '행복한 부자'가 되어야 한다. 행복한 부자들로 넘쳐나는 세상이야말로 진정한 복지국가다.

시중에는 재테크에 관한 책들로 넘쳐난다. 그 책들 대부분은 오로지 돈 벌기 위한 지식과 정보를 제공하는 데 중점을 두고 있다.

매일 아침 눈 뜨면 부동산, 주식, 가상화폐 관련 뉴스 보도로 하루를 시작한다. 얼마 전만 해도 억만장자라고 했는데 지금은 수십억 정도로는 부자 축에 끼지도 못한다.

부모들도 자녀들에게 인성교육보다는 투자론의 필요성을 강조하는 일을 당연하게 여긴다. 경쟁에서 이기고 더 많은 이익을 얻는 법을 끊임없이 가르치는 것이 부모의 역할이라고 생각한다. 인성 보다는 어느 동네에 사는지, 소유 재산은 얼마인지가 사람을 판단하는 중요한 잣대가 되는 세상이다. 불행하게도 이런 현상은 수그러들지 않을 것으로 보인다.

'한 번뿐인 인생을 어떻게 살 것인가?'에 관한 문제는 등한시하고 단지 갖고 싶은 것을 다 소유하고 편안하게 사는 것만 중요시된다면 인간의 가치는 동물과 다름이 없게 될 것이며 부(富) 또한 빈 껍데기로 남게 될 것이다.

부는 경멸의 대상이 아니지만 부를 통해 자신의 안락만을 추구하는 돈독 오른 삶은 경멸 받아 마땅하다.

돈과 도(道), 인간 세상의 물질과 정신을 상징하는 두 축이다. 도를 닦든 돈을 벌든 자신의 삶을 살아간다. 삶이 다양한 만큼 도나 돈에 관한 생각도 다양할 것이다. 도와 돈 중 무엇을 선택할지는 순전히 그 자신의 몫이다. 보통 사람들에게 도나 깨달음은 너무 먼 주제로 느껴지지만, 돈에 대해서는 다르다.

"곤경에 빠지는 것은 뭔가를 몰라서가 아니다. 뭔가를 확실히 안다는 착각 때문이다."『톰 소여의 모험』을 쓴 마크 트웨인의 말이다.

우리는 누구나 돈을 잘 안다고 생각한다. 하지만 그것은 착각인 경우가 많다. 많은 사람들이 돈으로 인해 곤경에 빠진 뒤에야 뉘우치게 된다. 하지만 돈에 대해 무지하다는 사실을 깨달았을 때가 부자로 가는 출발점에 선 것이다.

돈을 잘 모르면 어린아이가 되지만, 돈을 깊이 알면 세상의 이치를 만난다. 딱 아는 만큼만 보이는 게 세상 이치다. 아는 만큼 지킨 만큼만 내 손안에 남아있는 게 돈이다. 모르면 손바닥 안의 모래알처럼 나도 모르게 새나가 버린다.

"무릇 적에 대해서도 모르고 나에 대해서도 모르면 싸울 때마다 위험에 처한다." 손자병법에 나오는 말이다. 돈을 버는 곳도 전쟁터다. 나와 돈을 모른 채 세상에 나간다면 돈을 이길 수 없다.

로또 복권당첨으로 부자가 된 사람들은 몇 명 안 되지만, 부(富)와 성공의 원리를 잘 이용해 부자가 된 사람들은 많다. 알게 모르게 그 원리를 깨닫고 실행한 사람들은 부자가 되었다. 돈의 속성과 돈이 흘러가는 원리, 그리고 부를 끌어당기는 부의 의식을 충분히 이해함으로써 현재의 가난을 극복하고 부자가 되는 발판으로 삼으면 된다. 이것이 로또에 투자하는 것보다 훨씬 바람직한 방법이다.

사마천의 『사기』 마지막 편, 「화식열전」에서 "부는 인간의 본성이라 배우지 않아도 누구든 추구할 수 있다."라고 했다. '독사가 물을 마시면 독을 만들고 소가 물을 마시면 젖을 만든다.'는 말처럼 돈에 대해 지혜롭게 잘 배우면 깨달음(覺)을 이루고 어리석게 배우면 돈독을 만들게 된다. 이 땅에 태어난 모든 이들의 본성인 '부(富)'를 누리는 길은 '도(道)'의 길과 다르지 않다.

마음을 다스릴 수 있어야 한다. 부자가 되기 위해서는 돈을 사랑하기 이전에 '경천애인(敬天愛人)' 하늘을 공경하고 사람을 사랑하는 마음을 가져야 한다. 부자는 나누면서 더 커지는 무한의 부(富)를 깨달아야 하고, 가난한 자는 부유하지 못하다는 좌절감에서 벗어나 부의 의식으로 충만해야 한다.

트로피 사냥꾼이란 별명을 가진 무명 선수 출신인 모리뉴 감독은 "호날두에게 프리킥 하는 법을 가르칠 수는 없다. 그러한 것을 가르치려 해서는 안 된다. 스타 플레이어들이 팀 안에서 축구를 하는 법을 가르쳐주면 되는 것이다."라며 감독은 기술이 아닌 팀 플레이의 중요성을 가르쳐야 한다고 했다.

이 책을 통해 돈을 많이 벌기 위한 투자 기술을 습득하고자 한다면 책을 덮어야 한다. 또한, 이 책을 읽자마자 부자가 될 수 있다고도 말하지 않는다. 우리가 사는 세상 속에서 위대한 팀플레이를 할 수 있는 부자, 돈과 도(道)가 어우러진 해탈한 자산가가 되라고 말한다.

이 책의 목적은 해탈한 자산가라는 것이 실제로 존재하며 우리 모두는 그러한 삶을 살기 위해 노력해야 한다고 설득하는 데 있다. 돈 많은 부자가 되라고 말하지 않는다. 그렇다고 금욕주의자나 은자(隱者)가 되라고도 하지 않는다. 입산수도는 할 수 없지만, 집착과 탐욕은 끊고, 자기 능력을 최대한 발휘해 '해탈한 자산가'가 되길 염원한다.

본인은 투자전문가도 더구나 행복 경제학자도 아니다. 단지 행복한 부자, 해탈한 자산가를 추구하는 사람이다. 그들은 정직하고 올바른 방법으로 재산을 축적하되 그기에 집착하지 않는다. 집착하지 않는다는 것은 사리사욕이 없다는 말이다. 언뜻 모순되고 비현실적으로 보이지만 정신적 물질적 부(富)를 통한 영적 여정의 길을 걷는 자가 해탈한 자산가이다.

장옥빈의 『재기』에 다음과 같은 글이 나온다. "부를 숭배하는 이 시대에 부자는 인생을 즐기고, 빈자는 주어진 인생을 견뎌내야만 한다. 부자는 돈이 없어 고생하는 삶을 이해하지 못한 채 느긋하고 편안하게 생활하는 반면, 빈자는 돈 때문에 인생이 고달프고 피폐해져 절대로 가난에서 벗어날 수 없다고 삶을 포기하기도 한다. 부자와 빈자 사이에 존재하는 엄청난 차이에 대해, 빈자들은 스스로 재운이 없는 탓이라고 말한다. 그러나 가난과 부의 수수께끼를 푸는 열쇠는 스스로 재운을 키우고 행운의 여신이 찾아올 수 있는 비결을 아느냐 모르느냐에 달려 있다."

스스로 재운을 키우고 행운의 여신이 찾아오게 만들려면 부(富)의 게임의 법칙을 알아야 한다. 부(富)와 도(道)는 멘탈 게임이다. 절대 포기하지 않고 용맹 정진, 인욕 정진할 수 있어야 경지에 도달할 수 있다. 이것은 '절대긍정을 바탕으로 한 집요함과 간절함'의 산물이다.

'돈道不二, 돈과 도(道)가 둘이 아님'을 깨달아야 한다. 세간 속에 도가 있다. 돈 벌기와 쓰기가 도(道)와 다르지 않다는 명제(proposition, 命題)를 풀어 나가고자 한다.

이 책을 읽는 모든 분들이 더 밝아지고 지혜를 넓혀주는데 조금이라도 도움이 되었으면 하는 바램과 함께 스스로 부자가 아니라고 생각하는 이들에게 기나긴 곤궁함의 끝이요, 풍요로움의 시작을 알리는 죽비 소리가 되길 바라며 '돈道不二'에 대한 이야기를 시작하고자 한다.

1부

/

돈과 도(道)는
다르지 않다

  　　　　　'佛法在世間 不離世間覺 離世覓菩提 恰如求兎角
(불법재세간 불리세간각 이세멱보리 흡여구토각)'

　이 말은 "불법은 세간에 있고 세간을 떠난 깨달음은 없다. 세간을 떠나 도를 찾는 것은 흡사 토끼 뿔을 구하는 것 같다."라는 뜻으로 불교 화엄경의 구절이다. 세간의 일과 출세간의 일이 다르지 않음을, 돈과 도(道)는 다르지 않음을 말하고 있다.

　노자의 도덕경에는 상선약수(上善若水)란 구절이 나온다. 최고의 선(善)은 물과 같다. 물은 만물을 이롭게 하는 데 뛰어나지만 다투지 않고, 모든 사람이 싫어하는 곳에 머문다. 그러므로 도(道)에 가깝다. (上善若水, 水善利萬物而不爭, 處衆人之所惡, 故幾於道)

　최고의 선(善) 즉 상선은 자연이고 도(道)이다. 그러나 자연과 도는 보이지 않는다. 무(無)인 것이다. 도무수요(道無水有), 도는 보이지 않고 보이는 것 중에서 도와 가장 비슷한 것은 바로 물이다.

　조선시대 최고의 부자였던 임상옥의 좌우명은 '재상평여수財上平如水 인중직사형人中直似衡'이다. "재물은 위에서 아래로 흐르는 물처럼 순리를 따라서 취해야 한다. 사람은 저울처럼 누구나 평등하게 차별 없이 대한다."는 뜻이다.

　최인호의 소설 『상도』에서 임상옥은 그의 좌우명에 대해 이렇게 말한다. "물을 소유하려고 모아두면 썩어버리듯이 재물도 마찬가지다. 내

손안에 들어온 재물은 잠시 그곳에 머물러 있는 것에 불과한 것이다."

돈과 도(道)를 이룬 경지에 도달하면 돈과 도의 본성은 물이다. 그래서 돈道不二, 돈과 도는 다르지 않다.

황금만능이 판치는 세상이다. 상대적 박탈감으로 흐느끼는 사람들로 가득하다. 돈으로 인해 같은 시간 다른 세상을 사는 사람들의 쓸쓸함이 만연한 세상이다.

'돈'이란 우리들에게 인생의 전부는 아니지만 가장 큰 부분을 차지한다. 해서 '돈'을 외면해서는 좋은 삶을 누릴 수 없지만 그렇다고 '돈'에 얽매여서도 안 된다.

돈은 우리 삶을 관통하며 흐르는 강력한 에너지場이다. 자연스러운 흐름을 막고 무작정 잡아둘 수 없다. 비슷한 것은 강력히 끌어당기는 유유상종의 법칙을 따르므로 부익부 빈익빈의 원칙이 적용된다. 돈을 지배하려고 하면 오히려 돈의 노예가 된다. 하지만 더 많이 내어주면 더 많이 흘러 들어오게 된다.

우리 인생은 하루하루가 쌓여서 만들어진다. 재부(財富)도 보잘것없는 적은 돈과 시간이 쌓여서 일구어진다.

재물운이 따르는 정해진 직업은 없으며, 돈의 주인이 정해져 있지도 않다. 단지 돈의 속성을 이해하고 부의 법칙을 실천하며, 투자에 관한 재능이 있는 사람은 부유하게 살고, 그렇지 못한 사람들은 마치 손가락 사이의 모래알처럼 돈은 알게 모르게 빠져나가 버린다.

올바르고 정직하게 돈을 번 부자들을 파렴치한 사람으로 매도해서는 안 된다. 돈이 없을 때보다 돈이 있을 때 더 많은 선행과 자선을 베풀 수 있다. 입산수도 할 생각이 아니라면 반드시 부자가 되어야 한다. 올바르고 정직한 방법으로 부자가 되어야 한다. 그것이 자본주의 사회를 살아가는 우리들의 선량한 책무다.

거의 대부분의 사람들은 돈에 주눅들어 있다. 인생의 많은 시간을 돈을 추구해왔지만 진작 "부자가 되었는가?"라는 질문에 움츠러든다. 이유는 가지각색이지만 부자의 기준을 단지 재물의 소유 정도로만 보기 때문일 것이다. 그러나 진정한 부자의 기준은 돈과 재물의 보유 정도가 아니라 그것들로부터 얼마나 자유로운가에 있다. 그것은 베풂과 넉넉함, 풍요의 의식과 같은 정신적 자질, 즉 의식의 수준에 있다.

흙수저와 금수저로 태어나는 이유가 있을까? 그것을 외부에서 찾기보다는 자신의 내면에서 찾을 때 해답이 보인다. 외부에서 찾으면 나를 제외한 모든 것이 비난과 원망의 대상으로 보이게 되고 내면에서 찾으면 도(道)가 보이게 된다. 물질적으로 쓸모 없이 과다한 잉여의 삶을 거부하는 것이 도(道)로 가는 길이다.

세간 속에 도(道)가 있다고 했다. 돈의 속성을 잘 알고, 돈에 대한 태도와 신념체계가 올바르게 정립되어 있을 때 돈은 모든 선(善)의 근원이 된다. 도(道)를 닦는 것은 생사 해탈을 향해 가는 수행자의 길이기도 하지만 건강한 사회인이 되는 길이기도 하다. 이 세상에서 가장 효율적이고 부작용 없는 도통(道通) 수행법은 바로 우리가 살고 있는 이 세간 속에서 다양한 인간군상들과 더불어 부대끼는 삶 속에 있다. 돈을 통해서 도(道)에 이를 수 있다. 돈과 도는 다르지 않다.

1. Money story is life story.

"돈은 인격이다. 인간의 훌륭한 자질 중 몇 가지는 돈의 바른 사용법과 밀접한 관계가 있다. 관용, 성실, 자기희생 등은 물론 검약이나 미래에 대한 배려 같은 현실적인 미덕조차 돈과는 끊을래야 끊을 수 없는 사이이다."

새무얼 스마일즈

'Money story is Life story.'란 말을 좋아한다. 자아를 형성하는 것은 몸과 정신, 영혼뿐만 아니라 가족과 일, 그리고 재산, 은행 잔고 등 이 모든 것을 합한 것이다. 돈은 한 사람의 인생이 어떠했는지, 다른 사람들과의 관계는 어떠했는지 무슨 일을 해왔는지를 보여준다. 우리가 돈을 벌고 모으고 사용한 모습들이 우리들의 인생이기 때문이다.

경제학자 머턴 밀러(Merton Miller)는 이렇게 말했다. "그 사람을 알려면 그의 돈이 어디로 가는지를 보라."

돈을 어떻게 벌고 어떻게 쓰는가를 알면 그 사람의 됨됨이, 인성을 알 수 있다. 탈무드에는 "능히 베풀 수 있는 만큼의 재물만을 얻어야 하며, 자선과 구제는 단순한 동정심이 아니라 정의요 의무이며, 또한 본인에 대한 최고의 투자다."라고 했다. 성경에는 "구제를 좋아하는 자는 풍족하여질 것이요, 남을 윤택하게 하는 자는 윤택하여지리라 (잠 11:25)."라고 가르친다.

우리의 미래는 현재 우리의 은행통장 잔고와 밀접한 관련이 있다. 돈보다 자신이 훨씬 더 중요하지만, 어쩌면 자신이 가진 돈이 곧 자신이기도 하다. 돈에는 인간의 희로애락이 담겨 있다. 그래서 돈에 관한 당신의 이야기는 바로 당신의 인생 이야기이기도 하다.

돈은 사람을 차별하지 않는다. 돈은 착한 사람, 나쁜 사람, 똑똑한 사람, 멍청한 사람을 가리지 않는다. 부유함과 가난함에는 옳고 그름, 선과 악이라는 것과 상관계수가 없다. 그래서 악인이 부자가 되기도 하고 선인이 가난뱅이가 되기도 한다. 단지 돈의 속성과 법칙을 잘 이해하고 부의 의식을 가진 사람은 재물을 모아 부유하게 살고 그렇지 못한 사람은 가난하게 살 뿐이다.

사람들이 가장 관심을 가지고 있고 원하는 것은 '돈'이다. 하지만 아이러니하게도 이렇게 중요한 돈에 대해 누가 가르쳐주지도 않으며 스스로도 공부하지 않는다.

학교에서는 실용경제나 생활금융과 같은 과목이 정규 교과목으로 편성되어 있지 않다. 가정에서 익혀야 하는데 많은 부모들도 체계적으로 배운 적이 없다.

한평생 살면서 정말로 중요한 것이 돈이라고 생각하는 부모님들조차 돈에 관한 가르침이라고는 기껏 '돈 아껴 쓰라.' 내지는 '너는 돈 걱정하지 말고 공부나 열심히 해라.' 정도다.

돈 걱정하지 않고 열심히 공부만 했다면 아마 성인이 되었을 때는 돈 걱정해야 할 가능성이 크다. 돈을 잘 모른다면 자본주의 사회에서 결코 행복하다고 할 수 없다. 중요한 것은 돈과 관련한 지식과 판단력, 그리고 돈을 대하는 태도이다.

우리가 돈을 버는 궁극적인 이유는 행복해지기 위해서이다. 스토리 작가 김세영의 『사랑해』에 보면 이런 말이 나온다. "어린이들이 아름답고 행복한 건 돈을 모르기 때문입니다. 많은 어른들이 불행하게 사는 것 역시 돈을 모르기 때문입니다."

우리는 흔히 '돈 공부'를 경제학 공부라고 오해한다. 모든 사람들이 경제학 교수가 될 필요는 없다. 대부분 사람들에게는 어려운 경제학 이론보다는 경제활동을 하면서 필요한 돈에 관한 올바른 가치관 형성과 합리적 소비지출, 투자 등에 대한 지식이 중요하다. 그리고 금융상품을 구입하고 집을 사고팔 때는 어떤 과정이 필요한지 등에 대한 실전지식이 훨씬 더 중요하다.

돈의 속성과 돈의 흐름에 관한 지식이 축적되고 이해할 수 있을 때 돈에 관한 지혜가 생기게 되고 그 지혜가 경제적 난관을 돌파할 수 있게 한다.

돈이란 무조건 많아 있어야만 하는 게 아니다. 먼저 돈이 무엇인지, 어떻게 움직이는지를 제대로 알아야 하고, 그 돈을 어떻게 대해야 하는지를 알아야 행복한 삶을 설계할 수 있다. 중요한 것은 돈의 많고 적음이 아니라 그 돈을 대하는 마음가짐, 태도이다.

개인적으로 돈에 대한 나의 스토리는 무엇일까? 1980년대 중반 직장생활을 시작하며 평범한 일상에 권태를 느꼈다. 많은 돈을 벌고 싶다는 욕망에 부동산과 주식시장에 뛰어들었다. 초기엔 월급봉투는 우습게 보일 정도로 제법 큰 돈을 손에 쥐기도 했다. 의기양양해

하는 나날이었다. 그러는 사이에 직장인으로서의 초심과 평정심을 잃고, 자신감이 넘쳐 오만해졌다.

"곰도 돈을 벌고 황소도 돈을 벌지만, 탐욕스러운 돼지는 도살당한다."라는 투자 격언도 잊은 채 탐욕스러운 돼지가 되어가고 있었다. 눈은 탐심으로 흐려졌다. 버리면 얻고 비우면 채워진다는 진리를 잊은 채, 쓸데없는 아집과 편견을 키우고, 필요 이상으로 화를 잘 내어 주위 사람들과 자주 다투고 마음은 괴팍해져 갔다.

30대, 탐욕의 시기는 IMF 사태와 함께 도살당하고 이후 시행착오와 오류, 고통과 성찰의 40대를 보냈다. 한때 돈이 없다고 불안과 분노 속에서 허우적거리고, 돈에 대한 부정적이고 파괴적인 생각들로 가득했지만 우쭐해진 에고, 어리석음, 무너진 멘탈을 가만히 응시하는 시간을 갖게 되자 무엇이 잘못되었는지 깨닫게 되었다.

많은 시간이 흐른 뒤, 지천명의 나이를 훌쩍 넘기고 나서야 헛것을 붙잡으려 헤매던 마음이 돌아왔고, 평정심을 되찾았다. 그러자 흐려졌던 눈이 밝아졌다.

우리가 살아가면서 겪는 대부분의 시행착오는 자기 분수를 모르고 과욕을 부리는 데서 오는 법이다. 돈 욕심이 과한 사람에게는 돈이 모이지 않는다. 돈을 사랑하는 사람에게 돈이 모인다고 한다. 돈을 사랑하지 않는 사람이 있을까? 자식을 사랑하지 않는 부모가 있을까? 모두들 돈과 자식을 사랑하지만 '쏟은 정성만큼 되돌아오지는 않는다.'라고 말한다. 왜 그럴까? 올바른 방법으로 사랑하지 않았기 때문이다.

세상을 살아가자면 그 누구에게나 필요한 것이 '돈'이다. 대부분 사람들은 돈이 많으면 행복할 것이라 믿는다. 그래서 부자를 부러워하고, 자신도 언젠가는 부자가 될 것이라는 희망과 기대를 갖고서 열심히 노력하며 살아간다. 그러나 돈은 개개인의 소망과 의지, 노력만으로 얻어지는 것은 아니다. 그래서 "큰 부자는 하늘이 내고 작은 부자는 근면에서 온다."라는 말에 위안을 얻으며 작은 부자라도 되고자 발버둥 친다.

사람들은 누구나 돈을 좋아하지만 드러내놓고 돈을 좋아한다고 하지 않는다. 돈 그 자체는 좋고 나쁨이 없다. 선과 악을 분별하는 것은 모두 우리의 생각에서 나온다. 돈이란 인간의 필요에 의해 고안된 하나의 도구일 뿐이다.

'돈'이란 우리에게 씌워진 삶의 굴레다. '돈'을 외면해서도 얽매여서도 안 된다. 정직하게 돈을 벌고 알뜰하게 소비하는 것은 개인의 행복한 삶을 지탱해주며, 건전한 사회발전을 위해 꼭 필요한 일이다. 그러니 돈을 열심히 버는 것은 비난받을 일이 아니다.

돈이 많은 게 중요한 것이 아니다. 그것으로 어떤 일을 하며 어떻게 살고 있는지에 따라서 삶의 가치가 결정되는 법이다. 돈을 벌려고 하는 동기를 따져봐야 한다. 나는 왜 돈을 벌려고 하는가? 돈을 원하는 이유는 무엇인가? 그 동기는 도덕적이며 다른 사람의 행복과 복리에 기여하는가?

좋은 삶이란 행복하게 사는 것이다. 돈과 관련해서도 다른 사람의 눈을 잣대로 살기보다 나의 중요한 의미를 추구하며, 나답게 사는 삶이 필요하다. 돈을 버는 과정은 자신을 성장시키는 동력이 되어야 하고, 돈을 벌고 난 후에는 타인을 성장시킬 수 있어야 하고, 세상을 좀 더 좋은 세상으로 만드는 데 도움이 되어야 한다. 올바른 돈의 사용은 품격 있고 고결한 인격을 만들어준다.

돈을 지혜롭고 건전하게 사용하면 삶이 윤택해지고 아름답게 된다. 돈을 벌고 쓰고 모은 이야기가 자신의 인생 스토리가 된다. 당신의 Money Story는 무엇인가?

2. 돈은 주조된 자유다

"난 항상 수백만 원 정도는 항상 몸에 지니고 있어. 그래야 불안하지 않고 마음이 놓이거든. 내 기(氣)는 바로 돈에서 나와. 돈이 없으면 그냥 힘이 쭉 빠져나가. 돈이 피라서 돈이 없으면 피가 안 도는 것 같아."

이재운의 소설『갑부』에서 진 노인이 현금 수백만 원을 몸에 지니고 다니는 이유에 대해 한 말이다. 우리에게 돈은 기(氣)요, 에너지다.

불교에서는 진리를 깨달아야 고통의 바다에서 벗어날 수 있다고 한다. 성경에도 진리가 너희를 자유롭게 하리라는 말이 있다. 하지만 지금 시대를 살아가는 우리에게는 돈을 깨닫는 것이 고해에서 벗어나는 길이고, 돈이 우리를 자유롭게 하리라는 말이 더 가슴에 와 닿는다.

부에 대한 인간의 본성을 통찰한 최초의 경제사상가, 사마천은『사기』의 「화식열전」에서 재부(財富)의 중요성에 대해 이렇게 말한다.

"창고가 차야 사람들은 예절을 알게 되고 의식이 풍족해야 영욕(榮辱)을 안다. 예란 재부가 있으면 생기고 가난하게 되면 없어진다. 그래서 군자가 부유하게 되면 덕을 행하기를 좋아하게 되나, 소인이 부유해지면 자기가 하고자 하는 일에 힘을 휘두르려고 한다. 사람이 부유해지면 인의(仁義)를 자연스럽게 따르게 된다. (중략) 속담에 "천금의 자식은 거리에서 죽지 않는다."라는 말이 있다. (중략) 무릇 천승의 나라 왕이나 만호를 거느리는 제후, 백 칸 집을 소유한 부호들도 가난함을 걱정하는데 하물며 필부들의 경우는 어떠하겠는가?"

돈의 고수로 불리는 유대인의 속담에 "돌처럼 굳어진 마음은 황금 망치로만 풀 수 있다."는 말이 있으며, 탈무드에는 "우리 몸속의 모든 장기는 심장에 의존하는데, 그 심장은 지갑에 의존한다."라고 했다. 돈의 위력을 잘 표현한 말이다. 그들은 2천 년 동안 이 나라 저 나라를 쫓겨 다니면서 돈의 위력을 뼛속 깊이 터득한 민족이었다.

지금 시대는 종교인들에게도 돈은 외면의 대상이 아니다. 성지순례를 위해서도, 수행에 집중할 수행도량을 마련하고, 포교를 위한 교회와 절을 짓기 위해서도 돈은 반드시 필요하다.

다이엘 라핀이 지은 『부의 바이블』이란 책에 강철왕 앤드류 카네기가 12살의 나이에 첫 주급을 받고 그에 대한 감흥을 직접 적은 글이 소개되어 있다.

"첫 주급을 받았을 때 나 자신이 얼마나 자랑스러웠는지 말로 다 표현할 수 없다. 세상에 도움을 준 대가로 나 혼자의 힘으로 번 1달러 20센트! 더 이상 부모님에게 전적으로 의존하지 않아도 되고 마침내 가족에게 기여하는 구성원으로서 협력관계를 인정받고 도울 수 있게 되다니! 나는 이보다 빨리 소년을 남자로 만들 수 있는 길은 거의 없다고 생각한다. 소년에게 진정한 남자다움이라는 보석이 있다면 이것은 그를 진짜 남자로 만들 것이다. 자신이 쓸모 있다는 느낌은 이루 말할 수 없이 중요하다."

가족의 생계를 책임지는 가장의 자부심과 경제적 자유의 출발은 밥벌이에서 시작한다. 밥벌이는 한 가정의 생존과 품위를 위한, 그리고 가장을 가장답게 하는 가장 본질적인 행위이기 때문이다.

소설가 김훈은 돈에 대해 이렇게 말한다. "돈은 아름답다. 난 아들에게 돈을 벌어 오라고 시킨다. 난 돈을 사랑하고 돈을 중요하게 생각한다. 인간이 자기 인격을 완성하는 길은 자기 손으로 밥을 벌어먹을 때다. 1980년대 봉투에 월급이 나오던 기자 시절, 돈을 세며 치욕을 느꼈고, 그 봉투에서 뺀 돈으로 술을 마시면서 그 비굴함을 완성했다. 손가락에 침을 뱉어 돈을 새는 것은 아름다운 풍경은 아니지만 한 때 그 풍경을 미워한 것을 후회한다."

돈이 없으면 자신의 욕망이나 행동에 제약이 따르게 되며 돈이 있으면 그만큼의 자유를 갖게 된다. 많은 사람이 열심히 돈을 벌고 절약하는 이유는 미래에 하고 싶고 꼭 필요한 곳에 쓸 돈을 미리 준비함으로써 돈에 휘둘리지 않고 더 많은 자유를 얻고자 함이다.

중요한 사실은 경제적 자유를 얻을 수 있는가 없는가는 돈을 얼마나 버느냐에 있지 않다는 것이다. 번 돈으로 무엇을 하느냐에 따라 결정된다. 사실 부자가 되는 것은 간단하다. 번 돈 중 일부를 저축하고, 그 돈을 투자하면, 돈은 불어난다. 조금씩, 자주, 긴 시간 저축할수록 엄청나게 불어난다. 대부분 사람들은 이런 사실을 잘 알고 있지만, 실행에 옮기는 사람은 많지 않다. 미래에 대한 꿈과 목표가 없거나 불분명하기 때문이다.

돈은 우리의 삶을 풍요롭게 하고, 많은 자유와 행복을 제공하기도 한다. 하지만 돈이 우리의 삶과 행복을 파괴하기도 한다. 돈이 부족하지만 행복한 가정이 부자가 되고 나서 오히려 불행해진 경우가 있고, 가난한 사람이 부자보다 더 행복한 경우도 많다. 로또에 당첨된 사람들의 대다수가 당첨된 이후 자살하거나 정신병자, 알코올 중독자가 되거나 이혼했다는 사실은 돈이란 게 그렇게 단순하지 않다는 것을 말해주고 있다.

돈은 지혜롭고 건전하게 사용하면 삶이 윤택해지고 고상한 삶을 살아가게 한다. 돈이란 잘 쓰기 위해 버는 것이다. 그러니 돈을 열심히 바르게 버는 것은 비난받을 일이 아니다.

진정한 부자는 결코 돈이 많은 사람이 아니라 부의 의식으로 가득한 사람이다. 내가 진정으로 원하는 것이 무엇인지 깨닫고, 그것을 위해 돈은 얼마나 필요한지, 그 돈을 벌기 위해 무엇을 해야 할지 깊이 고민하고 계획을 세워 그 방향으로 자신의 삶을 이끌어가는 사람이다.

돈은 위에서 아래로 흐르지 않는다. 돈은 공평하게 나눠지지 않는다. 돈이 움직이는 방향은 철저하게 서비스와 가치가 있는 곳을 향한다. 서비스와 가치는 궁극적으로 '행복'을 추구한다.

돈은 돈의 가치를 중요하게 생각하지 않는 사람, 그리고 돈에 대해 이해를 잘 못하는 사람들은 '서비스와 가치'를 창출하는 데 미숙하다. 반면에 돈의 가치를 중요하게 생각하는 사람과 돈을 잘 이해하는 사람들은 수입이 지출보다 큰 사람들이다. 이 차이가 월등히 큰 사람을 슈퍼리치라 부르는데, 이들은 '서비스와 가치' 창출에 탁월하다. 그래서 돈은 그들에게로 흐른다.

돈이 없어서 할 수 없는 일과 돈이 있어도 할 수 없는 일 중 어느 것이 더 많을까? 누구에게나 전자가 후자보다 부지기수로 많을 것이다. 모든 사람에게 반드시 적용되지는 않겠지만, 자유롭고 행복한 삶에는 필연적으로 돈이 있어야 한다.

도스토옙프스키는 '돈은 주조된 자유'라고 했다. 자유를 형상화한 것이 돈이란 의미다. 가난할 때 돈의 위력은 발휘한다. 행복해지기 위해 반드시 돈이 필요한 것은 아니지만, 불행을 피해가기 위해서는 돈이 필요하다. 개인이든 국가든 자유를 누리기 위해서는 부강(富強)해야 한다.

3. 돈 속에 도(道)가 있다.

　　　　"돈과 도(道)는 대립하는 것도 아니고 서로 다른 것도 아니다. 자신이 하는 일이 곧 수행이라고 생각하고, 깨달은 마음으로 돈을 벌 수 있다면 그 일은 세상을 살리고 나를 살린다. 하지만 도(道)를 도외시한 경제행위는 위태로워 보인다. 물질적 풍요의 증진에도 불구하고 삶의 의미와 방향을 잃은 사람들이 많다. 윤리의식이 낮은 상태에서 부(富)의 추구는 자신과 사회를 위험하게 만들 뿐이다."

　『논어』의 「학이편」에서 공자는 자신의 제자 중 가장 부유했던 자공이 "가난해도 아첨하지 않고 부유해도 교만하지 않는다면 어떻습니까?" 묻자, 공자는 "괜찮기는 하나, 가난하면서도 도(道)를 즐기고, 부유하면서도 예(禮)를 좋아하는 것만은 못하다."라고 대답했다. 가난하면서도 즐기는 도(道)는 무엇일까?

　우리 모두는 자신이 추구하는 어떤 목적을 위해 살아간다. 그 목적을 찾기 위해 길을 나선다. 결국, 인간이란 어떤 방식으로든 자신의 도를 닦고 있는 것이다. 그 길을 찾은 상태가 도통(道通), 즉 그 길을 통달한 상태로 궁극적으로 그 길을 통해 올바른 목적지에 도달한 것이다.

결국, 궁극의 도(道)란 자기 삶 전체를 던져서 추구해야 할 길이며, 그 길을 걷고 있는 것 자체가 목적이며, 그 길에 있음이 최상의 행복이다.

도(道)란 길이다. 도를 잘 닦기 위해서는 어느 길을 어떻게 가는지를 잘 아는 것이 중요하다. 현대를 살아가는 우리에게 도(道)란 어떤 상태가 아니라 마음가짐을 의미한다. 경제행위를 포함한 우리의 모든 행위는 체험의 극대화를 통한 영적 수행의 과정이라는 마음가짐이 필요하다.

도(道)를 닦는다는 것은 끊임없는 노력으로 자신의 마음을 닦는 것이다. 이를 통해 돈이 들어오는 것은 아니지만, 삶에 대한 사고방식이나 태도를 바꾸어 그 전과는 전혀 다른 인생을 살아가게 한다.

물질적인 부(富)를 대표하는 돈이 많다면 많은 것을 소유할 수 있어 대부분 사람들은 돈을 추구한다. 하지만 물질적인 부는 그것이 아무리 중요하다 해도 우리 삶의 목적이 아닌 수단에 불과하다. 그렇지 않다면 우리는 돈의 노예가 되어 허구한 날 돈벌이에만 매달려 있게 될 것이기 때문이다. 돈만 있으면 행복해진다고 생각하겠지만, 바로 그 생각이 불행의 씨앗이기도 하다.

부가 자신과 가족의 안락에만 매몰되면 사회에 그 폐해가 미치게 된다. 『무소유』의 법정 스님은 "나누어 가질 때 인간이 된다."라고 했으며, 랍비 요하나 벤 자가이(Rabbi Johanan Ben Zakkai)는 "착한 마음을 가지는 것이 가장 큰 재산이다."라고 했다.

돈을 대하는 태도는 매우 중요한 문제다. 특히 돈과 관련한 감정은 강력한 쓰나미와 같은 것이어서 순식간에 우리를 집어삼키기도 한다. 누구든 감정을 다스리기 위한 수행이 필요하다. 그것이 도(道)를 닦는 것이다.

도(道)에 대해 구체적으로 말할 수는 없지만, 논리적 이론이나 이념이 아닌 일상생활 속에도 있을 것이다. 일상이 펼쳐지는 그 자체를 온전하게 느끼고, 봉사하며 주어진 삶에 감사하고 사랑할 수 있다면 도(道)를 닦는 것이다.

돈 자체에는 선악이 없다. 큰돈을 가진 사람이 더 좋은 일을 할 수도 있다. 문제는 돈을 어떻게 벌고 쓰는지, 어떻게 해야 돈에 대해 올바른 태도를 가질 수 있는지가 더 중요하다. 정직하고 현명하게 돈을 버는 것은 영적인 생활과도 일맥상통한다. 돈을 벌고 쓰는 것이 수행이며 도(道)를 닦는 것이다.

부자라고 다 행복한 것은 아니다. 행복은 많은 재물 속에 있지 않다. 아름답고 올바른 생각 속에 있다. 부유해도 불행할 수 있으며, 가난해도 행복할 수 있다. 재물이란 행복을 불러올 수도 있지만, 한편으론 불행의 원인이 될 수도 있기 때문이다.

비록 가진 것이 적어도 남는 삶이 있는가 하면, 풍족한 재물에도 부족한 삶이 있다. 이웃에게 베푸는 선행이 바로 넉넉하고 윤택 있는 인생을 만들어준다. 진정한 부자는 도(道)와 예절을 안다. 즉 노블레스 오블리주를 행할 줄 안다.

돈을 사랑한다는 것은 무슨 의미일까? 그것은 '자신의 분수를 알고 돈이 들어오고 나가는 것에 대해 즐길 줄 알고 감사할 줄 아는 것'이다. 감사하면 감사할 일이 계속 생긴다. 돈에 감사하라. 내 호주머니 속으로 들어올 때나 나갈 때나 항상 감사의 마음이 강할수록 더 크게 되돌아오게 된다.

무의식적으로 돈에 끌려다니지 않고, 자신의 궁극적 행복을 위해 돈을 이용할 수 있어야 한다. 진정 의미 있는 부의 쓰임을 찾기 전에는 행복이 무엇인지도 모르며 진정한 행복은 찾아오지 않는다.

행복한 부자란 단지 돈이 많은 사람을 의미하지 않는다. 돈이 아니라 진짜 자신이 원하는 것을 소유한 사람이다. 돈을 대함에 있어 이기적이고 자기중심적인 태도에서 완전히 벗어난 사람이다. 진정 중요한 것은 마음의 부(富)다. 그것은 사라져버릴까 노심초사할 필요가 없는 재산이다.

주어진 환경 속에서 최선을 다해 살면 된다. 중요한 것은 마음이다. 마음이란 결코 남들에 의해서나 외부 환경에 의해서 바뀔 수 없다. 오로지 내 스스로가 바뀌어야만 한다. 마음이 바뀌면 모든 게 바뀐다. 돈을 향한 마음에 도(道)를 향한 마음을 더해야 한다.

그것은 돈을 벌고자 하는 모든 행위를 '도' 닦는 일이라고 받아들이는 것이다. 내가 살아가는 이 세상의 삶은 영혼과 의식의 성장을 위한 훈련의 장이다. 그러므로 돈을 얼마나 버는지, 어떤 직업에 종사하는지에 대한 집착과 걸림 없이 그것을 통해 나의 성장을 도모해야 한다.

가난은 미덕이 아니다. 누구도 누더기를 걸친 채 구걸하려고 태어나지 않았다. 풍요로움과 영혼의 성장을 위한 진화된 삶을 살기 위해 태어났다. 정직하고 올바른 방법으로 남부럽지 않게 돈을 벌고, 멋지게 쓰면 된다. 자신의 부로 인해 많은 사람이 혜택을 누릴 수 있게 해야 한다.

"기부서약(寄附誓約)은 제가 쌓은 부가 단지 개인의 능력과 노력을 넘어선 신의 축복과 사회적 운(運)에 그리고 수많은 분들의 도움에 의한 것임을 공개적으로 고백하는 것이라고 생각합니다. 대한민국의 아주 작은 섬에서 태어나 고등학교 때는 손님들이 쓰던 식당 방에서 잠을 잘 정도로 넉넉하지 못했던 가정형편에 어렵게 예술대학을 나온 제가 이만큼 이룬 것은 신의 축복과 운이 좋았다는 것으로 밖에는 설명하기가 어렵습니다. 존 롤스(John Rawls)의 말처럼 '최소 수혜자 최우선 배려의 원칙'에 따라 그 부를 나눌 때 그 가치는 더욱 빛난다고 생각합니다."

이것은 배달의 민족을 운영하는 ㈜우아한 형제들의 김봉진 의장이 재산의 절반 이상을 기부하기로 서약하면서 더기빙플레지(The Giving Pledge)에 공개한 글 중의 일부이다.

자신이 쌓은 부를 통해 수많은 사람들에게 큰 기쁨을 주었다. 또한, 그의 성공은 자신의 능력이 아닌 '신의 축복과 사회적 운(運) 그리고 수많은 사람들의 도움' 때문이라는 겸허함을 보여주었다. 수많은 사람들에게 기쁨을 선사한 김봉진 의장의 말과 행동 속에 도(道)가 있다.

자신과 가족의 생계를 꾸려나가는 것도 의미 있는 일이지만, 사업을 통해 많은 사람들을 고용해 그들의 생계를 책임질 수 있는 일은 더 큰 의미가 있다. 사업을 통해 번 돈을 사회에 환원하는 것은 정말 위대한 일이다. 그것이 자본주의 사회에서 도(道)를 닦는 일이다.

마음이 머무는 곳 어느 곳에나 도(道)는 있다. 돈 속에도 있다. 분수를 알고 만족할 줄 알면 도인(道人)이다. 도인(道人)의 마음으로 돈을 쓰면 그 돈은 온통 도(道)로 바뀔 수 있다. 그렇게 쓴 돈을 부처님은 보시라고 했다. 보시를 잘하면 능히 해탈대도를 이룰 수 있고, 진정한 행복을 누릴 수 있게 되는 것이다.

삶이 단순히 돈벌이만으로 채워지기를 바라는 사람은 아무도 없을 것이다. 내면과 외면이 모두 풍요로운 사람, 돈을 멀리하는 게 아니라 돈을 가까이하고 사랑하되 남의 빈곤과 고통까지 끌어안을 수 있는, 자기와 남을 구별하지 않는 사람이야말로 진정한 도인(道人)이자 궁극의 부(富)를 이룬 사람이다. 그는 돈 속에 도(道)가 있음을 아는 사람이다.

기껏 살아야 백 년도 못사는 인생, 어찌 돈에 얽매여 허덕이며 살 것인가? 돈이 없으면 없는 대로 살면 된다. 약간의 불편함을 감수하는 것이 더 큰 행복이 될 수 있다. 생활이 불편하다고 해서 삶이 불행해지는 것은 아니다. 행복이란 모든 것이 갖추어진 편리함에서 느껴지는 게 아니다. 불편함도 대수롭지 않게 여기는 긍정적인 감정이 행복이며 도(道)다.

4. 돈에 휘둘리지 않는 삶을 '도(道)'라고 한다

"山間禪定不爲難 對境不動是爲難(산간선정불위난 대경부동시위난)" '산 속 고요한 곳에서 선정에 드는 것은 어렵지 않지만, 경계를 만나 마음이 동요하지 않는다는 것은 어렵다.'라는 뜻으로 보조국사 지눌의 「법집별행록절요」에 나오는 글이다.

언젠가 이런 글을 읽은 적이 있다. "나는 개 한 마리가 무거운 짐을 실은 수레를 끌고 가는 것을 그린 만화를 본 적이 있다. 그 개의 주인은 짐수레에 소시지를 매단 막대기를 매달아 개의 머리 앞에 늘 어뜨렸다. 개는 소시지를 따먹기 위해 발버둥 쳤다. 우리도 만화 속의 개처럼 '돈'을 갖기 위해 발버둥 치는 삶이 아닐까?"

우매한 사람은 자신이 천년만년 사는 줄 알고 아파트 평수 늘리고 고급 차 바꾸고 물욕만 키워나간다. 악착같이 돈 벌어서 천년만년 살 준비를 한다. 재물에 대한 욕심을 놓지 못하다 문득 어느 날 이 세상을 떠날 날과 마주하게 된다.

행복경제학자들의 연구에 의하면 선진국의 1인당 실질적인 GDP는 과거 대비 몇 배 늘었는데도 행복지수는 거의 증가하지 않았다고 한다. 이는 생활 수준이 어느 정도에 도달하면 소득의 절대적 규모가 행복에 영향을 미치지 않음을 보여준다.

조금 모자란 듯이 살아가면서 여유를 가질 때 오히려 마음은 풍요로울 수 있으며, 수행하는 기분일 것이다. 자신이 가진 것에 감사하고 남의 것을 탐하지 않고 부족함을 즐길 수 있는 마음은 삶의 지혜이자 도(道)를 닦는 것이다.

"나는 가난한 탁발승이오. 내가 가진 거라고는 물레와 교도소에서 쓰던 밥그릇과 염소 젖 한 깡통, 허름한 숄 몇 장, 수건 그리고 대단치도 않은 평판, 이것뿐이오." 마하트마 간디가 1931년 런던에서 열린 제2차 원탁회의에 참석하기 위해 가던 도중 마르세유 세관원에게 소지품을 펼쳐 보이며 한 말이다.

한경직 목사님의 유품은 휠체어와 지팡이, 겨울 털모자였고, 성철 스님의 유품은 누더기 가사 두 벌과 바리때, 김수환 추기경님의 유품은 신부복과 묵주, 백범 김구 선생님이 남긴 재산은 무일푼이었다. 하지만 누구도 이분들을 빈털터리라고 폄하하지 않는다. 많고 적음을 떠나 언제든 마음만 먹으면 끌어들일 수 있었지만, 이분들에게 돈은 관심 밖의 일이었다. 인간세상 셈법으로는 무일푼이지만 하늘 셈법으로는 무한부자였다.

알렉산더 대왕은 거지 철인 디오게네스를 찾아간다. 나무로 만든 술통 속에서 자고 일어나 아침 햇살을 쪼이고 있는 디오게네스에게 소원을 말하면 들어주겠다고 제안한다. 그러자 디오게네스는 이렇게 말한다. "나의 소원은 당신이 비켜서는 것이오. 당신이 햇빛을 가리고 있소" 알렉산더의 질문은 결핍의 의식에서 나온 것이며 디오게네스의 대답은 부의 의식에서 나온 것이다. 비록 몸은 좁은 다락방에 살아도 마음은 바다처럼 넓고 당당해야 한다.

가난을 피해야만 하는 이유는 하고 싶은 일은 하지 못하게 되고, 하고 싶지 않은 일은 해야만 하는 속박 때문이다. 하지만 돈이 들지 않는 일을 즐기는 방법을 찾고, 하기 싫은 일에서 돈 벌기를 그만두면 된다. 그 일들은 대체로 물질적 소유보다는 내면세계를 풍요롭게 하는 일들이며 가난해도 즐길 수 있는 일들이다.

인류의 찬란한 문명은 욕망의 순기능 덕분이다. 욕망이란 인간의 능력을 증폭하는 역할을 하기 때문이다. 하지만 그 욕망을 스스로 컨트롤하지 못하고 지배당하게 되면 삶이 불행해진다. 선각자들은 맑은 가난을 가까이하라고 한다. 비록 가난하지만 물욕을 버린다면 그것은 빈궁(貧窮)한 게 아니라 맑은 가난(淸貧)이다. 가난하다고 의기소침하기보다는 수행의 방편으로 삼고 즐길 수 있다면 그것은 맑은 가난이 된다.

가난은 우리를 시험한다. 돈에서 해탈한 자는 자체발광한다. 그들은 가난하더라도 마음이 여유롭고 오라가 뿜어 나온다. 어디서나 당당하고 환한 미소가 넘친다. 가난한 이들을 빈궁과 비천함으로 만드는 것은 재물의 부족이 아니라 자신감 부족으로 인한 비굴함과 비겁함에 있다. 죽는 날까지 한 점 부끄럼이 없다면 비굴하고 의기소침할 필요가 없는 것이다.

돈이 많으면 좋은 일을 많이 할 수 있다. 돈이 좋은 이유는 하고 싶은 것을 할 수 있게 해주고, 하고 싶지 않은 것을 하지 않아도 되는 자유를 준다. 하지만 돈이 삶의 목적은 아니다. 여유롭게 살아가기 위한 수단일 뿐이다. 가난은 혐오한다. 맑은 가난은 존경의 대상이지만 추구할 대상은 아니다. 스스로 선택한 맑은 가난이 부자보다 훨씬 더 값지다는 사실은 증명을 요구하지 않는다.

안빈낙도, 청빈하면서도 즐길 수 있는 그 무엇을 가진 자들은 도인이다. 그들은 가난을 대수롭지 않게 여긴다. 보통사람들은 가난을 면하려고 발버둥 치지만 도인은 즐거이 받아들이며 좋은 경험이자 업장 소멸의 기회, 수행이라고 생각한다. 수행이란 버리고 버리는 것이다. 즉 가난이다. 그래서 수행자는 가난을 수행으로 받아들인다. 가난을 즐길 줄 알면 나이 들어도 멋지게 살 수 있다.

스스로 많은 재물을 버리고 선택한 가난은 '거룩한 가난'이며, 스스로 받아들인 가난은 맑은 가난이다. 성인의 거룩한 가난과 수행자의 맑은 가난은 세상을 환하게 비추는 빛이며, 정의로운 부(富)는 세상을 활기차게 움직이는 힘이다.

대체로 우리는 돈에 대한 욕심이 많다. 욕심이 많으면 고뇌가 많은 법이다. 고뇌에서 벗어나고자 한다면 먼저 만족할 줄 알아야 한다. 그것이 지족(知足)이다. 만족을 모르는 부자는 영원히 가난하고 비록 재물이 적으나 만족할 줄 아는 자가 진정한 부자다.

돈에 휘둘리지 않고 개의치 않는다면 지족(知足)의 삶을 살아가는 사람이다. 그들은 자신에게 필요한 돈, 그 이상은 욕심도 관심도 두지 않고 자신의 일에 몰두한다. 허영심과 사리사욕을 벗어 던진다면 지족(知足)의 도를 알 수 있다.

석가모니는 제자들에게 이렇게 말했다. "진실로 아무것도 갖지 않은 사람은 행복하다. 지혜로운 사람은 어떤 것도 자기 것으로 생각하지 않는다. 자 보라, 많이 가지고 있는 사람이 여기저기에 얽매여 그 얼마나 괴로움을 당하고 있는가를!" 물질의 풍요를 통한 물질적 행복은 참된 만족을 가져다 주지 못한다. 허망하다는 사실을 깨달아야 한다.

사람의 욕심에는 끝이 없다. 내가 가진 것보다 없는 것에 더 마음이 간다. 우리는 완전한 존재가 아니다. 부족함을 받아들일 때, 부족함으로 인해 만족의 기쁨도 배가 된다는 사실을 알게 된다. 조금 모자란 듯이 살아가면서 삶의 여유를 가질 때 오히려 마음은 풍요로울 수 있다. 돈을 대하는 자세가 결국 삶을 대하는 자세다. 조금 부족함을 즐길 줄 아는 것은 삶의 지혜다.

성경에도 "내가 다시 너희에게 말한다. 부자가 하느님 나라에 들어가는 것보다 낙타가 바늘구멍으로 빠져나가는 것이 더 쉽다."라고 했다. 이것은 물질적인 부는 정신적인 부를 가로막는 장벽이 될 수 있다는 뜻이다.

마음가짐이 우리의 행복에 결정적인 역할을 한다. 우리 삶의 행복을 결정하는 것은 어떤 일이 일어나느냐가 아니라 그 일에 어떻게 대처하느냐에 달려 있다.

정신적인 것이 물질적인 것에 비해 더 중요하다고 단언할 수는 없지만, 분에 넘치는 물욕과 사치스러운 삶을 추구하는 데서 벗어나 물욕과 영적 성숙 사이의 균형을 이루는 법을 배워야 한다.

정신적 부자들은 물질이 아닌 영적으로 풍요로운 삶의 방식을 따른다. 그들은 비록 가난하고 불편하지만, 가족과 이웃 간의 넘치는 사랑과 영적으로 풍요로운 삶을 즐길 줄 안다.

정신적인 부는 돈을 바라는 그 마음으로부터 초연해지는 것이다. 사리사욕에서 벗어나는 순간 명징한 판단력과 결단력을 가질 수 있다.

재물을 탐하지 않고, 죽음을 두려워하지 않는 자가 진정 강한 자다.

곧 이 세상을 떠날 사람의 눈에는 돈도 종잇조각에 지나지 않는다. 그렇듯이 이 세상의 실체, 본질을 꿰뚫어 본 사람이라면 물질의 허망함으로부터 초연해질 수 있다. 물질적인 부는 물론 출세와 명예에도 연연하지 않는 사람, 부를 이루어도 우쭐대지 않고, 조그만 집에서 살아도 만족할 줄 아는 사람이야말로 실로 행복한 사람이다.

알리바바의 마윈은 "돈을 벌고 싶다면 다른 사람이 먼저 돈을 벌수 있게 도와야 한다. 그래야 더 큰돈을 벌 수 있는 기회와 시장이 열린다."라고 말했다. 자수성가한 갑부들이 추구한 것은 돈이 아니었다. 그들이 추구한 것은 일과 사람에 대한 사랑이었다. 그래서 그들은 결코 돈에 휘둘리지 않았다.

우리는 많은 재물을 구하고 사회적 출세나 성공을 위해 이 세상에 온 것은 아니다. 돈이 인생의 목적인 사람은 늘 후회의 연속이다. 돈이 아닌 일과 사람을 사랑하고 거기에 집중하는 사람에게 성공은 찾아온다. 진정한 부는 다른 사람들의 행복은 늘리고 고통은 줄이는 데에 있다.

돈에 휘둘리지 않아야 한다. 그래야 매력적인 사람으로 똑바로 설수 있으며, 다른 사람을 도울 수도 있다. 정신적 물질적 소비의 유혹을 뿌리치고 내일의 행복을 위해서 오늘을 절제하고 인내할 수 있어야 한다.

행복은 나보다 적게 버는 사람들로 둘러싸여 있을 때 느끼는 것이라는 어느 경제학자의 말도 있다. 비교하지 않으려면 자신에게 주어진 모든 것에 감사하는 것이다. 그것이 마음의 평온을 유지하는 비결이다.

우리는 돈 걱정하는 사람들 대부분은 돈이 부족한 사람이라고 생각하지만, 재산이 많은 사람들 중에도 돈 때문에 걱정하는 사람들도 많다. 재산이 적지만 행복과 풍요로움을 만끽하며 걱정 없이 사는 사람들도 많다. 이들은 자신감과 자존감이 넘치며 감사하는 마음으로 베풂을 실천한다.

돈으로부터의 해탈이란 돈을 무시하는 것이 아니다. 빈약한 예금통장이 수치스러운 것은 아니다. 단지 게으름과 사치, 어리석음에서 비롯된 가난이 수치스러울 뿐이다. 돈이 없으면 벌면 되고, 적게 벌면 조금 더 불편을 감수하고 덜 쓰면 되는 것이다. 비록 돈은 없지만 건강한 몸과 건전한 정신, 무욕으로 마음이 편안하고 어디에도 걸림이 없는 사람이 돈을 해탈한 도인이다.

돈으로부터의 고통을 치유하는 최선의 방법은 자기의 삶에 책임을 지는 것을 배우는 데서부터 시작한다. 즉 자기가 바로 자신의 현실적 창조들의 근원임을 깨닫고 그 신념을 받아들이는 데서부터 시작된다. 먼저 자신의 의식을 점검하는 것이 돈과 관련된 잘못된 집착과 고통을 치유하는 가장 중요한 디딤돌이 된다.

만약 가난의 굴레에서 벗어나지 못했다면 우선 돈과 관련한 절망적 신념을 결코 받아들이지 않아야 한다. 경제적 어려움을 창조한 자신의 잘못된 신념을 탐색하고 발견하여 바꿔야 한다. 그리고 자신의 고통과 삶에 대한 책임은 온전히 스스로에게 있다고 받아들이는 용기를 가져야 한다. 가난을 극복하는 반전은 그때부터 시작된다.

삶이란 영적 성장을 위해 스스로 설계하고 들어온 배움터이다. 재산이 얼마나 많은지 사회적으로 얼마나 출세했는지 그 현상만을 가지고는 선악의 여부를 가릴 수 없다. 영혼의 성장이란 측면에서 그것들은 큰 의미가 없다.

부자든 빈자든 상관없이 누구나 자신의 경제활동을 통해 의식과 영적 수준을 상승시킬 수도 떨어뜨릴 수도 있다. 우리 삶을 망가뜨리는 것이 지나친 부, 너무 편한 것, 집착과 분노라면, 우리를 살리는 것이 절제와 겸손, 그리고 자비심과 마음의 평화라는 것을 알아야 한다.

돈 많은 부자가 아니라 행복한 부자가 되어야 한다. 행복한 부자란 돈에 대한 올바른 가치관이 정립되어 있어 돈에 흔들리지 않으며 어떠한 것에도 구속되지 않는 자유인을 말한다. 그것은 돈 걱정을 하지 않아도 될 정도의 경제적 자유가 있어야 하지만, 돈이나 소유한 재산만으로 결정되지는 않는다. 자신이 좋아하는 일을 함으로 얻는 마음의 평화를 누릴 정신적 자유도 있어야 한다.

여기에 더해 책무와도 같은 정신적 자질, 즉 자신이 소중하게 여기는 가치관과 신념에 부합하는 삶을 사려는 정신을 갖춰야 한다. 그것은 올바른 인성과 품격, 겸손, 그리고 베풂이라는 자질이다. 이것이야말로 사라지지 않는 진정한 부(富)다.

살아서는 수도에 최선을 다하고 삶이 다하면 미련 없이 선뜻 버리고 떠날 줄 아는 사람을 도인(道人)이라고 부른다. 그들의 가난은 맑은 가난(淸貧)이다. 가난을 스스로가 흔쾌하게 받아드려 수행으로 삼으면 그 가난은 맑은 가난이 된다. 맑은 가난이 그들의 도력(道力)을 키워준다.

해탈한 자산가란 부를 이룰 때는 돈 버는 일에 전력을 기울여 빈틈없이 살지만, 때가 오면 그 부를 미련 없이 선뜻 내려놓을 줄 아는 사람이다. 그들은 행복의 비결이 '물질적 소유가 아니라 정신적 자유에 있다.'라는 사실을 잘 알고 있는 세속의 부자 도인들이다.

모든 사람들의 궁극적 지향점은 '행복'이다. 행복은 안락한 삶이 아니다. 누군가에게 도움이 되고, 이 세상에 공헌한다는 느낌과 생각이다. '행복'은 그냥 오지 않는다. 자신만이 몰입하고 집중할 수 있는 '그 무언가'가 존재할 때 참된 '행복'은 온다.

자신의 삶을 송두리째 던질 수 있는 일을 발견했다면 그 일이 최고의 도(道)다. 그 길은 끝이 없는 길이고 내가 걷다가 그 위에서 죽어도 한이 없는 길이다. 그 길 위에 있음이 최상의 도(道)요, 행복이기에.

/

2부

/

출가(出家),
"돈으로부터의
자유를 찾아 나서다."

"욕망에는 근심이 따르는데, 출가는 편안하고 조용합니다. 왕자 싯다르타는 집착과 욕망의 집을 떠납니다. 집이 없는 사람은 자유롭습니다. 하늘을 지붕 삼고 땅을 잠자리 삼아, 어디에도 집착할 것이 없기 때문입니다. 집착할 집이 없고, 욕심부릴 집이 없습니다. 출가란 그런 것입니다.

괴로움의 원인은 집착입니다. 자식에 대한 집착, 살림에 대한 집착, 복잡해진 관계에 대한 집착, 재산에 대한 집착, 명예에 대한 집착, 이런 것들 때문에 괴로움이 찾아옵니다. 출가란 집착의 짐, 욕망의 집에서 벗어나는 일입니다."

　　　　　　　　　　　　　　　　　　－ 법정 스님, 『스스로 행복 하라』 중에서

불교 초기 경전인 『숫타니파타』의 「출가 편」에 고타마 싯다르타 자신의 출가에 대한 말이 나온다. "내가 부귀영화를 버리고 수행자가 된 것은 결코 욕망을 충족시키고자 함이 아니다. 욕망에는 필경 불행이 따른다는 것을 나는 알았다. 욕망의 세상을 거부해 버린 그 행복을 만끽하며 나는 부지런히 노력해 나아갈 것이다."

서산대사의 『선가귀감』에도 출가와 관련한 글이 있다.

"출가하여 수행자가 되는 것이 어찌 작은 일이겠는가? 편함과 한가함을 구해서가 아니고, 따뜻이 입고 배불리 먹으려는 것도 아니며, 명예와 재물을 구해서도 아니다. 생과 사의 괴로움에서 벗어나자는 것이며, 부처님의 지혜를 이으려는 것이고, 끝없는 중생을 건지려는 것이다."

성자들이 인류를 구제하고자 하는 큰 뜻과 간절함을 품고, 아상(我相)과 아집(我執), 사랑하는 가족의 집에서 떠나는 행위가 출가다. 하지만 현대적 의미의 출가란 비단 수행자뿐만 아니라 진정한 삶을 살아가고자 하는 사람들이 모든 집착과 욕망에서 벗어나는 떠남이다. 출가란 풍족하고 행복한 가정과 사회를 포기하고 대(大)자유, 진정한 행복을 찾아 떠나는 '위대한 떠남'을 의미한다.

헬렌 켈러(Helen Keller, 1880~1968)에게 출가는 시련과 고통에 대한 도피가 아니라 그 속에서 하나님을 발견하고자 떠나는 마음의 여행이었음을 이렇게 말한다.

"인간의 성격은 편안한 생활 속에서는 발전할 수 없다. 시련과 고통을 통해서 인간의 정신은 단련되고 또한 어떤 일을 똑똑히 판단할 수 있는 힘이 길러지며 더욱 큰 야망을 품고 그것을 성공시킬 수 있는 것이다. 나는 나의 역경에 대해서 하나님에게 감사한다. 왜냐하면, 나는 역경 때문에 나 자신, 나의 일, 나의 하나님을 발견했기 때문이다."

행복한 삶을 위해서는 온갖 역경에도 불구하고 자신이 가진 재능을 활용할 수 있는 진정 가치 있는 목표를 가지고 있어야 하며, 그 목표들을 차츰차츰 실현해 가는 과정에서 느끼는 행복감이라고 말할 수 있다. 이것을 깨닫는 것이 출가(出家)의 시작이다.

진정한 출가는 집을 떠나 조용한 산속으로 떠나라는 것이 아니다. 사람들 속에서 부대끼며 복잡하고 힘든 일을 하고 있어도 스스로가 추구하는 진리에 집중할 수 있는 자신만의 공간을 찾아 나서는 것이다.

종종 우리를 무기력하고 초라하게 만드는 황금만능이 판치는 지금 세상, 돈을 잡기 위해 집을 나서기보다 돈으로부터의 자유를 위해 집을 떠날 때다.

1. 땅에서 넘어진 자 땅을 딛고 일어나라

"나의 빚 9억에게. 네 덕분에 나는 더 열심히 살게 됐다. 소중한 것이 무엇인지 알게 됐고, 돈을 벌겠다는 의지가 생겼어. 이 역경을 이겨내는 날 나는 훨씬 큰 능력으로 더욱 성장해 있을 거야. 그러니 너에게 감사한다."

— 단희쌤의 『마흔의 돈 공부』 중에서

이 글은 저자가 마흔이 넘은 나이에 쪽방촌에서 지내며 버는 족족 빚을 갚았음에도 9억 원이 넘는 빚이 남았던 어느 날, 새벽 일찍 인력시장에 갔다 비가 와 허탕 치고 세상을 저주하면서 집에 오는 길에 팔, 다리가 하나밖에 남지 않은 장애인이 밝은 얼굴로 활기차게 우산 파는 모습을 보고 벼락 맞은 듯 충격을 받고 집으로 돌아와 자신의 빚 9억에게 쓴 편지라고 한다.

고려 승려 보조국사 지눌은 『권수정혜결사문』의 첫머리에서 "땅에서 넘어진 자 땅을 딛고 일어나라, 땅을 떠나서 일어나는 법은 없다." 라고 선포하듯이 이 글귀를 적어 놓았다.

신화학자 조지프 캠벨은 "여러분이 비틀거리다 넘어지는 곳, 거기에 보물이 묻혀 있다."라는 말을 했다.

유대인은 세계에서 가장 고달픈 삶을 살아온 민족이다. 2000년 동안 이곳저곳 쫓겨 다니며 살았고, 히틀러는 유대인 600만 명을 학살하였다. 유대인들을 반기는 곳은 지구에는 아무 곳도 없었다. 온 세계가 유대인을 박해할 때 그들을 품어준 나라가 미국이었다. 2차 대전 후 몰려드는 유대인들에게 미국은 허드슨강변을 내주었다. 험악하고 거친 환경의 땅이었다. 유대인들은 옹벽을 쌓아 허드슨강이 범람하는 것을 막았다. 그리고 금융업을 시작하였다. 그곳이 지금 전 세계 금융의 중심지, 월가이다.

0.3%밖에 안 되는 민족이 지금 세계를 지배하고 있다. 오늘날의 유대인을 만든 것은 안락한 환경이 아니라 고난과 고통의 거친 환경이었다. 인간의 힘은 풍족함에서 생기는 것이 아니다. 곤궁하고 막막하여 막다른 골목에 이르렀을 때 비로소 잠자고 있던 무궁무진한 능력을 발휘해 신화를 창조하는 것이다.

이해하지 못한 적은 이길 수 없다. 가난을 벗어나고 싶다면 먼저 가난의 원인을 알아야 한다. 가난의 배후에는 눈에 보이지 않는 수많은 복합 요인들이 작용하고 있다.

우선 사회 제도적 불평등이나 모순이 가난의 이유일 수 있다. 그러나 가난한 사람들에게는 자신의 의식, 무의식 속에 심어 놓은 가난을 경험할 만한 어떤 원인의 씨앗이 꼭 있게 마련이다. 그 씨앗이 뜻밖의 불운이라는 열매로 나타난다. 이것은 국가나 사회, 부자들이 아닌 자기 자신의 책임이다.

사회보장제도가 잘 된 나라에는 알코올 중독자나 노숙자가 없을까? 복지제도가 취약한 나라보다 훨씬 많다. 제도나 시스템이 아무리 잘 갖춰져도 모든 사람을 일률적으로 부자로 만들 수는 없다.

만약 이 세상의 모든 재물과 돈을 모든 사람에게 똑같이 나누어준 다면 그 부가 그대로 유지될까? 아마 얼마 지나지 않아 지금의 상태와 비슷하게 재물을 소유하게 될 것이다. 참 부자들은 무일푼에서도 다시 일어나 언제든 재산을 일굴 수 있는 사람들이다.

부자와 가난한 사람의 가장 두드러진 차이점은 부자는 자신이 이룬 '부(富)'가 어디서 왔는지 정확히 알지만, 가난한 사람들은 자신의 가난이 어디서 왔는지 정확히 알지 못한다는 점이다. 자신의 가난이 어디서 왔는지 정확히 알아야 가난의 고리를 끊을 수 있다.

가난의 원인을 외부에서 찾으려 하면 변명거리를 찾게 된다. 진짜 원인은 외부에 있지 않다. 그것은 우리들의 내면, 즉 생각(현재 의식)과 업보(무의식)에 있다.

역경에 처하게 되면 기꺼이 맞아들여 수행의 과제로 삼겠다고 다짐하라. 그 어떤 역경도 공(空)이요 허상이다. 내가 수긍하지 않는 한 나를 좌절시킬 수 없다. 그것을 넘어서면 기대 이상의 선물이 기다리고 있다.

절대자에게 부자 되게 해달라고 마냥 비는 것은 비과학적 방법이다. 우선 가난의 고통을 겪는 원인을 정확하게 알아야 한다. 이후에 나의 잘못을 주위에 솔직하게, 그리고 당당하게 선언하고 반성해야 한다. 이 작업은 잘못된 과거와의 단절이며, 새로운 미래로의 출발을 위한 신호탄이자 동력원이 된다. 그것이 가난에서 부자로 가는 과학적 접근법이다.

문제를 정확히 알고 그 원인을 제거해야 다시 일어설 수 있다. 회피해서는 안 된다. 고락(苦樂)에는 반드시 원인이 있다. 우연이 일어난 듯 보이는 것도 깊게 들여다보면 스스로가 지어서 받은 것임을 깨달아야 한다. 우리의 내면에 자신도 모르게 자리 잡은 거지 마음, 도둑놈 마음, 빈곤한 마음이 가난을 만든 것이라는 깨달음이 있어야 한다.

문제보다 근본이 해결되어야 한다. 근본이란 문제를 대하는 마음이며 태도다. 가난을 해결하고자 온갖 수단 방법 가리지 않기보다는 먼저 가난을 대하는 마음과 태도를 돌아봐야 한다.

신(神)이 나에게 내린 역경의 진짜 목적을 깨달았을 때, 영적으로 훨씬 더 강해지며. 그 안에 숨은 기회를 포착할 수 있고 최악의 상황에서도 승자가 될 수 있다. 역경을 헤쳐나가는 가장 좋은 방법은 '정면돌파'다. '땅을 딛고 일어나라.'라는 말은 회피하지 말고 정면돌파하라는 말이다.

새옹지마라는 말처럼 설사 지금 겪고 있는 가난의 고통이 꼭 나쁜 것만도 불행한 것만도 아니다. 지금의 고통을 좋은 공부 거리로 삼아 열심히 노력한다면 미래의 행복의 씨가 될 수 있기 때문이다. 궁한 생각, 빈곤의 의식을 버리고 부와 풍요의 의식을 가져야 한다. 스스로 생각을 통제할 수 있을 때 비로소 인생은 원하는 방향으로 움직이기 시작한다.

모든 고통과 난제의 근본원인은 '나'에게 있다. '나'란 바로 나의 마음이다. 나의 마음가짐을 새롭게 하는 것이 고통과 난제를 해결하는 출발점이 된다.

질병보다 질병에 대한 공포감이 병을 더 키울 수 있듯이 가난보다 가난에 대한 공포감이 우리를 더 힘들게 한다. 환자들에게 무엇보다 중요한 것은 병에 대한 두려움을 없애는 일이다. 마찬가지로 가난과 실패에 대한 두려움을 없애는 일이 중요하다.

병이나 가난을 불러오는 것은 마이너스 감정이나 부정적 생각이므로 병이나 가난을 치료하는 출발점은 생각을 바꾸는 데 있다. 불치병이라는 생각이 앓아눕게 하고, 완치된다는 확신이 병상에서 일어나게 한다. 질병 치유뿐 아니라 우리의 인생은 우리의 믿음에 의해 결정된다. 자신의 염원이 달성되기 어려울 것이라고 생각하는 것도 자신의 믿음이고, 그 어려움을 넘어 염원을 이루어내는 것도 그 자신의 믿음에 달려있다.

좋은 일도 나쁜 일도 모두 우리의 생각이 불러온다는 사실을 깨달아야 한다. 절대 긍정의 마음가짐에 우주 무한력은 감응하여 그의 생각을 실현시켜 준다.

양자물리학의 관점에서 보면, 걱정은 걱정하는 그것을 현실화하는 결과를 낳는다. 자신이 현재 집중하는 생각이 바로 현실이 되는 에너지이기 때문이다. 환자의 '반드시 낫는다.'라는 믿음은 그 자체로 이미 강력한 치유 에너지가 되듯이, '반드시 부자가 되겠다.'라는 확신은 가난을 돌파할 수 있는 강력한 에너지다.

돈을 벌기 위해서 무척 애를 쓰고 있는데도 수입이 늘어나지 않는다면 왜 그런가, 그 이유를 잘 찾아볼 필요가 있다. 겉으로는 부자를 갈망하고 있으면서도 마음속 깊은 곳에서는 돈을 배척하고 저항하는 의식과 신념이 존재하고 있지는 않은지 살펴봐야 한다. 부자가 사기꾼이나 도둑같이 생각된다면 그것은 실은 나의 신념이 되비쳐 보이는 것이다.

동양학자 조용헌 씨는 어느 칼럼에서 대장부의 4대 공부는 '파산, 감옥, 이혼, 그리고 암에 걸리는 것'이라며, 이것을 절망으로 보면 범부(凡夫)이고, 공부로 본다면 대장부(大丈夫)라고 썼다. 인간사 모든 일은 '어떤 생각, 어떤 관점으로 바라볼 것이냐'에 따라 극복할 수 있느냐, 없느냐, 그리고 행, 불행이 갈린다.

사업 실패나 가난이 인생의 패배를 의미하는 것은 아니다. 잘못을 인정할 때 패배의식에서 벗어날 수 있으며, 자신을 바로 보게 되고, 자신을 바꿀 수 있게 된다. 지금의 어려움을 어떤 방법으로 극복하는가에 따라 자신의 미래 모습이 결정된다.

중요한 것은 '인생에서 무슨 일을 겪느냐.'가 아니다. 우리의 인격과 내공을 결정하는 것은 '그 일에 어떻게 대처하는가.'에 있다. 가난도 마찬가지다. 부(富)와 복(福)은 거저 오는 법이 없다. 대가를 지불해야 한다. 고통과 고난의 세월을 넘어야 한다. 가난하고 괴로울 때가 성장할 때라는 절대 긍정의 마음가짐이 풍요로운 미래로 인도하게 된다.

우리의 삶에서 사고나 파산과 같은 절체절명의 위기는 언제든 올 수 있다. 이런 위기상황은 나의 의지와는 상관없는 내 마음 밖의 일이다. 그런 상황을 극복하기는 어려우나, 절체절명의 위기에 대한 두려움과 공포심은 내 마음속의 일이므로 극복할 수 있다.

절체절명의 위기가 나를 죽이는 게 아니다. 두려움과 공포감이 나를 죽이는 것이다. 두려움과 공포는 내가 만든 허상이다. '색즉시공(色卽是空)' 즉 공(空)의 진리를 깨닫고 두려움과 공포의 감정을 주시하며 내 마음에서 흘러나가는 것을 가만히 바라볼 수 있는 내공을 키워야 한다.

평생을 바람 한 점 없이 탄탄대로만 걷는 사람은 없다. 설사 있다 하더라도 그런 사람이 큰일을 이루는 경우는 더더욱 없다. 청나라 말기 태평천국의 난을 평정한 증국번이 동생에게 보낸 편지의 일부이다.

"운이 나빴다고 하늘을 탓하는 것은 대장부의 자세가 아님을 명심하라. 그저 아무 말 없이 이를 악물고 천천히 완벽한 계획을 세워 힘을 길러야 한다. (중략) 괴로운 마음과 걱정은 곧 영웅으로 가는 길이다. 대장부는 맞아서 이빨이 부러졌을 때 피와 함께 삼키는 법이다. 대장부의 기개를 길러라. 승리하는 그 날까지 오로지 참고 또 참으며 쓰러지지 말아야 한다."

맹자에 이런 글이 나온다. "하늘이 나에게 중대한 임무를 내려주시기 전에 먼저 반드시 내 마음과 뜻을 괴롭게 하고, 내 뼈와 근육을 힘들게 하며, 내 몸과 살을 주리게 하고 내 몸을 가난하게 하여, 하고자 하는 일을 힘들게 만들어서 내 마음과 본성을 단련시켜 내가 미처 알지 못한 힘을 더욱 강하게 한다."

부유한 환경은 가난보다 더 큰 장애물일 수도 있다. 재산은 물려줄 수 있지만, 지혜와 인내 같은 정신은 물려줄 수 없다. 가난과 역경은 사람들을 죽기 살기로 노력하고 인내하도록 가차 없이 내몬다. 하지만 숨어 있는 잠재력과 불굴의 의지를 길러 준다는 점에서 불행이 아니라 최고의 동반자이기도 하다.

지금의 고난과 고통에 슬퍼하거나 탄식하기보다는 그 의미를 생각하며 거기에서 무엇을 배울 것인가를 깨닫는 것이 훨씬 더 중요하다. 좋은 일도 나쁜 일도 무의미하게 일어나지 않는다. 교훈을 되새기며 현재 이 순간을 열심히 사는 데 힘쓰다 보면 반드시 크게 성장하게 된다. 인생의 힘든 시절이 내면의 힘을 기르고 내공을 닦는 데 가장 좋은 기회가 된다는 사실을 깨달아야 한다.

탁월한 성공과 부를 이룬 사람들의 공통점은 삶의 시련을 대하는 태도가 다르다. 그들은 "왜 나에게 이런 일이 생겼나?"라며 절망하지 않는다. 대신 "이 사건에서 얻어야 할 교훈은 무엇인가?"라는 질문을 한다. 지금 돈 때문에 고통받고 있는가? 가난의 고통에 집착하지 말고 가난의 고통이 주는 교훈에 눈을 돌려야 한다. 시련이 닥치면 더 큰 목표를 향해 가는 여정이라고 생각하라. 절대 환경을 비난하고 자신을 원망하지 말라. 그것이 행운을 부르는 법칙이다.

삶에서 겪는 고난과 고통에는 의미가 있다. 이를 깨닫지 못하고 그냥 흘려보내 버린다면 인생은 무의미해진다. 지금 하는 일에 의미를 부여할 때 그 일은 단순한 밥벌이가 아닌 사명이 된다. 의미를 부여하는 사람은 바로 자신이다. 어려움을 견뎌내야 하는 이유는 각자가 반드시 완수해야 하는 사명이 있기 때문이다.

생존의 열쇠는 역경에 처했을 때 피하지 않고 정면돌파하는 데 있다. 고난에 처해 본 사람만이 잠재력을 이끌어낼 수 있다. 역경을 이겨낼 강인한 힘이 우리 내면에 주어졌다는 것을 믿어야 한다. 고통스런 고난 속에 안락과 풍요라는 보물이 묻혀 있다.

1-1. 자아 성찰, 나를 되돌아봄은 깨달음의 출발이다

풍요로운 삶을 살기 위해서는 먼저 자신을 알아야 한다. 우선 '자신이 누구인지 왜 여기에 있는지, 어디로 가고 싶은지. 진정으로 내가 원하는 것이 무엇인지'와 같은 자신의 정체성과 가치관에 대한 탐구가 있어야 한다. 그 다음으로 자신이 추구하는 삶의 모습을 마음속에 명확하게 그릴 수 있어야 한다. 자신이 원하는 부유함, 풍요함이 무엇인지 명확히 알아야만 부와 풍요를 향해 나아갈 수 있다.

반성을 많이 해야 후회가 적은 법이다. 인생을 '배움의 장(場)'으로 생각하고 실패의 교훈을 되새길 때 운과 기회를 잡을 수 있다. 타고난 부의 그릇을 더욱 키우기 위해서는 우선 자기반성, 자아성찰을 통한 학습능력을 키우는 것이 필요하다.

춘추좌전에 "나쁜 일이 닥쳐오는 것은 자기 자신이 불러들인 것이다."라는 말이 있다. 한편으로는 비정하게 들릴 수도 있으나, 다시 일어나기 위해 꼭 생각해볼 말이다. 일반적으로는 자신의 마음속에서 악을 키운 경우가 대부분이기 때문이다.

만약 지금 가난하다면 부자가 되려고 하기 전에 먼저 나를 되돌아봐야 한다. 많은 사람들이 현재의 고통스러운 빈곤의 원인은 스스로가 자초했다는 사실을 깨닫지 못한다. 내면의 나쁜 생각들을 없애버리고 정화하는 작업이 우선이다.

현재 지독한 가난에 시달리고 있음에도 게으르고 불평, 불만으로 가득 차 세상을 원망만 하고 있다면 결코 나아지지 않는다. 부를 이루는 것은 요원하며, 더욱 비참한 가난을 자초하게 될 것이다.

부의 의식은 남 탓 하기 전에 내가 판단을 잘못한 게 아닌가 하고 자신을 뒤돌아 볼 줄 아는 것이다. 그래야 개선이 되고 대안이 생기고 계속된 실패를 막을 수 있다. 그 출발점은 '현재 자신이 처한 가난이란 상황의 원인은 자신에게 있다.'라는 자각이다.

생각을 바꾸어야 가난이 극복된다. 가난의 원인을 내가 아닌 타인이나 외부로 돌리게 되면 극복이 어렵게 된다. 타인이나 외부환경은 내 뜻대로 되는 것이 아니기 때문이다.

지금의 상태는 과거 행위의 결과로 생기는 것이며, 지금의 행위는 미래를 만드는 원인이 된다. 그래서 선각자들은 "만약 지금 상황이 나쁘다면 과거의 악업을 소멸시키는 과정이라 생각하고 겸허히 받아들이라."라고 강조한다. 삶에서 어려운 시기는 꼭 필요한 과정이다. 고난과 고통은 자신을 성찰하는 기회를 줌으로써 우리를 성숙하게 하기 때문이다.

돈과 관련해 잘못된 습관을 버리고 싶다면 자신의 무의식적인 생각과 행동, 습관적인 감정과 반응 등을 주의 깊게 관찰해야 한다. 자기성찰을 통해 돈과 관련된 습관적인 생각, 행동, 감정을 차단하는 것이다.

성공한 부자들의 공통점은 세상의 거친 풍파에 대처하는 마음가짐이 다르다는 사실이다. 그들은 고통과 절망에 빠지기보다는 여기서 얻어야 할 교훈이 무엇인지를 성찰한다. 그리고 문제의 원인을 정확히 분석해 이제부터 무엇을 어떻게 할 것인지를 고민하고 행동으로 옮긴다.

지금 힘든 시간을 보내고 있다면 곧 행운을 맞이할 준비의 시간이라고 믿어야 한다. 행운이란 겉으로 불운처럼 보이지만, 대박의 행운을 안겨주는 일은 너무나 많다. '나는 왜 이렇게 불행한가?'라며 실의에 파묻혀 있는 동안 불운 뒤에 숨어 있는 행운은 달아나버린다.

부의 의식으로 충만한 사람은 불운의 시기가 왔다고 느껴지면 자신에게서 불운의 원인을 찾고, 자신의 내면을 돌아본다. 이를 통해 행운이 올 때 크게 성장하게 된다.

변화는 현재의 모습을 제대로 인식하고, 예전과 똑같은 방식으로 살기를 멈출 때, 그때부터 시작된다. 의식적으로 새로운 경험을 하고 감정을 느낀다면 결국 우리의 생각과 신념도 바뀌게 되는 것이다.

만약 지금 가난의 고통에 시달리고 있다면 '왜 나의 영혼은 나의 인생을 설계할 때 가난한 삶의 각본을 썼을까? 왜 지금의 부모를 선택했을까?'라고 묵상해보라.

내 인생은 내가 선택한 것이며 이 세상에 우연이란 존재하지 않는다는 것을 깨달아야 한다. 고난으로 점철된 삶일지라도 더욱 많은 것을 배우기 위해서 그리고 자신의 영혼이 진화하기 위해 태어나기 전에 스스로 자신의 삶을 설계한 것임을 깨닫게 되면 스스로 영혼에 대한 경외심이 느껴질 것이다. 그 순간 인생의 고달픔을 잊을 수 있으며, 새로운 용기가 생기게 된다.

사주명리학에서 재다신약(財多身弱)의 사주란 재물이 많으면 몸이 약해진다는 것으로 자신의 그릇으로는 주체하지 못할 재물을 취하면 몸이 허약해져서 수명을 단축할 수 있으니 조심해야 하는 사주라고 한다.

재물에는 그만큼의 무게, 즉 스트레스를 안고 있다. 이 무게를 감내할 수 있는 내공이 없으면 견디지 못하고 탈이 생기게 마련이다. 돈에 대한 욕심보다는 나를 되돌아볼 줄 아는 겸허함이 내공을 키워준다.

반드시 낫는다는 믿음, 긍정적인 감정이 병을 낫게 한다. 경제적 문제도 마찬가지다. 충격으로 마음의 평화를 잃고 포기할 때 다시 일어나지 못하게 되지만, 자신의 마음을 다스릴 줄 아는 사람은 다시 일어나게 되고, 이전보다 훨씬 크게 도약하게 된다.

경영학의 시조로 일컬어지는 피터 드러커는 13살 때 선생님으로부터 "너희는 죽은 뒤에 어떤 사람으로 기억되기 원하니?"라는 성찰의 질문에 답을 하며 자신의 삶을 수시로 다잡았다고 한다. 스티브 잡스도 2005년 스탠퍼드대 졸업식 연설에서 33년간 매일 아침 거울을 보면서 자신에게 다음과 같이 자문했다고 말한다.

"만약 오늘이 인생의 마지막 날이라면, 그래도 나는 오늘 하려던 일을 하고 있을까?"

"단순히 돈을 벌기 위해 사업을 시작한 경우 대부분 실패한 반면 사람들의 불편을 발견하고 이를 해소하기 위해 시작한 일은 대부분 성공했다." 이랜드그룹 박성수 회장의 말이다. 자신의 정체성이 돈 많이 버는 부자가 아니라 다른 사람들을 도와주는 사람, 'Helper'가 될 때 돈은 저절로 따라오게 된다.

'스스로를 어떤 사람이라고 생각하는가?'라는 자아상이 자신의 운명을 만든다. 최선의 삶을 살기 위해서는 건강하고 긍정적인 자아상을 확립해야 한다. 이것이 성공과 행복을 결정짓는 핵심요소 중의 하나다.

삶의 목적은 부(富)를 구하기 위해서도 아니고, 출세를 위해서도 아니다. 그런 것들은 최종 목표가 아닌 일시적 목표에 불과하다. 물질적 의미의 인생이란 이 세상에 빈손으로 태어나 저 세상에 빈손으로 가는 여정일 뿐이다. 부자가 되고 출세하는 것은 행복이란 종착지를 향한 중간 정착지에 불과하다.

비물질적 의미의 인생이란 우주의 정교한 프로그램 속에서 우리 스스로 영혼의 성장을 도모해 가는 중요한 과정이다. 그 과정에서 나를 되돌아봄, '자아성찰'은 깨달음의 시작이다.

먼저 자기 삶의 과정에서 어떤 의식을 가졌는지 성찰하고 알아야 한다. 자신의 꿈과 목표, 가치관이 왜곡되지는 않았는지 되돌아봐야 한다. 잘못되었다면 깊은 내면의 본성은 절대 움직이지 않기 때문이다. 진정으로 자신이 원하는 것이 무엇인지 찾아야 한다. 그것은 자아성찰에서 시작한다.

1-2. 하늘을 움직이는 힘, 심고(心告)

탐욕은 부(富)를 끌어들이지 못하지만, 위대한 대의(大義)는 엄청난 부를 끌어들인다. 하늘은 우리가 무엇을 원하고 있는지 알고 싶어 한다. 그것을 알려주지 않으면 우리에겐 아무것도 되돌아오지 않는다.

심고(心告)란 자신의 결심을 잠재의식과 우주에 알리는 것이다. 그것은 자신의 절실함이 담겨 있는 비전(Vision)문이자 사명선언문이다.

"시작과 창조의 모든 행동에 한 가지 기본적인 진리가 있다. 그것은 우리가 진정으로 하겠다는 결단을 내린 순간 그때부터 하늘도 움직이기 시작한다는 것이다." 토마스 에디슨의 말이다.

성공한 사람들은 매일 자신에게, 우주에 외치는 사명문, 서원(誓願)이 있다. 성공하길 바란다면 자신만의 서원을 가지고 잠자리에서 일어나자마자 우주 법계에 외쳐야 한다. 누가 알겠는가, 지금 바로 응답이 올지.

사람들은 누구나 부자가 되길 간절히 원한다. 그래서 교회나 절, 성당 등으로 가서 '돈 많이 벌게 해달라고' 기도한다. 들어줄까?

입장을 바꿔 생각해보자. 만약 당신의 어린 자녀들이 '돈 달라'고 떼쓴다고 순순히 돈을 줄까? 그런데 미래에 부자가 될 아이라면 막무가내로 떼쓰지 않는다. 그 돈이 왜 필요하며, 어떻게 사용할 것인지 구체적으로 설명하며 설득한다. 신에게 빌 때도 마찬가지다, 얼마가 언제까지 왜 필요한지 어떻게 사용할 것인지 구체적으로 알려야 한다.

우리는 일이 꼬이거나 건강이 악화되는 등 불운이 닥치면 '끝없는 수렁에서 벗어나게 해달라.'라며 바닥에 엎드린 채로 온 마음을 다해 도움의 기도를 구한다. 그 기도를 들어주면 남은 인생을 매일 감사하며 기쁘게 살아가고 남에게 봉사하면 살아가겠다고 약속한다.

하지만 이것은 순서가 잘못되었다. 무슨 일이든 완성을 위해서는 순서가 중요하다. 자기반성, 자아성찰이 먼저다. 순서를 바꾸어 매일 감사하며 기쁘게 살아가고 봉사하면 그 기도는 이루어진다. 고난의 수렁에서 벗어나기 위해 최우선시해야 할 일은 이제부터 변하겠다고 결심하는 것이다.

기원전 4세기경 알렉산더 대왕이 프리지아(Phrygia)로 원정을 나갔을 때 그곳 신전 기둥에 전차 한 대가 묶여 있었다. 과거 프리지아의 국왕이었던 고르디우스가 단단히 묶어 둔 것이었다. 당시에 전차를 묶은 매듭을 푼 자는 아시아의 왕이 되리라는 전설이 있었다. 많은 사람들이 매듭을 풀고자 도전했지만 아무도 풀지 못했다. 이때 알렉산더 대왕은 매듭을 보자마자 단검을 꺼내 단칼에 끊어버리고 이렇게 말했다. "운명이란 전설에 의해 결정되는 것이 아니라 스스로 개척하는 것이다." 이것이 그 유명한 '고르디우스의 매듭' 일화이다.

운명은 태어날 때부터 정해져 있다고 믿는 사람들이 많다. 하지만 우리의 운명은 누가 정해주는 것이 아니라 자기 스스로 만들어 가는 것이란 사실을 알렉산더 대왕은 보여준다. 운명론자는 눈앞의 장벽에 무릎 꿇지만, 주어진 운명은 없다고 믿는 사람들은 장벽을 하나하나 뚫고 나아간다. 역사는 그들의 기록물이다.

우리가 마주치게 되는 세상사들은 이렇듯 복잡하게 얽힌 실타래 같은 경우가 많다. 이럴 때는 기존의 방법으로는 풀리지 않는다. 용기를 내어 완전히 새로운 방법을 시도해야 한다.

보통 사람들은 단칼에 끊어버리지 못한다. 인생을 살다 보면 승부를 걸어야 할 때가 반드시 온다. 범부들은 함부로 승부를 걸지 못한다. 남다른 결단력과 담력, 미움 받을 용기를 가진 자라야 이런저런 눈치 보지 않고 단칼에 승부를 걸고, 과감하게 정면돌파를 시도한다. 그래야만 큰 부(富), 위대한 성취를 이룰 수 있다.

위대한 성취자들이 공통적으로 가지고 있는 중요한 특성이 '결단력'이다. 우유부단한 사람들이 성공한 경우는 드물다. 그들은 그 일을 기필코 이루어내겠다고 결심을 했기 때문이다. 과감하지 않은 사람은 결단력도 없다.

결단력은 성격이 아니라 습관이다. 부유한 삶을 살 수 있는 핵심은 결심이다. 결심해야 목표와 계획을 수립하게 되고 실행하게 된다.

가장 먼저 부자가 되기로 결심해야 한다. 결심을 해야 매사 부를 쌓는 의사결정과 행동을 하게 된다. 부자가 되는 것은 쉬운 일이 아니다. 그 과정을 버틸 수 있어야 하고 대담한 결정도 내릴 수 있어야 한다.

현재 상황에 대한 불행은 과거의 환경 탓이 아니다. 그렇다고 능력 부족도 아니다. '용기'가 부족하기 때문이다. 나의 생활방식을 바꿀 용기, 행복해질 용기가 부족하기 때문이다. 따라서 지금 우리가 해야 할 일은 용기를 내어 지금의 생활방식을 버리겠다고 결심하는 것이다. 그런 연후에 주위에, 우주 법계에 고(告)해야 하고, 실행해야 한다. 시도하지 않으면 한 발자국도 나아갈 수 없다.

실행력을 강화하는 것이 '결심'이다. 뭔가를 결심해야 계획을 세우게 되고 행동으로 옮기게 된다. 결심하라! 마냥 기다린다고 행운의 천사가 오지 않는다. 뭔가를 결심해야 목표가 생기게 되고, 계획을 세우게 되고 행동으로 옮기게 된다. 단호한 결단은 최단기간에 목표에 집중하게 한다.

누구나 살다 보면 인생의 막다른 골목에 다다를 때가 있다. 그러나 반드시 극복하겠다고 결단하는 순간 해결의 실마리가 보이기 시작한다. 부자가 되는 방법도 동일하다. 부자가 될 수 있다고 믿고 부자가 되겠다고 결심하는 순간 재운은 열리기 시작한다.

결국, 모든 행동은 결심에서 비롯된다. 우리를 변화시키는 에너지는 결심에서 나온다. 결심의 힘은 변화를 가능케 하는 힘이며, 운명을 결정짓는 힘이다.

'결심'을 행동으로 이어주는 강력한 퍼포먼스가 바로 심고(心告)다. 하늘과 땅이 공감하고 스스로가 받아들일 수 있는 명확한 이유와 목적이 있는 부(富)는 반드시 이루어진다. 그것을 온 우주 법계에 알려라!

2. 인생의 간절 '절(切)' 자를 가졌는가?

"화두를 드는 법에는 특별한 요령이 없다. 일념으로 간절히 참구하는 방법 외에는 별다른 요령이 없다. '간절 절(切)'이야말로 화두를 드는 데 있어 가장 요긴한 것이다. 간절한 일념으로 크게 의심해 나가는 것이 화두법의 가장 요긴한 점이요, 크게 의심하는 가운데 대오(大悟)가 있는 것이다."

– 일타 선사

일심불란이란 한 가지 일에 집중하여 마음이 흩어지지 않는 것이며, 오매불망(寤寐不忘)이란 자나 깨나 언제나 잊지 않는 정신상태를 말한다. 어떤 일을 이루려면 이런 정신 자세가 중요하다.

불교의 옛 조사들은 화두를 참구할 때의 마음가짐에 대해 아래와 같이 말한다.

"참구하는 화두에 대해 간절한 마음으로 공부하기를, 마치 닭이 알을 품듯 해야 하며, 고양이가 쥐를 잡을 때 한눈팔지 않고 간절히 쥐구멍 속 쥐만 생각하듯, 며칠 밥을 굶은 사람이 밥 생각하듯 하면 반드시 꿰뚫을 때가 있으리라."

"12만5000프랑의 빚을 갚기 위한 도구는 내 펜밖에 없었다. 탄광에 갇힌 광부가 목숨을 걸고 곡괭이질을 하듯 그렇게 글을 썼다."
프랑스의 소설가 오노레드 발자크의 말이다. 빚을 갚아야 하는 그의
절박함과 간절함이 그를 근대 사실주의 문학의 거장으로 만들었다.
사람은 쉽게 변하지 않는다. 간절함과 절박함을 느낄 때, 이 두 가지
경우를 제외하고는 쉽게 변하지 않는다.

"학창시절 할머니의 죽음을 경험하며 '나에게 단 한 번 주어진 이
삶을 어떻게 살아야 할까? 무엇을 하고 살아야 단 한 번의 인생에
걸맞게, 보람 있게 사는 것일까?'라는 생각에 몰두하게 되었어요. 앉
으나 서나, 걸을 때나 누울 때나, 일할 때나 놀 때나 늘 그 생각을 하
면서 다녔어요. 그러던 어느 날 우연히 친구를 따라간 곳이 가톨릭
대학이었고 그날은 마침 교회에서 수녀나 신부가 되고 싶은 사람들
을 모으기 위해 홍보하는 성소 주일이었어요. 수녀님들의 생활을 소
개하는 기록 영화를 보는데, 갑자기 제 안에서 천둥보다 더 큰 소리
가 들려왔어요. '여기다! 내가 찾던 그 삶이, 단 한 번 주어진 인생을
보람 있게 살 수 있는 길은 바로 이런 삶이다.' 하는 확신이 순식간에
저를 사로잡았어요. 그때부터 제 마음은 형언할 수 없는 흥분으로
가득 차 있었어요."

『출가』란 책에 나오는 최주영 실비아 수녀님의 글이다. 자신의 문제
나, 목표 등 오매불망, 꿈속에서도 잊지 않을 화두를 지니고 있으면
우연한 기회에 섬광처럼 통찰력이 생긴다. 그 기회를 사로잡아야 한
다. 그 길이 당신의 천명(天命)이기도 하다.

성공의 이유가 많이 배워서, 또는 남다른 인적 네트워크나 특별한 비법이 있어서라고 생각하기 쉽지만 그렇지 않다. 많은 이들이 지식을 습득하고 익힌 후에도 부자가 되지 못하는 이유는 간절함에 있다. 간절함이 부족하면 게으름과 우유부단함, 두려움이 스며들게 된다. 실행을 막는 이런 것들을 과감히 걷어차지 못하면 부의 기회를 잡지 못한다. 실행하지 않으면 성공도 부도 잡을 수 없다.

매우 절실한 마음 상태를 '간절하다.'라고 표현한다. 역사학자 아놀드 토인비는 "성공의 반은 죽을지 모른다는 절박한 상황에서 비롯되고, 실패의 반은 잘나가던 때의 향수에서 비롯된다."라고 말했다.

간절함에는 놀라운 에너지가 있다. 성공이 먼저가 아니고 간절함이 먼저다. 우리는 '간절하면 이루어진다.'라고 얘기하곤 한다. 그런데 왜 간절히 원하면 이루어진다는 것일까? 그렇다면 원하는데도 이루어지지 않는 것은 왜일까?

중요한 것은 '얼마만큼 집중했는가.'이다. 집중력과 간절함은 사람마다 그 정도가 다르다. 근기(根氣)의 차이가 있다. 간절히 원한다는 것은 아무리 힘들어도 포기하지 않고 꾸준히 그 대상에 집중한다는 것이다.

자신의 꿈을 뼛속 깊이 새겨놓아서 어떠한 어려움이 닥쳐도 포기하지 않고 끝까지 매달릴 수만 있다면 반드시 그 꿈을 이룰 수 있다. 설사 그 꿈을 이루지 못한다고 해도 절실하게 매달리는 과정을 통해 더욱더 깊은 내공을 갖게 되고 어쩌면 원래의 꿈보다 더 크게 이루게 되는 경우도 있다.

간절한데도 왜 우주는 도와주지 않을까? 하근기, 중근기는 간절함 만으로는 부족하다. 매일매일 그 간절함이 잠재의식에 와 닿아야한다. 어떻게 해야 잠재의식에 닿을 수 있을까? 그 비밀은 우리의 뇌파에 있다. 뇌파를 알아야 한다.

페니 피어스는 그의 책 『감응력』에서 뇌파에 대해 이렇게 말한다.

"우리의 뇌파에는 가장 느린 것부터 가장 빠른 것까지 네 가지 종류가 있다. 빠른 베타파(13~30Hz)가 일상의 얕은 의식과 대응하며, 알파파(8~13Hz)로 느려질수록 걱정이 적어지고, 마음이 열리며, 미묘한 정보들을 알아차리게 된다고 설명한다. 그때 우리는 더 깊은 기억과 통찰의 영역으로 접근하게 된다. 뇌파가 세타파(4~8Hz)까지 더욱 느려지면, 우리는 참된 자아의 본성에 대한 이해력을 갖추게된다. 에고가 죽기 시작하고 영혼의 의식이 그것을 대체한다. 종종 깊은 세타파 상태로 들어가는 명상가들은 내적으로 통합되고 다른 모든 존재와 합일하는 느낌을 얻는다. 델타파(0.5~4Hz) 상태에 들어가면 마치 자신이 몸 밖에 존재하는 듯한 체험을 하게 된다. 시공간이 사라지고 다른 의식 차원으로 쉽게 진입할 수 있다. 델타파는 에고를 압도하는 통합적, 전체적 의식 속으로 당신을 데리고 간다.

하지만 이런 경험을 자각하는 것보다는 잠에 빠지는 것이 더 편한 탈출구이기 때문에 분주한 의식을 가진 채로 이처럼 깊은 상태에 도달하는 것은 결코 쉬운 일이 아니다. 델타파의 상태는 모든 평행우주가 동시다발적으로 전개되는 양자물리학의 다중우주현실로 여겨지기도 한다."

명심보감은 작은 부자는 부지런하면 누구나 될 수 있지만 큰 부자는 하늘이 낸다고 했다. 그 하늘은 사람의 마음이 움직인다. 하늘의 선택을 받으려면 간절함과 지극정성이 있어야 한다. 하늘의 선택을 받게 되면 '직관적 통찰'이란 선물을 준다.

직관적 통찰이란 나의 무의식의 세계와 연결된 우주 지성(cosmic intelligence)으로부터 오는 메시지다. 그것은 느린 뇌파, 알파파 이하일 때 수신이 가능하다. 어떻게 해야 알파파를 나오게 할 수 있을까?

승려들이 참선할 때 그들의 뇌파를 측정하면 알파파가 나온다는 연구가 있다. 알파파는 잠들기 직전, 또는 명상과 같이 마음이 대단히 안정적일 때에만 나타나며, 이때가 정신통일 상태로서 우리의 염원을 이미지화하는 데 가장 효과적 컨디션이라는 것이 과학적으로 증명되고 있다.

알파파가 많이 나오게 하는 방법은 자신이 좋아하는 음악이나 빗소리, 파도 소리와 같은 자연의 소리를 들을 때, 참선 등 명상할 때, 자신이 좋아하는 일을 할 때, 기도할 때 등이라고 한다.

기독교에서는 하나님의 가장 일반적인 뜻이 "항상 기뻐하라, 쉬지 말고 기도하라, 범사에 감사하라."라고 말한다. 오매불망, 뇌파가 알파파 상태에서 기쁨과 기도와 감사를 잊지 않을 때, 기뻐할 일과 감사할 일이 생기게 된다는 위대한 가르침이다.

도를 닦는 마음이나 부를 쌓는 마음이나 억지로 지어서 내는 마음이 아니기 때문에 간절해야 한다. 이 간절한 마음이 없이 도를 깨치고 통찰력을 얻는 것은 있을 수 없는 일이다. 무슨 일이든 경지에 오르기 위해서는 간절한 마음으로 용맹정진해야 한다. 그래야 통찰력도 생기는 법이다.

부(富)를 구하는 마음은 '간절 절(切)' 자에 있다. 간절해야 한다. 부자가 되겠다는 생각이 오매불망, 간절 '절' 자를 잊지 않는 경지에 도달한다면 반드시 이루어지게 된다.

2-1. 간절함이 잠재의식에 도달해야 한다.

"잠재의식에 닿는 순간 기회가 찾아온다. (중략) 먹고 자는 일조차 잊을 만큼 간절히 바라고, 하루 종일 오직 그 일만 생각하면 소망은 차츰 그 사람의 잠재의식에까지 침투한다. 잠재의식이란 평소에는 겉으로 드러나지 않지만 생각지 못한 순간에 불현듯 나타나 상상할 수 없는 힘을 발휘한다. (중략) 매일 깊게 고민하면 그동안의 소망이 잠재의식에까지 침투한다. 그렇게 되면 특별히 의식하지 않고서도 생각지 못한 순간에 잠재의식이 가동되어 좋은 아이디어가 떠올라 지금 가장 고민하는 문제를 단박에 해결해주는 일도 많다. 이는 틀림없이 '신의 계시'라고 밖에 할 수 없다. 내게도 그런 경험이 종종 있었다. (중략) 높은 목표를 달성하려면 간절한 바람이 잠재의식에 닿을 만큼 미칠 정도로 몰두해야 한다."

이것은 일본에서 가장 존경받는 3대 기업가 중 한 사람인 이나모리 가즈오 회장의 저서 『왜 일하는가』에서 잠재의식의 위대함과 활용법에 관한 이야기다. 큰일을 이룬 사람들은 자신도 알게 모르게 잠재의식의 도움을 받은 사람들이다.

간절히 원하지만 이루어지지 않는 경우가 대부분이다. 왜 그럴까? 비밀은 간절함의 정도가 아니라 현재의식과 잠재의식이 의도하는 바가 일치하지 않는다는 것이다. 우리 내면의 깊은 곳에 있는 잠재의식은 전생의 업력(業力)이기도 하다. 현재의식에서는 간절하게 부와 성공을 염원하지만, 잠재의식에서는 그 반대일 수도 있기 때문이다.

우리의 현재의식은 힘이 없다. 우리가 아무리 간절히 원한다 하여도 원하는 대로 이루어지지 않는다. 외부환경에 민감하게 영향을 받아 수시로 흔들리기 때문이다. 그러나 잠재의식은 모든 것을 이루는 힘이 있다. 외부환경에 영향을 받지 않기 때문이다. 외부환경과 여건에 흔들리지 않기 때문에 원하는 그대로 모든 것을 이루게 된다. 소원성취와 부의 도(道)는 현재의식이 아니라 잠재의식의 영역이다.

오매일여(寤寐一如)란 '자나 깨나 한결 같다(寤寐一如).'라는 뜻으로 삼매(三昧)를 가리킨다. 불교의 선(禪)에서는 '화두를 참구하고 있는 상태가 깨어 있을 때나 잠들어 있을 때나 한결같아야 한다.'라는 뜻으로 사용되고 있다.

화두만이 아니고 돈을 버는 일도 마찬가지다. 올인(all in), 전념하지 않고는 성공할 수가 없다. 깨어 있을 때나 잠들어 있을 때나 한결같이 '성공과 부'라는 화두에 전념할 수 있어야 한다.

부자가 되게 해달라고 매일 간절히 바라지만 왜 잘 이루어지지 않을까? 간절함이 현재의식에 머물러 있어서는 이루어지지 않는다. 우리의 무의식은 뇌파가 알파파나 세타파일 때 입력이 된다. 각성 상태인 베타파에서는 입력이 어렵다. 뇌파를 알파파나 세타파로 떨어뜨려야 한다. 세타파는 수면 상태에서 나오고, 알파파는 잠들기 직전

상태의 뇌파다. 하지만 이 상태에선 잠재의식에 입력되기 전에 잠에 빠지게 된다. 문제는 잠에 빠져들기 전에 잠재의식에 명령해야 하는데 이것이 쉽지 않다.

간절함이란 고도의 집중력을 말한다. 우리 고유의 명상이나 단전호흡 수련에서는 진식(眞息), 즉 참된 호흡을 단전호흡이라고 한다. 진식을 위해서는 이완과 고도의 집중 상태에서 하는 호흡을 일컫는 말이다.

진식(眞息)은 기술로 하는 게 아니다. 절대 긴장 상태에서 억지로 호흡해서는 안 된다고 가르친다. 이완과 집중을 동시에 이룬다는 것은 쉽지 않다. 정신과 육체의 긴장을 풀어주고 기감(氣感)을 느끼는 상태에서 자신의 목표에 집중하는 것이 잠재의식에 입력시키는 가장 효율적인 방법이다.

당신의 인생 비전을 간결한 문장으로 만들어라. 그리고 그것을 하루에 100번 이상 스스로에게 말하라. 그것이 확언이다. 확언은 생각날 때 한 번씩 해서는 잠재의식에 각인되지 않는다. 하루에도 수십 번 수백 번 되풀이해야 한다. 우리의 생각은 반복을 통해서 집중되고 정리되어 강화된다. 반복하면 할수록 더 큰 에너지를 만들어 쉽게 현실화된다. 그냥 간절하면 안 된다. 반복성과 일관성이 더해져야 이루어진다.

믿는 구석이 있을 때 강해진다. "나는 신(神)의 자식이다, 나는 무한능력자다."라는 확언을 절대적으로 믿고 지속적으로 잠재의식에 주입시켜야 한다. 이때 신(神)이란 자신이 믿는 하나님, 부처님 등이면 된다. 이 확언이야말로 인간에게 가장 든든한 빽이며 믿는 구석이 된다. 자신에게 안겨진 난제와 고통을 해결할 수 있는 가장 강력한 힘이 된다.

2-2. 백척간두 진일보 시방세계 현전신
(百尺竿頭 進一步 十方世界 現全身)

"비겁한 자는 죽기 전에 여러 번 죽지만, 용감한 자는 오직 한번 죽을 뿐이다."

노벨 평화상 수상자이자 남아프리카 공화국의 대통령이었던 넬슨 만델라는 투옥생활 중 셰익스피어의 작품 전집을 읽었다. 가장 감동적이고 의미 있는 구절이라고 여겼던 문장에 서명하고 날짜까지 적었다. 그 문장은 '줄리어스 시저'에 나오는 위의 글이다.

조선시대 인삼을 대량으로 판매하러 중국에 간 임상옥은 중국 상인들의 담합으로 한순간에 망할 처지였다. 이에 임상옥은 중국에 와 있던 추사 김정희를 찾아가 방법을 물었다. 이때 추사는 이렇게 썼다.

"백척간두 진일보 시방세계 현전신(百尺竿頭 進一步 十方世界 現全身)"

"죽음을 벗어날 수 있는 길은 죽음뿐."이라는 추사의 말에 문득 깨달은 임상옥은 가져온 인삼을 모아놓고 불을 지른다. 그러자 중국 상인들이 말리며, 그만 태우기를 간청했고, 기존 가격보다 훨씬 비싼 가격으로 인삼을 매입했다.

백척간두의 막다른 골목에서 한 걸음 더 나아가면 떨어져 죽을 것

같이 생각되지만, 사실은 더 크게 살아나게 된다는 것으로 곧 두려움을 무릅쓰고 목숨을 걸 때 비로소 살길이 열린다는 의미다. 큰 깨달음의 경지는 모든 것을 내던지는 자세라야만 이룰 수 있다는 뜻이다. 모름지기 백척간두 진일보의 경지를 체험해야만 큰 깨달음을 얻게 되고 영원히 사는 길이 열리게 된다.

"성철 스님, 저 여기서 죽을랍니다!"

22년간 매일 천 배의 절 수행으로 뇌성마비 장애를 극복한 한경혜 씨의 책 『오체투지』에 나오는 이야기다.

"그녀에게 있어 절은 곧 생명과도 다름 아니다. 그녀는 22년간 하루도 빠짐없이 매일 천 배를 하고 있다. 돌이 갓 지나 뇌성마비로 죽음을 선고받고, 마지막 지푸라기라도 잡는 심정으로 성철스님을 찾아갔다. "네 몸을 건사하려거든 매일 천 배를 하라." 성철 스님의 그 말 한마디 인연에 따라 7세 되던 해부터 지금까지 천 배의 약속을 지키고 있다. 그녀는 그런 내공의 에너지로 히말라야 등정에 성공했다. 산을 오르면서도 매일 108배를 하며 정상에 우뚝 섰다. 22세 때는 불가 수행자도 힘들다는 만 배 백일기도로 구경각을 보았다. 죽음을 담보로 한 만 배 백일기도를 그것도 생애 3번의 기록에 성공했다."

그녀 역시 뇌성마비라는 백척간두에서 매일 천 배의 절 수행으로 진일보해 지옥이 아닌 구경각을 본 것이다.

해열진통제의 대명사 타이레놀의 브랜드 파워는 1982년 발생한 '타이레놀 독극물 사건'에서 나타났다. 타이레놀 캡슐에 묻은 청산가리 때문에 7명이 죽었다. 당시 CEO, 제임스 버크는 전국의 타이레놀을 모두 수거해 폐기 처분했다.

"행운의 여신은 용감한 자를 돕는다."라는 라틴어 속담이 있다. 백척간두 진일보의 정신으로 무한책임을 지는 자세에 타이레놀에 대한 신뢰는 더욱 강화됐다. 대중들에 대한 무한책임, 정직한 자세가 진정한 부자의 자세이자 깨달은 자의 자세다.

막스 귄터는 『스위스 은행가가 가르쳐 주는 돈의 원리』에서 이렇게 말한다.

"리스크를 피하는 방식만으로는 부유해질 수 없다. 인생에서 부든 개인적 명성이든 이익으로 정의할 수 있는 것을 늘리기 위해서는 자신의 소유물과 정신을 리스크에 노출시키지 않으면 안 된다. 돈, 시간, 사랑 등 그 어떤 것도 원하는 만큼 얻기 위해서는 자신의 모든 걸 걸어야 한다. 이것이 법칙이다. 완전한 우연을 제외하고는 아무도 이 원칙을 피해갈 수 없다. 부유한 인생을 사는 현명한 방법은 리스크 회피가 아니라 과감하게 맞서는 태도다."

부와 리스크는 일란성 쌍둥이다. 안전만 추구하는 사람은 부자가 될 수 없다. 부는 리스크를 운 좋게 피하는 것이 아니라 리스크를 감수하는 역량을 키워 극복할 때 쌓이는 것이다.

끝도 모를 나락에서 흔들리는 나를 잡아주는 것은 백척간두 진일보의 정신이다. 간절함과 자신감으로 한 걸음 더 전진할 수 있을 때 행운의 여신은 당신에게로 오게 된다.

살다 보면 누구에게나 고난과 좌절은 오게 마련이다. 그것은 원치 않는다고 일어나지 않는 것이 아니며, 피하고 싶다고 해서 사라지는 것도 아니다. 누구도 삶의 패배자가 되길 원하지 않는다.

운명을 바꿀 수 있다고 믿는 것이 인생 반전의 시작이다. 먼저 생각을 승자의 생각으로 바꿔야 한다. 그래야 삶을 대하는 태도가 바뀐다. 방법은 하나뿐이다. 절대 긍정의 마음으로 정면돌파하는 것, 그것이 백척간두에서 진일보하는 것이며, 지옥을 탈출하는 유일한 해법이다.

"대담함 속에는 재능과 능력과 마법이 담겨 있나니." 괴테의 말이다. 버트란드 러셀은 "공포를 정복하는 것이야말로 지혜의 시작이다." 모두 대담함, 자신감의 위대함을 가르치는 말이다. 두려움을 정복한 담력의 대가는 실로 엄청나다. 역사는 담력이 큰 사람들의 기록이다.

담력이 클수록 기회가 많다. 담력이 작은 쥐는 찬란한 태양을 보러 나오지 못하고 죽을 때까지 어두운 시궁창에서 웅크리고 산다. 인생은 운과 기회의 만남이다. 기회란 담력이 작은 사람에게는 스쳐 지나갈 뿐이다.

야구경기에서 마운드에 선 투수는 타석에 선 타자보다는 자신이 훨씬 낫다는 자신감이 있어야 공을 던질 수 있다. 타자도 마찬가지다. 투수의 공을 칠 수 있다는 자신감이 안타를 만들어 낸다.

담력과 자신감은 모든 일을 대하는 가장 바람직한 태도다. 무슨 일이든 성공으로 이끄는 핵심적인 태도는 바로 자신감이다. 자신감의 부족은 실패를 불러온다. 모든 사람들은 자신감이 넘쳐나는 사람을 보면 신뢰감이 생기게 되고 그를 따르게 된다.

한 번뿐인 인생인데 크고 원대한 목표를 가지고 담대한 삶을 살아야 한다. 살다 보면 누구에게나 반드시 승부를 걸어야 할 때는 온다. 백척간두 진일보의 자세로 승부를 걸어야 한다.

운동선수든 예술가든 모든 분야에서 비범해지기 위해서는 반드시 혹독한 훈련의 시기, Dead point(死點)를 거쳐야 한다. 천재와 대가는 태어나는 것이 아니라 지옥훈련의 결과로 만들어진다. 백척간두의 지옥에서 한 발 더 나갈 때 천국이 열리는 법이다.

지금 가난의 고통으로 힘든 상황에 있다면 먼저 자신의 평소 생각을 돌아봐야 한다. 생각을 바꿔 태도와 습관까지 바꿀 수 있다면 진정 강한 사람이다. 습관을 바꿀 수 있을 때 자신의 운명까지 바꿀 수 있다. 습관을 바꾸려면 모든 것을 걸어야 한다. 간절함과 대담함으로 백척간두 진일보해야 한다.

3. 입지(立志)

"가난은 부끄러워할 일이 아니다. 정작 부끄러운 일은 가난하면서도 뜻이 없음이다. 지위가 낮다 하여 자신을 비하해서는 안 된다. 지위가 낮으면서 아무 능력이 없음을 오히려 미워해야 한다. 또한, 늙음을 한탄해서는 안 된다. 오히려 아무 목적 없이 늙어감을 한탄해야 한다. 죽음이 찾아온다고 슬퍼해서는 안 된다. 죽어서 자신의 이름이 잊혀짐을 슬퍼할 일이다."

중국 명나라 관료이자 『신음어』의 저자 여신오

이재운의 소설 『갑부』에 이런 글이 있다. "가난한 자에게는 가난할 수밖에 없는 필연이 있고, 부자에게는 부자가 될 수밖에 없는 필연이 있지. 실패한 자에게는 실패해야 할 이유가 있고 성공한 자에게는 성공해야만 할 이유가 있어. 무슨 말인고 하니, 무언가를 이루고 싶다면 우선 자신이 무엇을 원하고 있는지 확실히 설정해야 한다는 거야. (중략) 목표가 있는 사람과 없는 사람의 차이가 갑부와 실패자의 차이이다."

그는 주소가 없는 무허가 집에서 태어났으며, 아버지는 생선을 팔아 가정을 꾸려갔다. 19세 때 다음과 같은 인생계획을 수립했다.

20대에 이름을 알린다.

30대에 1,000억엔 정도의 사업자금을 모은다.

40대에 사업을 크게 일으킨다.

50대에 그 사업을 글로벌 기업으로 키운다.

60대에 사업을 후배에게 물려준다.

25세 때 첫 회사를 설립했다. 직원은 고작 2명이었다. 그 직원 앞에서 이런 말을 했다. "지금 우리의 모습은 초라하지만, 앞으로 30년 후에는 조 단위 매출을 올리는 대기업이 될 것입니다." 그가 바로 소프트뱅크 손정의 회장이다. 젊은 시절에 세운 손 회장의 뜻과 목표가 오늘의 소프트뱅크를 만든 것이다.

오스트리아의 정신의학자, 알프레드 아들러는 목표에 대해 이렇게 말한다. "사람들이 고칠 수 있는 것은 그 자신의 구체적 목표뿐이다. 목표가 변하면 정신적 습관이나 태도도 변하게 될 것이다. 이미 낡은 습관이나 태도는 필요 없게 되고 그의 새로운 목표에 적합한 새로운 것이 낡은 것을 대체하게 될 것이다."

비록 우리는 타인을 변화시킬 수는 없지만, 자신의 목표는 변화시킬 수 있다. 보통 사람들은 대부분 자기가 무엇을 원하는지 어렴풋이 알고 있지만, 부와 성공을 이룬 사람들은 그것을 명확하게 알고 있으며 늘 그 목표를 생각하는 사람들이다.

'무엇을 위해 이 일을 하고 있는가?'라는 질문에 대한 답을 찾았을 때 인생은 변화하기 시작한다. 자신의 사명을 깨달은 사람은 삶의 목적을 발견한 사람들이다. 그들은 새로운 세상을 살게 된다. 이것이 고통과 역경을 헤쳐나갈 용기와 자부심을 갖게 해주어 그들을 한 방향으로 힘차게 나아가게 한다.

명의(名醫)가 되기 위해서는 좋은 의과대학을 가는 데 있지 않다. 우선 병으로 고통받는 사람들을 구제하려는 뜻을 세우고 나서 의대를 진학해 의사로서의 덕성과 의술을 배우고 연구하는 데 전심전력을 다하는 것이다. 그럴 때 우주도 도와주게 된다. 무슨 일이든 어려움을 극복하고 인내하는 데 목적만 한 것은 없다.

미래를 창조하는 것은 AI가 아니라 우리의 꿈과 목표다. 자신의 뜻을 분명하고 구체적으로 세운다는 것은 우주의 에너지를 움직이게 하는 진정한 힘을 갖는 것을 의미한다.

'목표를 생생하게 그리면 이루어진다.'라고 말하는 자기계발 서적들이 많다. 하지만 생생하게 그리기만 한다고 이루어지지 않는다. 왜 이루어지지 않을까?

첫 번째 이유는 '목표'는 있지만 '목적'이 없기 때문이다. 목표보다 상위 개념이 목적이다. 목적을 달성하기 위한 수단이 목표이다. 목적이란 삶의 의미와 자신을 넘어선 세상에 대한 공헌을 내포한다. 만약 부자가 되겠다고 하면 그것은 목표이다. 목적이란 부자가 되려는 이유이다. 왜 부자가 되려고 하는지 계속 질문해 들어가면 목적을 찾게 된다.

두 번째는 그 목표를 달성하고자 무슨 행동을 어떻게 할지 경로계획을 수립하고 실행으로 옮겨야 하는데 그것이 없기 때문이다.

세 번째는 나 혼자 잘 먹고 잘살고 내 욕심 채우기 위한 목표라면 잘 이루어지지 않는다. 장난감 사달라고 막무가내로 때 쓰는 아이에게 다 사주는 부모는 없다. 왜 그것이 필요한지 구체적으로 설득할 수 있을 때 사주려고 한다. 이 우주도 인간들이 달라고 마냥 떼쓴다고 들어 주지 않는다.

세상과 하늘이 공감할 수 있는 대의명분이 있어야 한다. 개인이든 기업이든 부를 추구하려면 대의명분이 중요하다. 인생이란 바닷길은 '세상을 어떻게 이롭게 할 것인가?'라는 대의(大義)를 갖고 항해해야 한다. 대의명분이 올바를 때 사람과 돈을 모을 수 있기 때문이다.

인생의 갈림길에 섰다면 앞으로 내가 갈 길이 진정으로 나의 길인지를 물어보는 시간이 필요하다. 지금 내가 추구하는 목표가 자신의 것이 아닌 것처럼 느껴지지는 않는가? 그 목표가 진짜 목표인지, 현명한 목표인지를 점검해 봐야 한다. 그래서 나에게 가장 중요하고 근본적인 목표가 무엇인지를 찾아야 한다.

진실하지 않은 열망은 결코 이룰 수 없다. 쉽게 포기하게 되고 긴가민가하고 시도조차 하지 않기 때문이다. 당신의 열망을 이루는 비결은 그것을 구체적으로 적을 수 있고, 설명할 수 있고, 이미지화할 수 있어야 한다. 그리고 그 이미지를 늘 생각하고 느끼고 행동으로 옮기는 것이다.

당신이 진정으로 원하고 가치 있는 것을 목표로 삼아라. 그저 다른 사람들을 의식한 목표는 힘을 발휘하지 못한다. 세상이 원하는 게 무엇인지 알려고 하기보다는 자신을 활기차게 하는 것이 무엇인지 알려고 하라.

우리 모두는 행복하고 풍요로운 삶을 만들고자 하는 목표를 가지고 있다. 이 목표를 달성하기 위해서는 우선 그 목표를 구체적으로 달성하려는 뜻을 분명히 세워야 한다. 목표의식이란 '뜻을 세운다.'라는 의미에서 '입지(立志)'라고 표현한다.

성공을 위해 가장 중요한 것은 뜻을 세우는 것이다. 그다음은 핵심역량을 찾고 핵심목표를 설정한 다음 지식과 경험을 쌓는 것이다. 그리고 항상 그 마음을 유지하며 전심전력을 다하는 것이다. 그것이 성공의 비결이다.

당신의 꿈이 부자라면, 당신에게 중요한 것은 부자가 되려는 이유다. 무엇에 해당하는 'what'을 위대하게 만드는 것은 이유에 해당하는 'why'다. 'what'을 빛나게 만드는 것은 '무엇' 그 자체가 아니라 무엇에 대한 스스로의 생각과 태도, 입지(立志)다.

도(道)를 구하든 부(富)를 구하든 중요한 것은 먼저 '뜻을 세워야 한다.'라는 것이다. 도를 닦는 이는 먼저 세상의 모든 중생들을 구제하겠다는 큰 뜻, 원력을 세운다. 그래야 흔들림이 없으며 마(魔)가 나타나도 걸림 없이 나아갈 수 있기 때문이다.

부(富)를 이루고자 하는 사람도 마찬가지다. 돈은 삶의 목적이 아니라 여유롭게 살아가기 위한 수단에 불과하다. 먼저 자신이 이룬 부로서 세상을 구하겠다는 큰 뜻을 세워야 한다. 큰 뜻이 있어야 용맹정진할 수 있으며, 알게 모르게 돕는 자들이 나타나게 되고 천지신명이 돕게 된다.

한 번뿐인 인생, 우왕좌왕하기엔 우리에게 주어진 시간은 길지 않다. 우리는 미래를 창조할 수 없다. 하지만 누구나 자신의 미래를 일정 부분 창조할 수 있다. 그것을 가능하게 만드는 것이 목표다. 두근두근 가슴 뛰는 삶을 살아야 한다. 자신의 인생을 걸어볼 목표가 있는가?

자신이 이루고자 하는 것을 이루게 하는 진정한 힘이자 성공의 출발은 입지(立志)다. 먼저 뜻을 세워라!

3-1. 목적의식, 목표에서 눈을 떼지 않으면 결국 이루게 되어 있다.

"당신이 이 세상에 온 데는 이유가 있다. 물질을 하나라도 더 긁어 모으기 위해 온 것이 아니다. 당신은 땡전 한 푼 없이 이곳에 왔으며 땡전 한 푼 지니지 못하고 떠나게 될 것이다. 목적에 집중하라. 그러면 자신도 모르게 삶의 중심이 깨어 있는 마음으로 옮겨가고 있음을 깨닫게 될 터이니."

웨인 다이어의 저서 『기적을 만드는 당신』에 나오는 글이다. 삶에서 재물보다 훨씬 중요한 것은 삶의 이유, 목적의식임을 강조한 말이다.

일본의 경영컨설턴트 오마에 겐이치는 『난문쾌답』에서 "인간을 바꾸는 방법은 3가지뿐이다. 시간을 달리 쓰는 것, 사는 곳을 바꾸는 것, 새로운 사람을 사귀는 것, 이 3가지 방법이 아니면 인간은 바뀌지 않는다."라고 했다.

동양학자 조용헌은 조선일보 칼럼 「조용헌 살롱」에서 "팔자를 바꾸는 방법 6가지는 적선, 명상, 독서, 명당, 좋은 선생, 제 팔자를 아는 것"이라고 했다.

팔자를 바꾼다는 것은 사람을 바꾼다는 것이다. 사람을 바꾸는 방법으로 조용헌 씨는 여섯 가지를, 오마에 겐이치는 세 가지를 제시했지만 분명한 한 가지만 가져도 사람은 바뀌게 된다. 그것은 바로

'목표'다.

자신이 세운 목표의 크기만큼 살다 가는 것이 인생이다. 올림픽에서 금메달을 목표로 하는 선수라야 동메달이라도 목에 걸 수 있는 법이다.

우리가 목표를 정하는 이유는 삶에서 주위를 두리번거리지 않고 자신이 원하는 방향으로 곧장 나아가기 위해서이다. 목표를 설정하고 처음에는 삶에서 일어나는 변화가 미미할지도 모른다. 마치 벼가 익는 것처럼 하루하루 눈에 띌 변화는 없지만, 시간이 지나고 나면 황금빛으로 변해 있음을 알게 될 것이다.

에디슨이 발명왕이 된 이유를 보여주는 그의 말이다. "많은 사람들이 정해진 시간을 한 방향으로만 사용하고 하나의 목표에만 집중한다면 성공할 것이다. 문제는 사람들이 모든 것을 포기하고 매달릴 단 하나의 목표를 갖고 있지 않다는 것이다."

위대한 성취자들은 그들만의 특별한 능력이 있었던 것은 아니다. 대신 그들에게는 '분명한 목표'가 있었다. 사는 게 지루하고 아침에 겨우 잠을 깬다면 문제는 '목표가 없는 것'이다. 목표는 열심히 노력해야 할 대상이 되어 줄 뿐만 아니라 고난 속에서도 계속 전진할 수 있는 동기와 에너지를 준다.

아무것도 가진 것이 없는 빈털터리 사내가 있었다. 하지만 그의 가슴속에는 원대한 꿈이 있었다. 그것도 아주 선명하고 구체적인 꿈이었다. 그 꿈은 발명왕 에디슨과 공동사업을 하는 것이었다. 왕복 기차표를 살 돈이 없었던 그는 편도로 기차표를 구입해 한 번도 본적이 없는 에디슨을 찾아가 이렇게 말한다.

"선생님, 저는 선생님과 공동사업을 하고 싶어 먼 길을 찾아왔습니다. 저를 이 연구소에서 일하게 해주십시오, 그러면 제 말대로 선생님도 저도 반드시 잘 되리라 굳게 믿습니다." 그가 에드윈 C. 번즈였다. 그는 에디슨과 공동경영자가 되어 갑부의 반열에 오르게 된다. 훗날 에디슨은 그와의 만남을 이렇게 회상한다.

"나를 처음 찾아왔던 그는 떠돌이 모습이었지만, 얼굴에는 굳건한 의지가 보였다. 나는 오랜 세월 많은 사람을 만나며, 진실로 원하는 목표를 가진 사람은 반드시 이룬다는 것을 알고 있었다. (중략) 그리고 그는 행동으로 증명해 주었다."

학벌도 자본도 가진 게 없지만 간절하게 원하는 목표를 갖는 것, 그리고 그 목표를 이루기 위해 과감하게 요구할 수 있는 능력이 부의 원천임을 보여주는 사례다.

손자병법 4편 형(形)에는 '勝兵 先勝而後求戰(승병 선승이후구전) 敗兵 先戰而後求勝(패병 선전이후구승), 이기는 군사는 먼저 이기고 나서 싸움을 구하며, 패하는 군사는 먼저 싸우고 나서 승리를 구한다.'라는 말이 있다. 싸움에 이기려면 먼저 마음으로 이겨야 한다는 의미다. 전략으로 생각으로 이긴 모습을 분명하게 심상화할 수 있어야 한다. 결과뿐만 아니라 과정까지도 그릴 수 있어야 한다.

부자가 되는 것도 마찬가지다. 먼저 마음으로 믿음으로 부자가 되는 과정과 부자가 된 그림을 명확하게 그릴 수 있어야 한다. 근대 심리학의 아버지로 불리는 윌리엄 제임스는 우리가 자신이 원하는 사람이 될 수 있는 아주 강력한 무기를 다음의 말로써 보여준다.

"심리학에는 한 가지 법칙이 있다. 이루고 싶은 모습을 마음속에 그린 다음 충분한 시간 동안 그 그림이 사라지지 않게 간직하고 있으면, 반드시 그대로 실현된다는 것이다."

(고) 조용기 목사는 "나는 교회를 짓기 전에 내 마음속에 먼저 지었습니다. 마음으로 지은 것이 현실로 나타납니다. 우리 눈에 보이는 것은 눈에 안 보이는 마음속의 그림이 현실로 나타난 것에 지나지 않습니다."라며 자신이 염원하는 것을 성취하기 위해서는 마음속으로 명확히 그릴 수 있어야 한다고 말한다.

다음의 이야기는 존 키호의 『마음으로 한다』에 소개된 내용이다.

"오스트레일리아 생명보험 업계 최고의 세일즈맨인 브리안 에드워드라는 사람은 매일 밤 잠자리에 들기 전에 10분씩 그다음 날 방문해야 할 곳들을 반복해서 생각하곤 하였다 한다. 그리곤 고객을 만나서 해야 할 행동을 마음속에 그렸다. 고객들이 호의적으로 자신을 맞아 주고 기꺼이 보험에 가입하는 장면과 많은 실적을 올린 알찬 하루를 상상하였다. 잠자리에 들기 전에 10분, 아침에 일어나서 10분, 하루에 총 20분씩 이러한 일상을 반복하였다. 마침내 브리안 에드워드는 대부분의 세일즈맨들이 여섯 달에 걸쳐 팔 보험상품 분량보다 더 많은 분량을 일주일 만에 팔 수 있었다."

자신의 의식 속에 확고하게 그려진 심상(心象)은 의식을 변화시키게 되고, 그 심상은 반드시 실현된다.

목표의식과 집중력이 결합될 때 어떤 것이든 원하는 것을 성취할 수 있다. 자기 삶의 중심이 되는 숭고하고 원대한 목표를 가져야 한다. 그런 사람은 자잘한 걱정이나 두려움, 나약함과 게으름에 사로잡히지 않는다. 목표를 향한 부단한 정진은 확신으로 이어지고, 집중력을 길러 주고 강인한 인격을 만들어 자신이 진정 바라는 결과를 얻게 해준다.

선명하고 구체적으로 잘 설계된 목표와 거기에 대한 몰입은 삶의 과정에서 행복을 만들어 내는 중요한 요소다. 목표가 과녁이라면 몰입은 화살을 과녁에 명중시키기 위해 활시위를 당기는 행위와 느낌이다. 화살을 과녁에 정확히 명중시키려면 마음이 흔들리지 않아야 한다.

믿음과 자신감, 긍정의 감정이 있어야 한다. 목표란 신념으로 다듬어지고, 몰입은 사리사욕과 집착을 놓은 자신감과 절대 긍정으로 이루어진다.

양자물리학에 '불확정성의 원리'라는 게 있다. 간단하게 보면 '모든 물질과 존재의 미래가 미리 다 정해져 있지는 않다. 다만 확률적으로 일어난다.'라는 의미다. 우리의 운명에 비추어보면 운명이란 확정되어 있지 않고 다만 확률이 높은 일이 더 잘 일어난다는 뜻이다. 성공도 실패도 어느 쪽 확률을 높여가느냐가 좌우한다. 성공의 확률이 높아지는 방향으로 목표를 바꿔야 하는 이유다.

자신에게 맞는 목표란 그 일을 생각만 해도 신이 나고 힘이 솟아오르며 환희심이 일어나는 목표다. 이런 목표를 가지고 있는 것만으로도 행복해지므로 저절로 그 일에 몰두하게 되며 반드시 성공으로 이끌어 준다.

삶의 목표를 정조준해야 한다. 나의 내면에서 지향하는 요구와 삶의 목표가 한 방향으로 가지런히 정렬되어야 바른 목표다. 가슴 깊은 곳에서 강하게 요구하는 것을 따라야 한다.

목표 설정과 함께 그것을 이루게 하는 데는 반드시 의지가 필요하지만, 의지만으로는 충분하지 않다. 의지를 현실화하는 데 꼭 필요한 내면의 작업이 있다. 그것이 기도다. 자신이 세운 목표가 이루어지기를 간절히 바라는 사람은 기도를 한다.

『죽음에 이르는 병』을 쓴 덴마크의 철학자 키르케고르(1813~1855)는 "기도는 신을 변화시키지 않지만 기도하는 사람을 변화시킨다."라는 말을 했다. 신(神)이 우리를 변화시키는 것이 아니다. 오감으로 느끼며 가슴으로 하는 뜨거운 기도가 우리 스스로를 바꾼다는 말이다.

무엇인가를 이루려면, 먼저 스스로가 변해야 하며, 이루고자 하는 그것이 실재하는 것처럼 느껴야 한다. 차가운 머리로만 생각해서는 안 된다. 가슴으로도 실제로 뜨겁게 느낄 수 있다면 그것은 이루어지게 되어 있다.

성경을 보면 제자들이 예수에게 기도하는 법을 가르쳐 달라고 간청하는 내용이 나온다. 예수는 이렇게 대답했다. "너희가 이미 얻었다고 믿고 기도하고 요구하기만 하면 너희는 무엇이든지 얻을 것이다."

중요한 것은 이미 얻었다(have receive)고 말한 점이다. 얻을 것이다(will receive)가 아니라 그것을 얻기도 전에 먼저 이미 얻었다고 믿고 기도하라는 것이다. 즉, 기도하는 자의 내면의식에서 먼저 창조할 수 있어야만 이루어진다는 것이다.

그렉 브레이든은 『잃어버린 기도의 비밀』이란 책에서 기도성취의 비결은 절대자에 대한 요청이나 부탁이 아닌 자신의 마음속의 '느낌과 감정'에 있다고 말한다. 그가 기우제를 지내는 사람에게 "비를 내려달라고 기도하지 않았다면 무얼 하셨죠?"라고 물었다. 그의 대답이다.

"간단합니다. 비가 내릴 때의 느낌을 느끼기 시작했지요. 빗방울이 내 몸에 닿는 느낌, 비가 쏟아져서 진창이 된 마을 광장에 맨발로 서 있는 느낌을 느꼈어요. 비가 올 때면 마을의 흙집에서 나는 냄새도 맡았고, 비를 맞으면서 가슴 높이까지 자란 옥수수밭 사이를 헤집고 돌아다닐 때의 기분도 즐겼습니다."

"가난해도 좋다. 단지 하나의 목표에 목숨을 걸고 정진하는 인간은 정말로 훌륭하고 정말로 아름답다. 그런 인간은 정말 숭고하게 보인다." 바람의 파이터 최배달의 말이다. 돈의 노예가 되는 이유는 돈이 없어서가 아니라 자신의 삶을 이끌어갈 꿈과 목표가 없기 때문이다.

위대한 성취를 이룬 사람들은 모두 한결같이 자신의 피를 끓게 하는 위대한 목표가 있었다. 작은 목표는 당신의 피를 끓어오르게 할 신비의 힘이 없다. 크고 위대한 목표를 가져라!

목표와 목적이 없는 삶은 쉽게 무너진다. 성취하고자 하는 목표에 대한 명확한 목적을 찾지 않고서는 어떤 노력도 성실하게 계속해 나갈 수 없다. 목표에 집중하되 목적을 잊지 말아야 한다. 그래야 방향을 잃지 않게 되고 시련 앞에서도 무너지지 않게 된다.

목적은 사명이다. 사명을 깨닫는 것이 삶의 이정표가 된다. 코엘류는 『연금술사』에서 "간절히 원하면 우주가 돕는다."라고 했다. 하지만 마냥 간절히 원한다고 이루어지는 것은 아니다. 우주는 모든 사람들이 간절히 원하는 것을 도와주려고 존재하는 것이 아니다. 그보다는 모든 사람들이 자신의 사명을 깨닫기를 기다린다.

자신의 사명을 만날 때 간절해지게 되고 추진력이 생기게 되며, 우주도 돕게 된다.

4. 근기(根機), 부(富)의 그릇을 키워라

"우보익생만허공(雨寶益生滿虛空) 중생수기득이익(衆生隨器得利益) 하늘에서 보석이 비와 같이 떨어지는데, 중생은 자신의 그릇에 따라서 가져간다."

신라 시대 의상대사가 화엄경을 요약하여 쓴 법성게(法性偈)에 나오는 구절이다. 하늘에서 내리는 눈과 비가 사람을 차별하지 않듯이 하늘이 주는 기회는 누구에게나 똑같지만, 사람의 근기에 따라 달리 가져간다는 뜻이다. 부(富)의 기회도 마찬가지다. 부(富)의 그릇이 작다면 부와 기회를 제대로 담을 수 없다.

근기(根機)는 물건의 근본이 되는 힘인 근(根)과 발동(發動)함인 기(機)가 합성된 용어로서 부처님의 가르침을 듣고 그대로 발동할 수 있는 본래부터 가지고 있는 능력의 차등을 의미하며 상근기(上根機), 중근기(中根機), 하근기(下根機)가 있다.

우리는 각자 근기의 크기에 따라 각자 다른 삶을 살아간다. 하근기는 공부를 통해 알고, 중근기는 경험을 통해 알고, 상근기는 그냥 안다고 한다.

정주영 회장이나 이병철 회장처럼 여기저기 돈이 보이는 경지, 직관적으로 돈을 보는 안목이 탁월한 경지가 상근기이다. 하근기는 지식과 머리로, 중근기는 체험과 삶으로, 상근기는 직관과 본능으로 안다는 의미다. 옛말에 큰 부자는 하늘이 내고 작은 부자는 근면함에서 온다는 말이 있다. 큰 부자는 세상의 이치를 아는 상근기다.

주식시장이 폭락할 때 공포에 휩싸여 다 팔고 '다시는 주식투자 않을 것'이라며 떠나는 사람은 하근기다. 상근기는 자신의 감정을 컨트롤할 수 있다. 어떤 상황에서도 항상 평상심을 유지한다. 그래서 그들은 주식이든 물건이든 값이 싸지면, 그것도 아주 싸지면 다시 올라갈 수밖에 없다는 세상의 이치가 보이기 때문에 흔들리지 않는다. 그때부터 사기 시작한다.

대체로 돈을 주면 그 사람의 그릇을 알 수 있다. 셈이 흐린 사람은 가까이해서는 안 된다. 돈을 남겨오는 사람은 그릇이 작은 사람이다. 용도에 맞게 돈을 다 쓰고 더 달라는 사람은 돈을 다스릴 줄 아는 사람, 상근기다. 필경 부자가 될 사람이다.

아메리카 대륙은 콜럼버스가 품었던 욕망의 산물이다. 그는 일확천금을 얻기 위해 목숨을 걸고 대서양을 건넜다. 욕망은 문명창조의 원동력이며, 창조활동에 있어 필수요소이자 인간의 본질이기도 하다. 하지만 잘못된 욕망은 파멸로 이끌기도 한다.

콜럼버스의 욕망은 근거에 입각한 확신에서 나온 것이다. 그의 욕망에 불을 지핀 것은 마르코 폴로의 『동방견문록』이었다. 콜럼버스 박물관에는 콜럼버스가 수없이 읽고 메모를 적어 놓은 라틴어로 된 마르코 폴로의 『동방견문록』이 보관되어 있다. 분수에 넘치는 욕심은 버리되 근거를 기반으로 확신을 가진 욕망은 발전의 원동력이다. 콜럼버스의 확신에 찬 욕망이 이사벨 여왕의 전폭적 투자를 이끌어냈다.

부자가 되기 위해서는 부의 그릇, 근기(根機)를 키워야 한다. 그것은 세 가지 능력을 필요로 한다.

첫째, 지출통제능력이다. 돈을 버는 것보다 돈을 모으는 것이 중요하다. 절약을 통해서 번 돈을 관리해야만 부가 쌓이게 된다.

둘째, 투자능력이다. 일해서 벌 수 있는 돈은 돈이 벌어주는 돈에 비하면 지극히 적은 법이다. 투자를 알아야 한다. 풍요로운 삶의 기본조건은 투자능력이다. 우선 자기 자신에게, 그리고 다른 사람과 투자상품에 투자할 수 있어야 한다. 실패를 감내할 수 있어야 하며, 근거를 기반으로 확신을 가진 곳에 투자해야 한다.

셋째, 설득능력이다. 투자할 자금이 없다면 자금을 유치할 수 있는 능력이 있어야 한다. 스타벅스의 하워드 슐츠, 손정의, 스티브 잡스, 마윈 등 자수성가한 갑부들은 자신의 돈으로 사업을 이룬 게 아니었다. 그들은 한결같이 탁월한 설득능력으로 투자자금을 유치하는 데 성공했다. 세상에 돈은 넘치고 넘친다. 그 돈들은 확신에 가득 찬 욕망과 열정의 소유자들, 큰 그릇들을 기다리고 있다.

인도의 시성 타고르는 "물을 바라보는 것만으로는 바다를 건널 수 없다."라고 했다. 큰 부를 이룬 사람은 '한 번은 모든 것을 걸고 승부수를 던져야 한다.'라는 사실을 잘 알고 실천한 자들이다. 그것이 성공하면 살아남아 웅비할 수 있지만, 실패하면 추락과 몰락을 각오해야 한다. 액운과 행운이란 모두 다른 형태의 시험일 뿐이다. 이를 제대로 소화할 수 있는 그릇이 되지 못한다면 기회를 잃게 된다.

스타벅스의 하워드 슐츠가 항상 가슴에 새기는 말은 미국 야구

명예의 전당에 오른 전설적인 감독, 웨슬리 브랜치 리키의 다음의 말이다. "불운은 뜻밖에 찾아오지만, 행운은 그것을 계획한 사람들에게만 찾아온다." 부와 가난도 마찬가지다. 가난이란 뜻밖에 찾아오지만, 부는 그냥 오는 법이 없다. 부의 그릇을 키우는 방법은 계획하고 실행하는 데 있다.

두려움이 우리의 행동을 좌우한다. 두려움에 얽매이지 않는 대담한 사람들이 위대한 인생, 후회하지 않는 삶을 살아갈 수 있다. 살다 보면 승부수를 던져야 할 때가 반드시 온다. 무대에 오르지 않는 자에게 주인공이 될 기회는 주어지지 않는다. 부도 마찬가지다. 승패는 하늘에 맡기고 전력투구할 수 있어야 큰 부를 성취하게 된다. 부의 그릇은 추락과 몰락, 도전의 과정을 통해 커지는 법이다.

부자가 되고 싶으면 부(富)를 담을 수 있는 그릇부터 키워야 한다. 사촌이 땅을 사면 배가 아픈 사람은 절대 부자가 되지 못한다. 부자를 부러워하기만 해서는 안 된다. 부를 소중히 여기고, 부자를 존경해야 하고, 부자가 되는 길을 열심히 연구하며 노력할 때 부자가 된다.

우리에게 가장 소중한 돈은 땀과 노력으로 얻은 건실하고 정직한 돈이다. 사람마다 돈의 그릇 크기는 다르다. 돈의 그릇이 작은 이가 많은 돈을 취하게 되면 그 넘치는 돈만큼 탐욕과 어리석음을 키우게 된다. 결국, 탐심은 더 큰 탐심을 불러일으킬 것이고, 결국엔 추락하게 된다.

"물이 깊지 않으면 큰 배를 띄울 수 없고, 바람이 세지 않으면 큰

날개를 띄우지 못한다."『장자』「소요유편」에 나오는 말이다. 그릇이 작으면 들어오는 돈은 넘치게 된다. 지켜낼 수 있는 능력이 없는 것이다. 그릇이 작은 사람이 권력이나 부를 갖게 되면 더 큰 것을 잃게 되는 경우도 비일비재하다. 언제 돈이 밀려 들어와도 담을 수 있게끔 그릇을 키워야 한다.

그릇이란 자신감과 포용력, 인내력과 자제력 등을 포함한 생각의 크기를 말한다. 그 사람의 생각의 크기만큼 담을 수 있다. 그것은 돈이 아니라 인격과 가치관 등 눈에 보이지 않는 가치를 담고 있는 그릇을 말한다.

돈이란 없으면 삶을 고달프게 만드는 철천지원수가 되지만 자신의 그릇에 넘치게 많으면 삶을 망치는 괴물이 된다. 자녀에게 재물을 물려줄 때도 먼저 자녀의 그릇을 키운 후에 그 그릇의 크기만큼 물려줘야 한다. 그릇이 넘쳐나도록 담다 보면 그 그릇이 깨질 수도 있기 때문이다.

부의 그릇을 키우는 것은 타인과의 경쟁이 아니다. 남보다 더 많은 부를 차지하려는 욕구, 다른 사람을 넘어트려서까지 부를 독차지하려는 욕구가 아니다. 자신의 부의 그릇을 키우기 위해서는 타인의 부의 그릇이 아닌 '자아상(自我相)'이란 나의 '부의 그릇'과 비교하는 것이다.

중요한 것은 자신의 미래가치가 가장 확실한 부의 그릇이 된다는 사실이다. 자신의 미래가치를 높이는 것이 부의 그릇을 키우는 가장 확실한 방법이다. 근기를 키우고 미래가치를 높이는 최고의 방법은 지옥훈련이다.

지옥훈련은 업장도 소멸시킨다. 지옥훈련이란 자신의 한계를 돌파해보는 경험이다. 어떤 분야든 자신의 인생에서 지옥훈련을 거쳤을 때 비로소 기회를 얻고 정상에 오를 수 있다. 지옥훈련을 거쳐 스스로 강해진 자에게 기회의 문은 열리는 법이다. 크게 성장하려면 반드시 스스로 한계를 돌파해보는 경험을 가져야 한다. 그런 경험들이 우리의 의식을 성장하게 하고 행운과 성취를 가져온다.

축구선수 손흥민은 어린 시절 부친의 지도 아래 혹독한 지옥훈련을 거치면서 기본기를 다졌다. 손흥민 선수의 에세이 『축구를 하며 생각한 것들』에 "타인을 행복하게 하는 일이야말로 개인이 할 수 있는 가장 아름다운 성취라고 생각한다. (중략) 지금 내가 다른 사람을 행복하게 해줄 수 있다니, 믿을 수 없을 정도로 기분이 좋다. 항상 팬들에게 감사하면서 지낸다. 이 역시 무뚝뚝한 아버지의 가르침이 만들어준 마음가짐이다."라는 글이 있다.

오늘의 손흥민 선수는 아버지의 지옥훈련과 그것을 감내한 그의 긍정적 멘탈로 만든 그릇이 있었기에 가능했다.

도와 부는 인격과 수행으로 쌓아가는 것이다. 부자가 되고 성공하는 것은 어떤 일을 하느냐에 달린 것이 아니라 그 일을 어떻게 하느냐에 달렸다. 도와 부는 내면의 작업이다. 내면을 바꾸면 외부로 나타나는 모습, 결과도 변한다. 내면을 바꿀 수 있는 출발은 감사한 마음을 갖는 것이다.

세상에서 가장 부유한 사람은 감사하는 마음을 가진 사람이다. 감사하는 마음은 온 세상을 밝히는 가장 아름다운 마음이다. 그것은 스스로 내면에서 나오는 것이므로 대가를 치를 필요도 없다. 우리의 삶 가운데 감사할 일들은 너무나도 많다. 낳아주시고 길러주신 부모님, 가르쳐주신 스승님, 친구, 그뿐만 아니라 나를 강하게 해주는 적과 경쟁자들도 감사의 대상이다.

재물이 하나 늘어나면 번뇌도 하나 많아진다. 그런데 감사할 줄 알면 마음의 평화를 유지할 수 있고 즐겁고 행복한 인생을 누릴 수 있게 된다. 원망과 불만은 삶에 먹구름을 드리워지게 한다. 먹구름을 걷어내는 것은 생각을 바꾸는 그 한순간에 달려있다. 감사하는 마음이다. 감사할 줄 모르면 억만금의 재산이 있어도 여전히 가난하다. 부(富)의 그릇을 키우는 출발은 감사한 마음을 갖는 것이다.

돈의 그릇과 함께 키워나가야 하는 게 도(道)의 그릇이다. 도(道)란 칸트가 말하는 선의지(善意志, Guster Wille)이며, 정신세계를 평화롭고 풍요롭게 하는 길이다. 도(道)의 그릇은 물질세계의 가변적 가격과 정신세계의 불변적 가치를 구별할 수 있는 내공이다. 진정한 행복은 수시로 변하는 물질세계에 있지 않고 불변적 가치, 정신세계에 있다는 말이다.

도(道)의 그릇이 큰 자는 부동심의 소유자다. 평정심을 잃으면 자포자기하게 되고 재기하지 못한다. 어려울수록 의연하게 대처해 고난을 딛고 일어서야 큰 부를 이룰 수 있다.

진짜 그릇이 큰 자는 명예도 돈도 일터도 모두 잃게 되었을 때 좌절하고 쓰러지기보다는 오히려 그 상황을 공부의 기회로 삼고 수행에 정진한다. 살다 보면 누구에게나 고난과 고통은 닥치게 마련이다. 피하려고 하지 말고 수행과정으로, 구도행각으로 받아들이는 마음가짐에서 평안을 찾게 되고 지혜의 눈이 열려 해결책이 보이게 된다. 더불어 부의 그릇도 커지게 된다.

돈과 도(道)의 그릇을 함께 키워나가는 것이 진정한 행복의 길이다.

4-1. 복력(福力)이 부의 그릇을 좌우한다

"부에 이르는 비밀은 간단하다. 타인에게 더 많이 도움을 줄 방법을 찾으면 된다. 더 많이 행동하고 더 많이 베풀고 더 큰 존재가 되고 더 많이 봉사하면 된다. 그러면 더 많이 벌 기회가 생긴다."

이것은 변화심리학자이자 『머니』의 저자인 토니 로빈슨이 말한 '부(富)'에 이르는 가장 고결한 방법이다.

『주역(周易)』의 '적선지가 필유여경 積善之家 必有餘慶'이란 말은 '적선하는 집안에는 반드시 경복이 있다.'라는 뜻으로, 착한 일을 하면 복(福)이 자신뿐만 아니라 자손에게까지도 미친다는 뜻이다.

인간 세상에서는 '대박'이란 말이 통할지 모르나, 하늘의 세계에서는 그런 말은 없다. 이것이 인간 세상과 다른 하늘의 셈법이다. 자신의 부의 그릇, 복력을 잘 살필 줄 알아야 한다.

사람은 복(福)이 있어야 한다. 무슨 일을 하더라도 복의 힘이 중요하기 때문이다. 나쁜 짓을 해도 잘 사는 사람들은 아직 그만큼의 복의 힘이 남아 있기 때문이다. 그 복이 다하면 악의 과보를 받게 된다. 복력(福力)이 그만큼 안 되는데도 더 많이 가지고 누리려는 욕심이 재액(災厄)을 부르는 법이다.

부의 요건에는 외적, 내적 요건이 있다. 외적 요건이란 부를 이루기 위한 정보와 지식의 습득, 신뢰와 성실, 인간관계 등 인간적, 후천적 노력을 말한다. 문제는 그렇게 노력한다고 해서 누구나 다 원하는 부를 얻지 못한다는 데 있다. 다시 말해 노력만으로 뛰어넘을 수 없는 한계가 있다는 것이다. 그것은 각자의 내면에 존재하는 부의 그릇, 즉 복력(福力)에 달려있다. 그것이 내적 요건이다.

이것은 자신의 업보, 부모, 선조, 주변 환경에 따라 형성된다. 물론 후천적인 노력으로 복력(福力)의 그릇을 보완할 수 있지만, 대부분은 이 그릇의 영향을 받는다. 그릇이 크고 넉넉하면 마치 비옥한 땅에 씨앗을 뿌리듯 노력이 쉽게 성과를 드러내고 풍요로운 결실을 맺게 된다. 그러니 부자가 되고자 한다면 우선 자신의 복의 그릇부터 점검해 봐야 한다.

죽도록 열심히 살았는데도 일이 풀리지 않고 피폐한 삶이 계속된다면 먼저 자신을 돌아봐야 한다. 누구에게 한 번이라도 뜨거운 사람이었는지 물어봐야 한다. 알게 모르게 지은 죄에 대해 참회해야 한다. 매사에 감사해야 한다. 타인에 대한 친절과 배려, 봉사, 그리고 고난과 역경으로부터 회피하거나 포기하지 않고 부딪쳐서 극복하는 것이 복력(福力)이 된다. 복의 그릇, 복력(福力)을 키우면 복과 돈은 따라오기 마련이다.

복력(福力)이 없거나 모자란다면 부지런히 복을 쌓아나가야 한다. 당장은 복의 힘이 발현되지 않더라도 무르익어 때가 되면 저절로 나오게 마련이다. 복력(福力)이 넘치면 모든 일이 술술 풀리게 된다.

돈을 많이 벌려고 마음먹기 전에 우선 자신의 복력(福力)을 점검해 보아야 한다. 돈이란 복력에 의해 벌어지는 것이지 넘쳐나는 의욕만으로 벌어지는 것이 아니기 때문이다. 재산 많은 부모를 만나는 것도, 장사가 잘 되고 안 되는 것도 복 지은 정도에 달려있다. 복력에는 한 치의 오차도 없다. 모두 자기 복 지은 만큼 받는 것인데 누구를 원망하고 탓하겠는가?

서울 정릉 숲길에는 '복력(福力)'에 대해 생각해보게 하는 이야기가 있다. 바로 조선 태조 이성계와 신덕왕후의 설화다. "이성계가 조선을 건국하기 전의 일이다. 어느 날 목이 말라서 우물가를 찾은 이성계는 그곳에 있던 어느 아가씨에게 물을 청하였다. 급하게 물을 찾는 이성계를 본 그녀는 물을 마시다 체하지 않을까 염려하는 마음에 버들잎을 물에 띄워 주었다. 이성계는 이러한 지혜로운 마음 씀씀이에 반하여 그녀를 부인으로 맞이하였다고 한다."

사소한 배려가 큰 감동을 낳는 법이다. 목마른 자에게 물을 주는 배려는 누구나 할 수 있다. 버들잎 하나 띄워 주는 차별화는 아무나 할 수 없다. 사소해 보이는 버들잎 한 장이 동네 처녀를 왕후로 만들어 준 것이다. 진정한 배려는 상대방의 입장을 이해하고 생각해주는 것에서 한 걸음 더 나아가 정성을 쏟는 데 있다. '지성이면 감천'이란 말처럼 기왕 해야 할 일이라면 정성을 다할 때 배려를 넘어 감동에 이르게 된다. 이것이 복력을 키우고 부자가 되는 도리(道理)이다.

하근기는 나 혼자만이라도 수행을 잘해야겠다고 생각하지만, 도가 높은 상근기일수록 모든 중생들을 구제한 뒤에 자신도 구제되겠다는 생각을 한다. 돈을 버는 것도 같은 이치다. 자신의 안위만을 위한 행위는 복이 안 된다. 전체를 위하는 마음이 있어야 한다.

자신의 삶에 의미를 부여하고, 그에 걸맞은 소중하고 고결한 목표를 갖는 것, 이런 마음의 자세가 복력(福力)이 된다.

복력(福力)을 키우기 위해서는 부의 속성을 알아야 한다. 그것은 '순환'이다. 돌고 도는 과정에서 에너지를 발산한다. 우리는 그것을 잠시 빌어다 쓸 뿐이다. 지속적으로 순환시키지 않는다면 사라질 뿐이다. 경제적으로 넉넉할 때는 감사한 마음으로 조용히 부를 순환시켜 두어야 하고, 힘들고 어렵다면 인내하며 작은 부분부터 부를 순환시켜 나가야 한다. 이것이 부가 오래도록 소진되지 않는 풍요의 구조를 만드는 방법이다.

복력(福力)은 복된 곳에만 있지 않다. 도덕경에 "복이 있는 곳에 화가 깃들어 있고, 화가 있는 곳에 복이 숨어 있다."라는 글이 있다.

무슨 일이 일어났는가가 우리 인생을 결정하는 것이 아니다. 일어난 일을 어떻게 해석하는가가 인생의 성패를 가른다. 역경이 우리 인생을 크게 변화시킨다고 생각한다. 하지만 사실은 역경을 어떻게 해석할 것인가? 이것이 우리 인생을 크게 변화시킨다. 감사하는 마음이 최고의 운(運)을 가져다준다. 행운으로 보이는 일이 일어났을 때만 운이 좋은 것이 아니다. 불운해 보이는 일이 일어났을 때도 감사함의 눈으로 볼 수 있는 자에게 행운이 온다는 것을 깨달아야 한다. 그래서 실패한 경험이 실은 성공의 경험이다. 실패에서 성공의 씨를 읽을 수 있어야 복력(福力)이 쌓인다. 실패와 성공, 복과 화는 둘이 아니다.

　복이란 누가 빼앗을 수도 없고, 대신 줄 수도 없는 것이다. 자기가
쌓은 만큼 받게 된다. 그것이 우주의 이치다.

5. 돈을 찾지 말고 가치(Value)를 찾아라

"포드 자동차는 모두 똑같습니다. 하지만 똑같은 사람은 없습니다. 하늘 아래 새롭지 않은 인생은 없습니다. (중략) 타인과 다른 자기만의 반짝이는 개성을 찾아서 온 힘을 다해 발전해 나가야 합니다. 그것이야말로 중요한 존재가 될 수 있는 유일한 방법이니까요."

미국의 자동차 왕 헨리 포드의 말이다. 자신만이 가진 개성, 장점을 찾아 발전시키는 것이 중요한 존재가 되는 유일한 방법이라는 의미다. 이것이 가치다. 부(富)란 정확히 자신이 가진 가치(價値)만큼 누리는 것이다.

한 분야에서 타의 추종을 불허하는 실력을 가지면 돈과 명예도 따라온다는 사실을 우리는 너무 잘 알고 있다. 하지만 중요한 것은 '과연 어느 분야에 자신의 모든 에너지를 쏟아부어 대가의 경지에 도달할 것인가?'에 있다.

최근 많은 방송국에서 트롯 경연대회를 한다. 그곳에서 1등을 한 사람은 상금에 광고 수입까지 금방 부자가 된다. 하지만 방법은 알지만, 남을 감동시킬 수 있는 실력과 능력, 감각과 소질을 보유하고 있느냐 하는 것이 더 큰 관건이다.

수많은 톱스타들이 단지 운이 좋아서 지금의 위치까지 올라간 것이 아니다. 우리가 알지 못하는 엄청난 노력과 인내, 그리고 열정을 가지고 지금의 길을 우직하게 걸어갔다는 사실을 잊어서는 안 된다.

당신이 가고자 하는 길이 무엇이든 인내와 열정으로 에너지를 집중한다면 결국에는 실력으로 쌓이게 되고 성과가 나타나기 시작할 것이며 당신만의 가치가 된다. 결국, 그것은 돈과 부로 바뀌게 된다.

"신발을 정리하는 일을 맡았다면 신발 정리를 세계에서 제일 잘할 수 있는 사람이 되어라, 그렇게 된다면 누구도 당신을 신발 정리만 하는 심부름꾼으로 놔두지 않을 것이다. 궂은일이라도 그것에 통달하면 그때부터는 궂은일만 하는 머슴의 세계가 아니라 창공을 붕붕 날아다니는 도사의 세계가 열린다."

일본 한큐 철도의 설립자, 고바야시 이치고의 말이다. 지금 하고 있는 일이 무엇이든 그 일에서 최고가 되면 성공하게 되고 부자가 된다. 최고가 되는 방법을 찾고 실행하라!

지금 나에게 없을 뿐이지 유동성이란 이름으로 세상에는 돈이 넘쳐난다. 부의 법칙은 정확하다. 당신이 세상에 제공하는 가치만큼 세상은 당신에게 부를 제공한다. 중요한 것은 나의 가치를 높이는 것이다.

그것은 한 가지 일에 모든 에너지를 쏟고 몰입하여 그 일에서 대가(大家)로 불리는 경지에 도달하는 것이다. 물이 100도에서 기체인 수증기로 변하듯이 완전히 다른 물질로 태어나는 경지를 말한다. 그 수준에 도달한 자에게 새로운 세상이 열리는 법이다.

자신의 삶에서 진실로 추구하고자 하는 가치와 의미를 깨닫고 그 것을 자신의 핵심역량과 연계해 집중할 때 부는 따라 오는 것이다.

나는 언제쯤 부자가 될 수 있을지 묻지 말고, 내가 부자가 될 자격을 갖추었는지, 나의 고유한 가치는 무엇인지를 물어봐야 한다. 지금보다 더 나은 사람이 되고자 한다면 자신의 시간과 에너지를 어떻게 사용하고 있는지 세심하게 성찰해야 한다. 자신의 분야에서 최고가 되겠다고 결심하라! 당신의 가치를 높여라!

지금은 개인이든 기업이든 핵심역량 없이는 부도 성공도 없는 세상이다. 핵심역량은 바로 '가치'다. 다른 사람들이 알아주고 인정하는 당신의 핵심역량, 가치는 무엇인가?

5-1. Price is what you pay, Value is what you get

"가격은 당신이 지불하는 것이고, 가치는 당신이 얻는 것이다."

― 워렌 버핏

돈을 이해하려면 가격과 가치에 대한 정확한 개념을 가져야 한다. 소비자는 가치가 가격보다 높아야 구매하고 생산자는 비용보다 가격이 높아야 생산한다. 가격은 객관적이지만 가치는 주관적이다. 사람마다 가치는 다를 수밖에 없다. 가격은 하나로 단일화될 수 있지만, 가치는 셀 수 없을 정도로 많다.

편의점에서 판매하는 생수 한 병은 모든 사람에게 1,000원이지만 사람에 따라서 느끼는 가치는 다르다. 사막에서 며칠간 물 한 모금 못 마신 사람에게는 수백만 원의 가치가 있지만, 금방 물 한 통을 마신 사람에게는 공짜라고 해도 마시지 않을 것이다.

일본 아이모리현의 '합격 사과' 이야기는 유명하다. 태풍으로 사과가 90% 이상 떨어져 모두가 실망하고 있을 때 누군가는 대학 수험생들을 겨냥했다. '초강력 태풍에도 떨어지지 않은 합격사과'란 문구를 쓴 사과를 보통사과의 10배 가격으로 백화점에 전시해 대박을 쳤다.

가격을 이끄는 것은 수요와 공급, 수익과 비용이 아니라 가치다. 마케팅이란 다른 사람들에게 가격을 능가하는 그들만의 가치를 만들어 내는 것이다. 다른 누군가를 위해 가치를 만들어 내기 전까지는 이 세상 어떠한 비즈니스도 성공하지 못한다. 식당도 가치를 느끼지 않는다면 가지 않는다. 입맛이 안 맞으면 동생이 하는 식당이라도 가지 않는다.

2008년 워렌 버핏과의 점심식사 경매에 24억으로 낙찰된 사람이 있었다. 그는 홍콩 주식시장에 상장된 슈퍼마켓 체인의 대주주였다. 그 일로 그는 방송에 출연해 "워렌 버핏의 조언에 영감을 받아 회사 경영에 적극 활용할 것이다."라고 했다. 이후 회사 주가는 급등했고, 그는 주식 일부를 팔아 1,450억의 차액을 얻었다. 그는 24억의 가격 뒤에 있는 더 큰 가치를 알았던 것이다. 가치를 안다는 것은 돈 버는 방법을 안다는 것이다.

사업이란 고객에게 가치를 제공하고 돈을 버는 일이다. 워렌 버핏은 "고객을 행복하게 하는 비즈니스는 망하지 않는다"라고 했는데, 행복이야말로 가장 탁월한 가치다. 당신의 비즈니스가 무엇이든 그

속에는 '행복'이란 컨셉을 담을 수 있어야 한다.

미국인들이 가장 좋아하는 정치인 중 한 사람은 링컨의 정적이자, 링컨이 대통령 당선되었을 때 국무장관으로 임명한 '스워드'이다. 이 사람은 왜 미국인들이 좋아할까? 미국의 50개 주 가운데 가장 부자인 주, 알래스카를 러시아로부터 산 사람이다.

그는 얼음덩어리 땅, 알래스카의 가치를 알아본 유일한 한 사람이었다. 또 한 사람, 정적이었던 스워드를 국무장관에 기용한 링컨 대통령의 탁월한 안목이 있었다. 가치를 알아볼 수 있는 안목, 사람과 물건을 알아볼 수 있는 안목이야말로 부자가 되는 최고의 무기다.

세상에 가치를 만들어 내려면 남들과 다르게 생각할 줄 알아야 한다. 창의력이 필요하다. 이를 위해 다양성에 대한 이해가 필요하고 항상 많은 분야에 관한 관심과 호기심을 갖는 게 중요하다.

창의적이지 못하면 부(富)와는 거리가 멀어지게 된다. 그들은 문제에 관심이 없다. 부자들이 어떻게 부자가 되었는지에 대해서도 관심이 없다. 부자들의 세계는 나와는 상관없는 저 세상의 이야기라고 생각한다. 관심을 가져야 한다. 그래야 창의력이 나오기 시작한다.

"돈이 돈을 번다."라는 말을 많이 한다. 이 말은 여윳돈이라는 자본이 있는 부자들이 더 많은 돈을 벌 수 있다는 말이다. 여유 자금이 많을수록 재산 축적의 기회가 많은 것은 당연하지만, 그렇다고 항상 그런 것은 아니다. 돈이 돈을 버는 것이 아니라 돈을 벌 수 있는 가치, 콘텐츠를 가진 사람이 돈을 번다.

우선 자기 분야에서 스스로 가치 있는 사람이 되어야 한다. 그 길은 하나뿐이다. 결과에 연연하지 않고, 꾸준하게 정진하는 것이다. 자신의 일을 좋아하고 미친 듯이 열정적으로 임할 때 한계의 벽을 돌파할 수 있다. 그때 비로소 환골탈태하게 되고 부가 들어오게 된다.

5-2. 자신이 가진 가치(價値)의 크기가 부(富)의 크기다

나를 부자로 만들어주는 것은 나의 가치(Value)다. 부의 법칙은 정확하다. 당신이 세상에 제공하는 가치만큼 세상은 당신에게 부를 제공한다.

문제는 나의 가치를 높이는 것이다. 그것은 한 가지 일에 모든 에너지를 쏟고 몰입하여 그 일에서 대가(大家)로 불릴 수 있는 경지에 도달하는 것이다. 그 경지에 도달하게 될 때 새로운 세상이 열리게 된다. 무엇보다 가치 있는 사람이 되어야 한다.

사업가든 전문직 종사자든 모든 분야에서 성공하는 사람들의 이유 중 하나는 그들이 다른 사람들이 모르는 지식, 노하우를 가졌기 때문이다. 우리가 변호사에게 돈을 지불하는 이유는 우리가 모르는 지식을 가졌기 때문이다.

부자들은 이 세상에 가치가 있는 무엇인가를 제공한 사람들이다. 즉, 그들은 사람들이 필요로 하는 것들, 상품이든 서비스든 그 무엇인가를 제공하고 그 대가로 보상을 받은 것이다. 가치가 있는 곳에 돈은 모인다.

밑바닥에서부터 시작하라. 하지만 거기에 머물러 있을 필요는 없다. 비록 아무도 알아주지 않는 하찮은 직업일지라도 그 일은 결코 당신의 자존심을 버리는 일이 아니다. 언젠가 위대한 미래를 위해 나를 준비시켜주는 일이라고 생각하라. 무슨 일을 하든 중요한 것은 어떻게 해서든 그곳에서 가장 가치 있는 사람이 되는 방법을 찾아내는 것이다.

결국, 부를 쟁취하는 방법은 단 하나, 가치를 창출할 수 있는 일에 자신의 모든 시간을 집중하는 것이다. 허투루 시간을 보내는 만큼 자신의 가치는 떨어지고 있다는 사실을 깨달아야 한다. 당신은 지금 당신도 모르게 점점 가난해지고 있는지도 모른다.

부와 성공을 거머쥘 열쇠는 자기 자신을 명품 브랜드로 만드는 것이다. 당신의 옷차림, 말투, 성격 등이 퍼스널 브랜드의 일부가 된다. 자신을 생동감 넘치고 유니크하며 매력적인 사람으로 만들어라. 당신의 가치가 널리 알려지면 다른 사람들에게 더 쉽게 인정받게 될 것이다.

톰 피터스는 퍼스널 브랜딩에 대한 아주 중요한 핵심을 이렇게 말한다. "차이 특히 극적인 차이야말로 브랜딩의 전부다. 당신은 어떤 면에서 독특한가? 그걸 찾아내라. 그걸 선전하라, 그걸 키워라. 튀지 않으면 죽음뿐이다."

스스로를 스토리가 있는 상품, 부가가치가 큰 콘텐츠로 만들 수 있어야 한다. 타인의 마음속 깊이 들어가 보통 이상의 가치를 남길 수 있어야 한다. 그래야 수많은 경쟁자들 중에서 자신을 돋보이게 하는 가장 중요한 무기를 갖게 되는 것이다. 그것은 자신의 약점을 보완하기보다는 자신의 강점을 더욱 강화하는 방식이 적절하다.

피터 드러커도 『21세기 지식경영』에서 "자신의 약점을 보완해 봐야 평균밖에 되지 않는다. 차라리 그 시간에 자신의 강점을 발견하여 이를 특화시켜 나가는 것이 21세기를 살아가는 방편이다."라고 했다.

'가난한 사람은 일을 하고 부자는 사업을 한다.'는 말이 있다. 요리로 이름을 날리는 사람은 정작 요리하는 시간보다 다른 일을 하는 시간이 훨씬 많다. 그는 요리사가 아니라 요리사업가다. 자신의 요리 실력에 어떤 '가치'를 부여해 요리의 영역을 넓히려고 늘 고민한다.

우리 모두는 자신만의 재능과 경험, 가치를 가지고 있다. 이것을 타인에게 제공해 이익과 효용을 줄 수 있다면 그 대가로 보상을 받을 수 있다. 나에게는 이런 가치가 무엇인지 고민해보라. 그것을 이용해 차별화되고 독창적인 상품이나 서비스로 개발할 수 있다면 매우 큰 경제적 가치를 창출할 수 있다.

자신만의 재능과 경험, 가치가 타인에게 이익이 될 수 있을 때 그 반대급부로 보상을 받을 수 있다. 그것을 이용해 차별화되고 독창적인 상품이나 서비스로 개발할 수 있다면 매우 큰 경제적 가치를 창출할 수 있다.

헨리 포드는 이렇게 말했다. "행복과 마찬가지로 부 또한 그것만 직접적으로 추구한다고 얻어지는 것이 아니다. 부는 유용한 봉사를 할 때 부산물로 생기는 것이다." 부는 베풂과 봉사다. 더 많이 얻으려면 더 많이 베풀고 봉사해야 한다. 그것이 세상에 대한 당신의 가치다.

목이 말라 우물을 찾은 이성계 장군에게 바가지에 버들잎을 띄워 물을 건넨 처녀가 조선 첫 왕비 신덕왕후 강씨였다. 작은 버들잎 한 장은 그녀의 인생을 송두리째 바꿀 가치를 만들었다. 가치를 복잡하게 생각하지 마라. 거창한 가치를 제공하겠다고 고민하지 마라. 진심이 담긴 사소한 배려가 감동을 낳고 가치를 만든다.

부자가 되고 싶다면 다음의 질문에 답해보라! 당신이 다른 사람들을 위해 제공할 수 있는 가치는 무엇인가? 그것은 세상을 이롭게 만드는가? 다른 사람들이 가진 문제를 해결하는 데 도움을 줄 수 있는가? 아니면 즐거움과 행복함을 줄 수 있는가?

이 질문들에 대한 답을 찾아갈 때, 성장한다. 내가 성장한 만큼 나의 부(富)도 늘어나게 된다.

내 지갑에 돈이 없는 이유가 세상에 돈이 부족해서가 아니다. 실력과 추진력, 관계 능력, 그리고 아이디어 등과 같은 나의 가치 부족이 빈 지갑으로 만든다. 하는 일이 무엇이든 지갑을 두둑하게 만들고 싶다면 스스로에 이렇게 물어보라.

"다른 사람들의 행복한 삶을 위해 내가 가진 가치는 무엇인가? 그 가치가 상품과 서비스로 연결될 수 있는가?"

/

3부

/

修行, 돈 벌기와 쓰기는
일상의 수행이다

"불교의 궁극적 이상은 열반과 해탈입니다. 열반이라는 말은 완전한 행복을 말하고, 해탈이라는 말은 완전한 자유를 말합니다. 그래서 오늘보다는 내일이, 내일보다는 모레가 한 발 더 자유롭고 행복한 쪽으로 갈 수 있도록 살아야 합니다. 그렇게 사는 것이 곧 수행(修行)입니다."

법륜의 『행복하기 행복 전하기』 중에서

싯다르타는 6년간의 고통과 수련을 통해 깨달음을 얻었으며, 이스라엘의 민족적 지도자 모세는 40일 동안 두 번 금식기도를 감행했었고, 신약성서에 40일 금식기도를 통해 인간의 아들에서 신의 아들로 변신한 자가 바로 예수다. 득도(得道)를 위해서는 반드시 혹독한 수련과 수행의 과정을 거쳐야 한다.

이 세상의 일에는 내가 할 수 있는 일과 내가 할 수 없는 일이 있다. 내가 할 수 없는 일에 연연해 하지 말고 내가 할 수 있는 일에 묵묵히 정진하는 것, 그것이 도(道)를 닦는 것, 득도(得道)의 길이다.

수행한다는 것은 자신을 한없이 낮추는 것이다. 이것은 자기를 낮추었기 때문에 누구에게도 배울 수 있다는 것을 의미한다. 득도(得道)의 과정에 있는 수련(修練)과 수행(修行)은 무엇일까?

수련(修練)의 사전적 의미는 '인격, 기술, 학문 따위를 닦아서 단련함'이다. 수련은 몸을 단련하는 것이 목적이다. 반면에 수행(修行)은 육체적 욕구를 넘어선 의식과 삶의 변화를 목적으로 하는 종교적 행위이다.

영남대 배영순 교수는 수련과 수행의 차이점에 대해 2021. 4. 21. 문화일보에서 이렇게 말한다.

"수련과 수행은 엄격하게 구분된다. 수련은 그 목적이 개별적이고 특수적이고 구체적이다. (중략) 수련의 목적은 여러 가지일 수 있다. 자기가 필요한 부분만을 특별히 갈고 닦을 수 있는 것이 수련이다. 그러나 수행은 일반적이고 포괄적이다. 수행은 삶이란 문제를 향하고 있다는 점에서 누구에게나 보편적이다. 삶의 모습 전반에서 인간이 마땅히 따르고 쫓아야 할 행동, 인간으로서 해도 좋은 행동, 그것을 날로 더 보태어 가는 것 이것이 수행이다. (중략) 수행의 목적은 삶이다. 수행은 나라는 실체, 자기 자신의 존재성에 대한 의문을 향한다. 이 실체가 무엇인가에 대해서 명확하게 각지(覺知)하기 위해서 수행을 하게 된다. (중략) 수행은 삶이라는 총체적인 문제, 근본문제를 끌어안고 있다면 수련은 부분적인 문제 해결을 목적으로 하고 있기 때문이다. (중략) 수련을 제대로 하면 자기 세계가 열리고 수행으로 넘어가는 것이 순리다. 그런 의미에서 수련은 수행의 연습이라고도 말할 수 있다."

매일 단 몇 분일지라도 일정한 시간에 홀로 갖는 고요한 시간은 가장 중요하고 귀한 시간이 될 것이다. 매일 아침 15분, 단지 척추를 곧추세우고 앉아서 조용히 콧속을 드나드는 공기가 코점막에 닿는 느낌에 집중하는 것만으로도 훌륭한 명상수련이 된다.

"절망은 희망의 어머니, 고통은 행복의 스승, 시련 없이 성취는 오

지 않고 단련 없이 명검은 날이 서지 않는다." 문병란 시인의 『희망
가』의 한 구절이다. 지금까지의 나를 바꾸고 거친 운명의 파고를 넘
으려면 강해져야 한다. 진짜 강해지기 위해서는 혹독한 단련과 수련
의 시기를 통과해야 한다. 담금질 없이 강해진 것은 없다. 그런 연후
엔 수행의 단계로 넘어가야 한다.

수련과 수행을 통해 자신의 핵심역량을 개발하라, 핵심역량 없이
는 부와 성공도 없다. 고수(高手)들의 내공과 필살기는 혹독한 수련
의 과정에서 생기며 수행을 통해 완성되어 간다.

완벽한 경지에 오르기 위해 정진하다 보면 우리의 삶에 작용하는
우주의 법칙을 발견하게 된다. 삶의 목적은 행복이다. 그것이 이 세
상을 살아가는 모든 사람들의 본업이다. 행복을 추구하는 우리 모두
는 수행자이며 구도자이다.

깊은 산 속에서 하는 수행보다 세상의 거친 파도에 휘말리면서 마
주치는 문제를 공부의 과제로 삼고 단련해 나가는 것이 고난도 수련
이다. 진정한 도는 깊은 산 속이 아닌 세간 속에 있다. 인생은 수행
이다. 돈을 벌고 쓰고 모으고 떼이고 날리는 것, 이 모두가 수행의
방편이다. 부도 가난도 수행의 방편일 뿐이다.

수행이란 욕망을 끊고 절제하는 데 있다. 돈을 벌고 쓰고 모으는
과정을 수행의 방편으로 삼아 세상의 욕망에 지배당하지 않는 자가
도인(道人)이다.

1. 돈 벌기와 쓰기는 수행이다

"통장에 돈이 쌓이는 방법은 간단하다. 들어오는 돈보다 나가는 돈이 적으면 된다. 아침에 눈을 떠서 잠잘 때까지 보이고 들리는 모든 것들이 우리의 호주머니를 유혹한다. 이런 세상에서 구매 욕구를 억누르는 일이야말로 일상의 수행이다. 산속으로 들어가는 것만이 수행이 아니라 일상에서의 돈 벌기와 돈 쓰기야말로 우리의 인내력, 자제력을 시험하는 뼈를 깎는 수행이다."

미국 태권도 대부 (고) 이준구 씨에게 "이소룡이나 최배달과 싸우면 이길 수 있느냐?"라고 질문했다. 이에 그는 "스포츠에선 기술이 앞선 사람이 이기지만 정말 죽고 사는 문제가 걸린 싸움에선 정신력이 강한 사람, 꼭 이기겠다고 마음먹은 독종이 이기게 되어 있다."라고 대답했다.

싸움만이 죽고 사는 문제가 걸린 일인가? 비즈니스든 사업이든 돈을 번다는 것은 먹고 사는 문제가 걸린 싸움이다. 전(錢)의 세계는 시간이 지나면 스타는 사라지고 독종만 살아남는 치열한 싸움터다. 반드시 부자가 되겠다고 마음먹은 독종이 부자가 되게 되어 있다.

많은 사람이 부자가 되지 못하는 원인은 '두려움과 욕망'이라는 감정을 컨트롤하지 못하기 때문이다. 소비욕망을 조절하지 못하면 돈에 휘둘리게 되며, 두려움을 극복하지 못하면 돈의 힘에 굴복당하게 된다. 실패를 걱정하고 기피하는 사람에게는 성공도 달아난다. 전(錢)의 세계에서는 똑똑한 사람보다 용기 있는 사람, 패배를 용납하지 않는 독종이 항상 이기게 되어 있다.

모든 승리에 우연이란 없다. 무수한 단련(鍛鍊)의 과정을 거쳐야 승리가 있다. 돈의 세계에서도 부단한 단련을 거쳐야만 부(富)의 내공이 생기는 법이다.

바람의 파이터 최배달의 '333정신'이란 게 있다. 그것은 "어떤 기술에 대해 300번 연습하면 흉내를 낼 수 있고 다른 사람에게 그 기술을 보여줄 수 있다. 3,000번 연습하면 실전에 쓸 수 있는 정도가 되고 평범한 무도인을 상대로 이길 수 있다. 마지막으로 3만 번 연습하면 자신도 모르는 사이에 그 기술로 상대방을 제압하게 된다."라는 것이다.

전설의 검객, 미야모토 무사시는 "1,000일의 연습을 단(鍛)이라 하고, 만일의 연습을 련(鍊)이라 한다. 이 단련이 있고서야 만이 승리를 기대할 수 있는 것이다."라는 말을 남겼다.

우리의 일상에서 최고의 실전 경험은 돈 벌기와 싸움이다. 둘은 일맥상통한 점이 많다. 책상물림은 부자나 싸움꾼과는 어울리지 않는다. 돈 버는 비결이나 싸움 잘하는 비법은 교과서에 나오지 않는다. 책상머리에만 앉아 있어서는 큰돈을 벌 수도, 싸움에서 상대를 꺾을 수도 없다. 이들은 실전에서 부딪치며 그 비법을 터득해야 하기 때문이다.

진정한 강자란 성품의 강인함은 물론 실력과 덕을 갖추고 때를 기다리며 단련의 시기를 이겨낸 사람들이다. 담금질의 기간 없이 강자는 만들어지지 않는다. '어떻게 담금질의 시기를 통과할 것인가?'가 관건이다.

부자의 길도 이와 다르지 않다. 물려받은 재산이 없다면 '종잣돈 모으기'라는 담금질의 시기를 견뎌내야만 한다. CNN을 설립한 세계적인 미디어 재벌 테드 터너의 말이다.

"내 인생에서 가장 힘들고 중요했던 도전은 첫 100만 달러를 손에 쥐는 것이었다. 이를 위해 정말 열심히 일했다. 그 이후부터는 쉬웠다. 돈이 돈을 만들었기 때문이다."

저축과 관련한 많은 경구(警句)들이 있지만 존 템플턴의 이 말은 압권이다. "우리에게는 많은 친구가 있지만, 필요할 때 언제라도 도와줄 준비를 하고 있는 저금 통장이라는 친구보다 좋은 친구는 없다."

재무상담을 해보면 지출이 수입보다 큰 사람이 의외로 많다. 그들에게 수입과 지출이 얼마인지 물어보면 대체로 수입은 정확히 알지만, 지출은 언제 어떻게 나가는지 정확히 알지 못하는 경우가 많다. 돈이란 손바닥 속 모래알처럼 순식간에 빠져나가 버리기 때문이다. 부자가 되고자 한다면 다음의 프랭크, 뮤리엘 뉴먼의 말을 가슴 깊이 새겨야 한다.

"부자들은 투자하고 가난한 사람들은 소비한다. 백만장자들은 저축하고 난 뒤에 남는 것을 쓰지, 쓰고 난 뒤에 남는 것을 저축하지 않는다. 이것이 그들만의 성공비결이다."

부자들은 명품을 사거나 휴양지에 가려고 돈을 벌지 않는다. 그들에게 돈이란 소비 욕구를 채우기 위한 것이 아니라 돈을 벌어줄 기회와 일에 초점을 맞춘다.

다른 사람 눈치를 살피고 남들의 인정을 받고 싶고, 누구에게도 미움을 받고 싶지 않은 마음은 자연스러운 감정이다. 하지만 그 마음은 나의 자유를 방해하며 주체적 삶을 살아가지 못하게 만들기도 한다.

돈을 모으려면 주체적으로 살 수 있어야 한다. 타인의 시선에 둔감해질 필요가 있다. '미움받을 용기'도 필요하다. 먼 미래를 내다보고 현재의 일을 결정할 수 있어야 한다. 현재의 모든 경제적 결정들을 미래의 부자 꿈에 맞추어야 한다.

버턴 말킬과 찰스 앨리스의 책, 『지혜롭게 투자한다는 것』에서 저축의 규칙을 반드시 지켜야 한다며 다음과 같이 강조한다.

"저축의 진정한 목적은 삶을 희생시키는 것이 아니라 삶의 우선순위를 지켜내는 힘을 키우는 것이다. (중략) 저축의 첫 번째 단계는 낭비하는 일 자체를 피하는 것이다. 특히 신용카드 한도를 늘려서 버는 것보다 더 많은 돈을 쓰는 것을 피해야 한다. 저축과 투자에서 한 가지 절대적인 규칙은 신용카드 빚을 아예 지지 않는 것이다. 이 규칙은 무슨 일이 있어도 어겨서는 안 된다. 절대로 말이다."

행복경제학자들의 연구에 의하면 선진국의 1인당 실질적인 GDP는 과거 대비 몇 배 늘었는데도 행복지수는 거의 증가하지 않았다고 한다. 이는 생활 수준이 어느 수준에 도달하면 소득의 절대적 규모가 행복에 영향을 미치지 않음을 보여준다.

대부분 소득이 증가하더라도 잠시 기분이 좋아질 뿐이다. 그 뒤에는 그러한 소득 수준이 곧 습관처럼 되어 버린다. 그래서 소득이 꾸준히 증가하는데도 행복은 전혀 증가하지 않는 것이다. 부자가 되기 위해서는 수입을 늘리려는 노력 못지않게 중요한 것이 우리의 감정과 지출에 대한 통제능력이다.

자수성가한 부자들은 소비의 기쁨은 순식간에 사라지며, 지출통제의 고통은 얼마 지나지 않아 돈을 모으는 즐거움으로 바뀌게 된다는 사실을 경험한 자들이다.

우리는 부자가 되는 유일한 길은 '수입보다 적게 쓰는 것'이란 사실을 잘 알고 있다. 하지만 대부분의 사람들은 '지금 당장 먹고살기도 힘들다.'라고 아우성이다. 저축과 수행은 비슷하다. 둘 다 성과를 나타내려면 절제와 습관이 필요하다.

지혜로운 사람은 미래의 나에게 '돈을 보내줄 사람은 지금의 나밖에 없다.'라는 사실을 자각하고 노후를 대비해 연금 가입하는 것을 주저하지 않는다. 현재의 작은 즐거움을 희생하고 고통까지 감수하는 것은 미래의 나에게 투자하는 것이라고 생각한다.

담금질을 통해 명검이 만들어지듯 단련과 수행이 없는 부(富)와 도(道)는 쉽게 무너지게 된다. 절약과 저축은 우리를 부자로 만들어주는 담금질이자 수행이다.

1-1. 감정통제, 지출통제는 뼈를 깎는 수행이다

"어떤 결정을 내릴 때마다 우리는 부자에 한 발짝 가까워지거나, 한 발짝 멀어진다."

－ 미국의 재무교육 전문가 세이 올리바리아

지금은 공급초과 시대다. 우리는 자원의 부족이 아니라 욕구가 지나치게 많아 결핍의 수렁에 빠진다.

돈을 많이 벌면서도 늘 모자란다고 느끼는 사람들이 많다. 수입이 늘었지만 오히려 예전보다 더 돈이 없다고 호소한다. 그 이유는 무엇일까? 이유는 분명하다. 늘어난 수입보다 지출이 더 많기 때문이다. 이들에게는 돈을 버는 것보다 모으는 것이 더 어렵다. 물질적 욕구는 끝이 없기 때문이다.

부자가 되는 길은 돈을 많이 버는 것보다 많이 모으는 데 있다. 소득이 많다고 다 부자가 되는 것은 아니다. 로또 복권 1등 당첨이 전부 부자를 만들어주지 않는다. 소득이 늘어나면 소비도 늘어난다. 소득이 늘어나는 것보다 소비가 더 크게 증가하는 사람들도 많다. 번 돈이 내 돈이 아니라 쓰고 남은 돈이 내 돈이다.

김성진의 『청춘의 돈 공부』 중에 나오는 내용이다.

"'무슨 일이 있어도 25살 때까지 1억을 모으겠다.'라는 결심이 솟구쳤다. 25살이 됐을 때 통장에 1억이라는 숫자가 찍히지 않는다면 스스로 생을 마감하겠다고 결심했다. 그때 내 나이, 이제 막 스물한 살을 앞두고 있을 때였다. (중략) 한 달에 약 100만 원 수입이었으나

'월급 받는 대로 무조건 저축하자.'라는 절대적 규칙을 만들었다. 100만 원은 저축하고 남은 돈으로 어떻게든 버텨보자. (중략) 절약은 너무나 중요했지만, 그것으로 모을 수 있는 액수는 너무도 뻔했다. 그때부터 나는 내 인생을 자유롭게 할 돈 공부에 매달렸다. 국내펀드 6개와 해외펀드 4개에 10만 원씩 투자했다. 그리고 이것은 결국 5년 뒤 내게 1억 원이라는 선물을 안겨주었다."

부자와 빈자를 가르는 것은 수입이 아니라 지출에 있다. 독종이란 '버는 돈이 적다.'라는 한계를 극복한 자다. 그럴 때 인생의 반전이 시작되는 법이다. 누구도 처음부터 대박이 나거나 고액연봉자가 되는 것은 아니다.

동서고금을 막론하고 부자가 되는 핵심은 저축에 있다. 이 사실을 누구나 잘 알고 있지만, 저축을 뒤로 미루게 하고 모아 둔 돈마저 찾아 쓰게 만드는 치명적 괴물이 있다. 그것은 소비 욕구다. 소비 욕구를 어떻게 다스려야 할까? 지출통제가 관건이다. 이 방법을 오디세우스가 세이렌의 바다를 건넌 방법에서 힌트를 얻을 수 있다.

"세이렌 바다의 요정들은 거부할 수 없는 아름다운 노래로 뱃사람들을 유혹해 바다에 뛰어들게 하는 위험한 존재들이다. 호기심 넘치는 오디세우스는 세상에서 가장 애절하고 아름다운 세이렌의 노랫소리를 너무도 듣고 싶었다. 그러나 그 대가로 목숨을 바칠 수는 없었다. 오디세우스는 선원들의 귀를 밀랍으로 막아 세이렌의 노래를 듣지 못하도록 했다. 그 자신은 세이렌의 노래를 들어야 하므로 귀는 막지 않고 대신 자신을 돛대에 꽁꽁 묶게 했다. 드디어 세이렌의 바다를 지날 때 오디세우스는 너무도 아름다운 노랫소리에 홀려 바다에 뛰어들고 싶은 충동에 몸부림쳤지만, 선원들은 세이렌의 바다를 벗어나서야 그를 풀어주었다. 그 덕분에 오디세우스는 세이렌의 노랫소리를 듣고도 살아남은 최초의 사람이 되었다."

본인은 이 이야기를 종잣돈을 모아야 하는 사회 초년생들에게 들려준다. 그들에게는 아직 미숙한 것이 많다. 유혹에 적절히 대처하는 법도, 자신의 감정을 통제하는 법도 미숙하다. 그러나 세상은 미숙한 이들을 배려해주지 않는다. 되레 상대의 미숙함을 이용하고 갈취하려는 이들이 도처에 숨어 있다.

세상의 유혹에 대처하기 위해 가장 현명한 방식은 오디세우스처럼 귀는 열어놓되 몸만 돛대에 꽁꽁 묶고 가는 것이다. 소비를 유혹하는 온갖 것들을 보고 듣되 가만히 알아차리고 흘려보내는 것이다. 그리고 몸을 돛대에 꽁꽁 묶듯이 소득이 생기면 먼저 강제로 저축하고 남은 돈으로 소비하는 시스템을 만들어야 한다.

오디세우스의 이야기는 비단 사회 초년생에게만 해당하는 것은 아니다. 우리가 살아가는 인생은 시작도 끝도 없이 온통 세이렌의 바다이기 때문이다.

소비를 통제할 수 있다면 감정을 통제할 수 있는 것이며, 인생을 통제할 수 있게 된다. 절약과 저축으로 종잣돈을 만든 경험이 있는 사람은 삶에 자신감을 갖게 된다.

김승호 회장은 그의 책 『돈의 속성』에서 이렇게 말한다. "절대로 미래 소득을 가져다 현재에 쓰면 안 된다. 신용카드를 잘라버리고 직불카드를 사용해야 한다. 이번 달부터 카드 사용을 중지하고 직불카드, 현금을 사용해보면 불필요한 지출이 현저하게 줄어드는 것이 보인다. (중략) 모든 투자는 작은 돈에서부터 시작된다. 작은 투자로 시작한 경험이 큰 투자도 가능하게 만들어준다. 지금 책을 덮고 가위를 가져다가 신용카드를 잘라라. 부자가 되는 첫걸음이다."

다양한 '소비 욕구'에 희생되지 않으려면 강제로 저축할 수밖에 없다. 오디세우스를 묶은 밧줄과 같은 장치를 만들어야 한다. 강제저축 수단으로 좋은 금융상품들을 이용해 목표자금, 목적자금 마련에 올인해야 한다.

소비 욕구가 차오르면 서둘러서는 안 된다. 부자는 자동차 살 돈을 다 모았지만 정작, 차는 할부로 산다. 자동차 사려고 모은 돈은 할부이자보다 수익률 높은 곳에 투자한다. 가난한 사람은 자동차 살 돈이 없지만 할부로 산다. 그리고 할부가 끝날 무렵 또다시 새 차를 알아본다. 목표하는 목돈이 얼마든 독하게, 장기간 투자하지 않으면 현실이 되기 어렵다. 돈은 독해져야만 모을 수 있다.

쇼펜하우어는 "인생은 욕망과 권태 사이를 오가는 시계추와 같다."라고 했다. 배고플 땐 맛난 음식이 먹고 싶다는 욕망에 넘치지만, 허기를 채우고 나면 이내 권태로움에 빠져든다. 비단 음식뿐만 아니라 모든 욕망을 채운 뒤의 만족감, 행복감은 짧다. 욕망과 소비를 통제하지 못하면 자유를 잃게 된다.

수렁이 없는 삶은 없다. 세계적인 골프 선수 타이거 우즈도 스캔들로 지옥에 다녀왔다. 아무것도 부러울 것이 없어 보이는 이들에게도 내면의 깊은 고통을 견뎌내지 못하고 수렁에 빠지곤 한다.

어떤 이는 가난의 고통을 이기지 못해 좌절의 깊은 수렁에 빠져 지내지만, 또 다른 이는 경제적 풍요로움과 육신의 안락함에도 정신적 고통을 견디지 못해 삶을 포기하기도 한다. 지금까지의 나를 바꾸고 거친 운명의 파고를 넘으려면 강해져야 한다. 지옥훈련을 견뎌내야 한다. 혹독한 지옥훈련도 자신만의 목표와 의미를 찾게 되면 버틸 수 있게 되고 즐길 수 있게 된다.

부자의 첫 단계는 지출통제이다. 지출하지 말라는 말이 아니라 지출을 하되 소비욕망에 휘둘리지 말라는 말이다. 지출하는 그 순간 온전히 알아차릴 수 있어야 휘둘리지 않는다. 만약 충동소비에 의한 지출이 이루어졌다면, 지출한 그 마음에 노예가 되어 스스로 질책해서는 안 된다. 이는 머물러 있는 마음 때문이다.

금강경에는 '응무소주 이생기심(應無所住 而生其心), 머무는 바 없이 마음을 내라'라는 사구게가 있다. 순간 순간 일어나는 우리의 마음을 잘 다스려야 한다. 괴롭고 화나는 마음이 일어나는 것은 당연하다. 하지만 일어난 그 마음에 머물러 집착을 하면 안 된다. 마음을 비우고 다스린다는 것은 어디에도 머물지 않는다는 것을 의미한다.

절약과 저축을 즐기려면 찬란한 미래의 행복에 집중해야 한다. 저축이란 우리의 미래를 더욱 여유 있게 만든다. 자산을 키워가면서 재정적 독립과 미래의 행복을 성취하는 것에 마음을 집중하게 되면 저축하고 절약하는 과정 그 자체를 즐길 수 있다. 목표를 향해 전진하면서 성취의 기쁨과 만족감을 느낄 수 있게 된다.

댄 애리얼리 듀크대 경제학 교수의 "소비는 우리에게 행복을 주지만 생각했던 것만큼 행복하게 해주지는 않는다."라는 말처럼 소비를 통한 행복감은 오래 가지 못한다. 소유의 기쁨은 한순간이다. 재물을 좇는 것보다 근검절약을 연습함으로써 더 큰 자유와 행복을 누릴 수 있다는 사실을 깨달아야 한다.

공부 잘하는 비결은 예습과 복습이듯, 부자가 되는 불변의 진리는 절약과 저축이다. 부란 장기적으로 형성되는 것이다. 지출통제능력을 통해 번 돈을 관리하고 저축해 장기적으로 축적하는 것이다.

하늘의 제왕은 독수리, 지상의 황제는 호랑이다. 이들이 제왕으로 군림할 수 있는 이유는 강력한 발톱과 이빨이란 필살기가 있기 때문이다. 물려받은 재산이 없는 보통 사람들이 부자가 되기 위해 갖춰야 할 필살기는 지출통제 능력과 저축이다.

1-2. 돈을 지배하는 원리, 수승화강(水昇火降)의 원리

수승화강(水昇火降)이란 차가운 기운은 올라가게 하고 뜨거운 기운은 내려가게 해야 건강을 유지할 수 있다는 한의학 원리 중 하나이다. 이것은 몸과 마음의 건강을 유지하게 하는 인체 에너지 순환의 원리다.

생각과 느낌도 에너지다. 수승화강이 이루어지면 자연스럽게 행복한 기분이 든다. 이것은 건강과 장수의 비결이자 명상의 원리이다. 신장의 수기와 심장의 화기, 두 에너지가 조화와 균형을 이루며 순환을 잘하면 우리 몸 안에 있는 최고의 의사인 면역력과 자연 치유력을 키울 수 있다고 한다.

수승화강은 간단히 말해 기분이 좋은 상태다. 이 상태를 유지하려면 결핍의 마음에서 벗어나 매사에 감사해야 한다. 성경의 "항상 기뻐하라, 쉬지 말고 기도하라, 범사에 감사하라."라는 말 역시 수승화강의 상태를 의미한다.

생각과 느낌은 에너지다. 부(富)도 에너지이고 기(氣)다. 에너지와 기(氣)는 순환이다. 부가 있는 곳에서 없는 곳으로 흐를 때 조화로운 순환이 이루어진다. 돈에는 사랑과 감사의 에너지가 있다. 그것을 믿는 만큼 돌아온다. 돈이 들어올 때만 고마워하고 기뻐해서는 안 된다. 돈을 쓸 때도 고맙고 기쁜 마음으로 써야 한다. 내 지갑에서 나가는 돈을 받는 사람을 생각하며 그 기쁨을 느낄 수 있을 때 돈의 수승화강이 이루어진다.

명상수련의 요체는 호흡에 있다. 들숨보다 길게 하는 날숨에서 수기(水氣)를, 들숨에서 화기(火氣)를 토해내는 호흡법이다. 돈을 사랑한다는 것은 자기 분수를 알고 돈이 들어올 때는 화기와 함께 감사함을, 나갈 때는 수기와 함께 즐거움을 느낄 줄 아는 것, 이것이 돈의 수승화강 원리이다.

재복(財福) 있으려면 수승화강의 원리를 이해해야 한다. 돈 욕심내지 말고 돈을 사랑해야 돈의 순환이 일어난다. 돈 욕심을 내는 사람에게는 재운보다는 재앙이 들어오기 쉽다. 돈을 사랑하고 감사하는 사람에게 재복이 따르는 법이다.

"무릇 있는 자는 받아 풍족하게 되고 없는 자는 그 없는 것까지 빼앗기리라." 마태복음 25장 29절의 말씀이다. 얼핏 봐선 이해하기 어려운 말이다. 생략된 말이 있기 때문이다. 교회에서는 그것을 '믿음'이라고 말한다.

『시크릿』과 『The Magic』의 저자 론다 번은 '감사'의 단어를 삽입한다.

'감사'의 단어를 삽입하면 "무릇 감사하는 마음이 있는 자는 받아 풍족하게 되고, 감사하는 마음이 없는 자는 그 없는 것까지 빼앗기리라."가 된다. '감사'는 수승화강의 에너지 순환에 가장 중요한 요소다.

"행복은 '감사'의 문으로 들어왔다가 '불평'의 문으로 빠져나간다."라는 서양 속담이 있다. 일본 한센병 환자의 어머니라 불리는 다마키 여인은 한센병 환자들의 요양원을 만들고 그들을 돌보다가 자기도 한센병에 감염된 것을 알게 되었다. 그날 일기에 그녀는 이렇게 썼다.

"나병이 내 몸에 들어오니 육은 죽어가지만, 영의 눈이 열린 것에 감사한다. 눈썹이 왜 있는지 몰랐는데, 눈썹이 빠지면서 눈썹의 고마움을 알았다. 눈썹이 없으면 먼지가 온통 눈으로 들어가 시력이 떨어지면서 고통스럽다. 하나님은 눈을 지켜주시려고 눈썹을 주셨는데, 이제는 나에게 병을 주시어 마음과 영생을 지켜주시려고 하셨으니 더욱 감사하다."

주역에서도 적선을 많이 한 가문에는 재복(財福)이 들어오게 마련이라고 가르친다. 주위를 기쁘게 하면 그 기쁨의 에너지가 순환해 자신에게로 되돌아오는 법이다. 적선은 세상의 찬 기운과 따뜻한 기운의 조화를 이루게 하는 수승화강의 원리를 실천하는 방법이다.

인생의 시행착오는 자기 분수를 모르고 과욕을 부리는 데서 온다. 좋은 일에 베풀 줄 알며 주변에 돈을 잘 푸는 사람들은 돈 벌려고 죽을 둥 살 둥 아등바등하지 않는다. 알게 모르게 주위에서 도와준다. 작은 부자들은 성실 근면으로 돈을 아껴서 부자가 되고 큰 부자는 하늘의 뜻대로 돈을 써서 부자가 되는 이치다. 욕망하는 것을 가지려고 아등바등 애쓰는 대신, 자신이 가진 것에서 만족을 느낄 수 있는 경지야말로 수승화강이 이루어진 경지다.

수승화강의 반대가 주화입마(走火入魔)다. 돈독에 오르면 돈의 노예가 되고 '주화입마'에 빠지게 된다. 1994년 5월, 끔찍한 존속살해 사건이 벌어졌다. 100억 원대 자산가인 한의사 부부의 집에 불이 나 부부가 사망했다. 화재신고는 당시 23살의 아들이 했다. 아들이 부모의 몸을 칼로 찌르고 범행 현장에 불을 질러 화재로 위장했던 것이다. 아들은 부유한 부모 덕분에 고등학교 때 미국으로 조기 유학을 갔지만 잘 적응하지 못하고 술과 도박에 빠져 도박 빚이 3,700만 원에 이르렀다.

어디서부터 잘못되었을까? 당시 신문기사를 보면 아버지는 어릴 때부터 자식이 해달라는 것은 다 해주면서 키웠다. 잘못은 여기서부터 시작되었다.

어린 자식들에게는 성장 시기에 맞게 그가 감당할 수 있는 좌절을 이겨내도록 키워야 한다. 가지고 싶은 장난감을 모두 다 소유할 수 없다는 것을 배워야 하고, 먹고 싶은 과자를 다 사 먹을 수 없다는 것을 배워 욕망을 통제할 줄 알아야 한다.

감당할 수 있는 좌절들을 이겨냄으로써 아이는 무절제함을 극복할 수 있고, 정신적으로 건강한 성인으로 자라게 된다. 사랑하는 자식에게 적절한 좌절과 결핍의 기회를 주지 못한 부모가 되레 잘못이 크다.

TV에서 보는 동물의 세계에서는 배가 부르면 먹잇감을 더 이상 쫓지 않는다. 하지만 인간세계에서는 아무리 배가 불러도 사냥을 멈추지 않는 모습을 너무나 자주 본다. 돈이면 무엇이든 다 된다는 천민 자본주의 사회에는 돈독 오른 사람들로 넘쳐난다. 정신적 각박함과 황폐함이 극에 치닫게 된다.

자신의 경제적 우월적 지위에 도취되어 경제적 약자를 무시하면서 자신만 치켜세우려는 형태는 미련한 자의 오만이며 편견으로 스스로 함정에 빠져드는 일이다. 오로지 자신의 이익만을 위해 돈을 추구하면 우주의 에너지 흐름을 끊고 주화입마에 빠지게 된다.

재물이나 출세로 인해 허망함, 자만심에 빠져 인생을 망가트리는 경우가 종종 있다. 이 세상에 정말 많은 사건과 비극은 돈 때문이 아니라 인간의 탐욕 때문이다. 돈에는 감정이나 선악이 없다. 단지 그것을 다루는 사람에게 있다. 돈도 권력도 인생도 그저 스쳐 지나가는 바람일 뿐이란 사실을 깨달아야 한다.

부자들의 돈에 대한 철칙은 절대로 돈의 노예가 되지 않는다는 것이다. 돈에 벌벌 떨면서 돈을 모으려고 자신의 소중한 꿈과 시간과 소망을 다 포기하고, 자신에게 중요한 의미가 있는 가족과 친구를 희생시키는 것은 돈의 노예, 주화입마의 상태에 빠져드는 것이다.

재산을 모으기만 하는 '돈의 노예'가 되어서는 안 된다. 재산을 품고만 있어서는 안 된다. 몸에 피가 순환해야 하듯 돈이 돌고 돌아 시장을 활발하게 만들어야 사회 전체 경제가 발전하기 때문이다.

돈을 사랑하되 집착은 안 된다. 절대적 빈곤상태를 벗어나 근검절약하면 재물의 많고 적음은 우리 인생에서 큰 부분을 차지하지 못한다. 돈이 악이 아니라 돈에 집착하는 마음이 악의 뿌리다.

돈을 소중하게 다뤄야 하지만 동시에 잘 쓰는 것도 중요하다. 이타심과 사랑의 동기로 돈을 추구하면 우리의 에너지는 낭비가 없고 축적되는 수승화강의 경지에 이르게 된다.

1-3. 우보만리(牛步萬里)와 종잣돈

소처럼 우직한 걸음으로 만 리를 간다. 표범이나 사자는 빠르지만 멀리 가지 못한다. 느릿느릿 걷는 소는 매일매일 천 리든 만 리든 꾸준히 걷는다. 인생의 승부수는 '한 방'이 아니라 '꾸준함'에 달렸다. 부도 마찬가지다. 한 번에 대단한 일을 하려고 하지 말고 차근차근 이루어 나가야 한다.

인생은 속도가 아니라 방향이다. 포기하지 않고 체념하지 않고 꾸준히 묵묵히 앞으로 나아가는 것이 중요하다. 부(富)를 일구고 지키는 것도 속도가 아니라 방향이다. 제대로 된 방향을 설정하고 나서 우보만리의 자세로 뚜벅뚜벅 걸어나가다 보면 어느새 훌쩍 커져 있는 자신의 모습을 발견하게 된다.

사마천은 『화식열전』에서 치부의 단계, 즉 부를 축적하는 단계에 대해 이렇게 설명한다. "재산이 없는 사람은 힘써 생활하고, 조금 있는 사람은 지혜를 써서 더 불리고, 많은 사람은 시기를 노려가며 이익을 더 얻으려 한다. 이것이 삶의 진리다."

재산이 없는 사람은 열심히 일하면서 저축으로 종잣돈을 모으고, 재산이 조금 있는 사람, 즉 종잣돈이 있는 사람은 투자를 통해 돈을 더 크게 불리고, 재산이 아주 많은 사람은 시장의 트랜드를 살펴가며 큰 부가가치를 창출할 수 있는 곳에 과감하게 투자해 큰 이익을 얻는다는 말이다.

작은 부는 근검절약으로, 큰 부는 기회가 왔을 때 승부를 걸 수 있어야 이룰 수 있다고 주장한다. 2,100여 년 전 사마천의 재산 축적이론은 지금도 여전히 유효하다. 결국, 부자의 출발은 종잣돈에 있다.

종잣돈을 모으는 과정에서 부자 되는 습관과 내공이 길러진다. 종잣돈의 규모가 커질수록 이 돈으로 무엇을 할지, 사업을 할지, 투자를 할지 깊이 고민하고 연구하고 공부하게 되기 때문이다. 그래서 자신의 힘으로 종잣돈을 모은 경험이 없는 사람에게 많은 돈이 들어오게 되면 졸부가 되기 쉬우며, 쉽게 돈을 잃기도 한다.

소박이 모여 대박을 만든다. 잔돈에 강해야 목돈을 만들 수 있다. 천 원을 절약하는 것은 천 원을 버는 것과 같다. 절약은 저축을 위한 단순한 미덕이 아니라 수행이다. 당신이 부자가 될 가능성이 있는지는 다음의 질문으로 알 수 있다. '저축습관이 있는가?' 그리고 '저축목표가 있는가?' 이 두 가지가 부자가 되기 위한 가장 확실하고 안전한 방법이다.

돈을 버는 것은 결코 부끄럽지도 비천하지도 않다. 장사를 비롯한 모든 경제행위는 경멸의 대상이 아니다. 그렇다고 수단 방법 가리지 말고 돈 벌라는 게 아니다. 정당한 방법으로 돈을 추구해야 한다.

사업을 하는 비즈니스맨이라면 고객에 대하여 도리를 다하고 대가를 당당히 받으면 된다. 비즈니스맨의 도리란 정직과 근면, 신뢰와 공익 등일 것이며, 자신이 이룬 부와 성공의 원천은 이 사회와 타인의 도움 때문이었다는 마음가짐이 필요하다. 아무리 성공하고 재물을 많이 가졌다 하더라도 그에 걸맞은 마음 씀씀이가 없다면 보잘것

없는 껍데기에 불과하다.

김승호 회장의 『돈의 속성』에는 일단 돈은 모이기 시작하면 일정한 속도로 증가하는 것이 아니라 어느 시점부터 가속이 붙는다고 한다. 일정 규모의 종잣돈이 모이면 그다음부터 돈은 스스로 가속도가 붙게 된다는 것이다. 1억을 모으는 데 1년이 걸렸다고 하면 10억을 모으는 데는 10년이 아니라 그보다 훨씬 더 빨리 모이게 된다는 것이다.

경제적 안정은 물질적 소유가 많은 상태가 아니라 버는 돈보다 적게 지출해 투자할 여력을 확장해 나가는 것이다. 덜 소비해야 더 투자할 수 있다. 버는 돈보다 적게 소비하고 나머지를 투자한다는 원칙을 지킨 사람들이 자수성가형 부자들이다.

성공과 부를 위해 필요한 능력은 느려도 꾸준함이다. 부자가 되는 길은 단거리 승부가 아니고 초장거리 울트라 마라톤이다. 우직하게 나아갈 때 자신도 모르는 사이에 임계점을 넘어서게 되고, 우보만리의 능력이 나오게 된다.

1-4. 부(富)를 부르는 화안(和顔) 수행

밝은 얼굴이 주위를 밝게 하고
어두운 얼굴이 주위를 어둡게 한다.
언제나 미소를 잃지 않는
그런 밝은 얼굴을 지니고 싶다.
자신의 얼굴은 자신이 보기 위한 것이 아닌

모두에게 보이기 위한 것이다.

그걸 깨달았을 때

밝은 얼굴을 만들기 위해 진지해질 수 있다.

마음의 평안, 조용한 기쁨

그것이 얼굴의 표정 근육을 부드럽게 하고

아름다운 미소를 만들어 낸다.

밝은 얼굴 만들기는 일생 동안의 수행이다.

- 가리토 마코토의 『미소독본』 중에서

화안(和顔)이란 부드럽고 온화하여 기쁜 빛이 도는 얼굴을 말한다. "웃을 줄 모르는 사람은 장사를 하지 마라."라는 중국속담도 있다. 진심에서 우러나오는 기분 좋은 웃음은 상대방에게 "나는 당신을 좋아합니다."라고 말하는 것과 같다.

처세 철학의 선구자로 불리는 데일 카네기의 성공비결은 간단하다. "불평하지 마라, 그리고 환하게 웃어라."이다. 가난과 실패의 고통에 움츠러들거나 늘 불평불만을 일삼는 사람들 중에 성공한 사람은 없다. 고통스러운 상황을 만나더라도 조금만 견뎌라. 반드시 지나간다. 그리고 환하게 웃어라. 행운의 여신은 늘 환하게 웃는 사람에게로 간다.

"이 세상에 가장 위대한 종교가 있다면 그것은 친절이다. 이웃에 대한 배려다. 사람끼리는 더 말할 것도 없고, 이 세상을 함께 살아가는 모든 존재에 대해서 더욱 따뜻하게 대할 수 있어야 한다."

법정 스님의 『아름다운 마무리』에 나오는 글이다. 친절함이란 따뜻한 미소를 머금은 얼굴이다.

많은 부자들은 "부의 근원은 사람이다. 돈 벌 생각보다는 사람 벌 생각을 해야 한다."라고 말한다. 사람을 벌려면 어떻게 해야 하나? 가장 중요한 것은 친절과 미소다.

톨스토이는 친절의 중요성에 대해 이렇게 말했다. "이 세상을 아름답게 하고 모든 비난을 해결하고 얽힌 것을 풀어헤치며 어려운 일을 수월하게 만들고 암담한 것을 즐거운 것으로 바꾸는 것이 있다면 그것은 바로 친절이다."

"낯선 사람에게 친절한 것은 천사에게 친절한 것과 같다."라는 말이 있다. 사람을 벌고 복을 구하는 최고의 지혜는 친절과 겸손이다. 달라이라마도 자신의 종교는 친절이라고 했다.

친절과 함께 강조되는 것이 미소다. 그런데 친절하면서 미소를 짓지 않는 사람은 없다. 결국, 친절이다. 주위에 행복을 뿌리며 다니는 사람에게는 사람이 몰려들게 된다. 그 방법은 하나다. 행복한 표정, 즉 '친절'과 '미소'다.

사람을 끌어당기는 것은 밝은 얼굴이다. 밝은 얼굴은 상대방에게 무언가 모를 기쁨과 편안함의 에너지를 선사한다. 그래서 행운의 여신이 좋아하는 얼굴이다.

인생길에 궂은 비가 내려도 마음속엔 찬란한 태양을 비추어라. 현실은 힘들고 어렵지만 눈부신 미래를 생생하게 꿈꾸고 수천 번 넘어져도 웃는 얼굴로 다시 일어나 뜨겁게 일하라.

틱낫한 스님은 "웃으면서 하루를 시작하는 것보다 더 좋은 삶의 방법이 있을까? 웃음은 다정하고 너그럽게 하루를 시작할 수 있게 한다. 온몸으로 미소 지어라."라고 가르친다.

우리의 삶은 돈과 연결되어 있다. 아침에 눈 떠 잠자리에 들 때까지 돈과 연결되지 않는 것은 없다. 돈은 에너지다. 돈은 사람 속에 있다. 인간관계의 연결고리가 돈이다. 돈은 사람과의 관계에서 나온다. 가족이든 타인이든 사람과의 관계가 좋지 않다면 에너지의 흐름이 막혀 돈의 흐름이 막히게 된다. 관계에서 돈이 잘 순환하기 위해서는 누구를 만나든 친절하게 먼저 웃으면서 맞이해야 한다.

재물 운(運)이 들어오려면 무재칠시(無才七施) 중 하나인 밝고 환한 얼굴을 가져야 한다. 얼굴은 표정을 담는 거울이다. 표정이란 감정의 표현이며, 감정은 기분이자 곧 마음이다. 따라서 환하고 즐거운 표정을 지으면 기분과 마음이 절로 펴지고 모든 흐름이 원활해진다.

그러니 마음을 모아 스스로 최상의 표정을 지어볼 일이다. 이것이야말로 지금 바로 그 효과를 즉시 누릴 수 있는 기공수련이다. 우울한 기분이 들 때 단 몇 분간 시간을 낼 수 있거든 화안 명상을 하라. 다음과 같이 따라 해 보자.

먼저 심신을 이완한 상태에서 평화의 미소를 머금은 성인의 얼굴이나 티 없이 맑은 어린 아기의 방긋 웃는 모습을 상상하며 얼굴 전체의 긴장을 푼다. 눈썹을 가지런히 하고 미간을 활짝 편다. 흐뭇한 미소를 지으며 잠시 명상에 잠긴다.

좋은 일이 일어날 것이란 느낌을 가진 사람에게는 좋은 일이 생긴다. 순서에 주목해야 한다. 좋은 일이 생겨야 좋은 느낌을 갖는 게 아니라 먼저 좋은 느낌을 가져도 좋은 일이 생긴다는 사실을 깨달아야 한다. 삶이 나아졌을 때 밝은 얼굴이 되는 것이 아니라 먼저 자신이 밝은 얼굴이 돼야 삶이 좋아진다.

기도성취의 비밀은 '이미 응답받았다는 기분에 흠뻑 젖어드는 것'이라고 한다. 항상 좋은 일, 바라는 일이 달성된 기쁘고 신나는 느낌을 흠뻑 느껴라. 그것이 화안(和顔) 수련이다.

미국의 위대한 심리학자인 윌리엄 제임스는 "사람의 행동은 감정에 따르는 것 같지만, 실제로 감정과 행동은 병행한다. 따라서 우리의 의지보다 직접적인 통제하에 있는 행동을 조정함으로써 우리는 의지의 직접적인 통제하에 있지 않은 감정을 간접적으로 통제할 수 있다."라고 했다.

어느 톱 세일즈맨이 자신의 탁월한 실적 비결에 대해 이렇게 말하는 것을 들은 적이 있다. "누군가의 사무실에 들어가기 전에 잠시 멈추어 서서 감사해야 할 것들에 대해 생각하고, 환한 미소를 짓고 난 뒤에, 그 미소가 얼굴에서 사라지려 할 때 안으로 들어간다."

많은 사람들이 별다른 생각 없이 '무표정한 표정을 짓게 된다.'라고 말하는 사람들이 많다. 하지만 이런 표정은 비즈니스에서는 치명적이다. 상대는 그런 표정을 보면 자신에게 뭔가 불만이 있다고 생각하기 때문이다. 단 한 달 동안만이라도 만나는 모든 사람에게 자신이 지을 수 있는 가장 행복한 미소를 지어보라. 일이 술술 잘 풀리는 경험을 하게 될 것이다.

"두려움, 불안감, 외로움을 떨쳐버리기 위해서 억지로라도 웃을 수밖에 없었다." 문화대혁명 시절 고향에 칩거하던 시절을 생각하며 등소평이 한 말이다. "웃어라! 웃음은 '나는 당신을 좋아합니다.'라고 말하는 것이다.

얼굴은 표정을 담는 거울이다. 표정이란 감정의 표현이며 감정은 기분이고 기(氣)의 상태다. 따라서 밝고 즐거운 표정을 지으면 마음과 기(氣)가 저절로 밝아지고 기운이 화창해져 모든 흐름이 원활해진다. 어두운 생각과 마음을 지우면 운명도 건강도 밝아진다. 가장 좋은 방법이 화안(和顏) 수련이다.

2. 돈의 내공

"재산이 자신보다 열 배 많으면 상대방에게 몸을 낮추고, 자신보다 백배 많으면 두려워하며 삼가고, 천 배 많으면 상대방의 일을 힘써 하고, 만 배 많으면 그의 하인이 된다."

— 사마천, 『사기』「화식열전」

　　　　　스웨덴 속담에 "하나님은 모든 새들에게 벌레를 주셨다. 하지만 벌레를 둥지에 던져주지는 않으셨다."라는 말이 있다. 하늘은 스스로 돕는 자를 돕는다. 하나님은 우리 모두에게 부자가 될 기회를 주지만 돈을 던져주지는 않는다. 부를 이루기 위해 기회를 포착하고 움켜쥐는 것은 우리가 해야 할 일이다. 내 생각과 재능을 남이 알아줄 때까지 기다려선 안 된다. 부는 적극적인 자에게로 향하는 법이다.

　큰 부에는 아주 큰 책임이 따른다. 우리가 지닌 재물로 무엇을 하느냐가 중요하다. 재물이 많으면 좋은 일을 할 수 있는 힘도 생긴다. 돈을 벌려는 동기를 우선 따져보라. 왜 돈을 벌려고 하는가? 그 동기는 순수한가? 널리 세상을 이롭게 하는가?

　높은 건물을 지으려면 그 구조물을 지탱할 수 있는 튼튼한 밑바닥 공사, 즉 기초공사가 필요하다. 부를 쌓는 것도 마찬가지다. 쌓은 부가 무너지지 않고 영속하기 위해서는 튼튼한 밑바닥 공사가 필요하다.

돈을 버는 데도 준비해야 할 것이 있다. 먼저 생각을 바꿔야 한다. 재물이나 금전이 추악하다는 생각, 부자가 될 운명이 아니라는 생각을 버려야 한다. 가난은 마음의 반영이란 사실을 깨달아야 한다. 그리고 부에 대한 목표를 세워야 한다. 십년적공(十年積功)을 명심해야 한다. 한순간에 큰 부자가 되겠다는 생각을 버려라. 시간과 노력이 필요하다.

다음은 행동을 바꿔야 한다. 가장 중요한 것은 사람들을 만나는 것이다. 되도록 직접 만나야 한다. 자신의 처지가 좋지 않더라도 적극적으로 사람을 만나는 게 중요하다. 돈을 번다는 것은 사람들 사이에서 일하면서 버는 것이기 때문이다.

가능한 한 사람들과의 접촉을 늘리는 것이 우선 필요하다. 만나는 사람을 매일매일 늘려간다는 목표를 세워라. 그리고 만나는 사람에게 봉사하려고 노력하라. 조그만 것부터 기꺼이 도와주어라. 이것이 부를 쌓는 기초공사이다.

나폴레온 힐은 부자를 연구하는 데 자신의 삶을 바쳤다. 그의 위대한 발견은 "돈을 얻는 가장 확실한 방법은 돈은 주는 것이라는 사실을 터득한 사람이다. 그런 사람은 행복한 사람이다."라는 것이다.

강철왕 카네기를 비롯해 록펠러, 빌 게이츠, 워렌 버핏 등 갑부들은 자선과 기부라는 베풂의 삶을 살았다. 베풂이란 받으려는 마음이 아닌 주려는 마음이며 감사의 마음이다. 그것이 부의 의식이다.

부의 의식으로 충만한 사람들은 받는 것보다 주는 것에서 더 큰 기쁨을 느낀다. 그들은 더 많이 내어줄수록 더 많이 돌아온다는 사실을 잘 안다.

비록 넉넉하지 않은 살림살이에도 정기적으로 기부하는 사람들도 많으며, 무료급식소를 운영하는 사람들이 있다. 주는 마음, 부의 의식을 닦는 그들이야말로 행복한 부자들이다.

돈이란 사람의 감정을 뒤흔들고 인생을 지배한다. 많은 사람들이 한평생 돈의 속성은 모른 채 돈에 휘둘린다. 돈에 대해 제대로 알려면 화폐금융론이나 경제학, 심리학, 문화인류학, 철학 등 다방면의 분야에 정통하지 않으면 안 된다. 특히 인간의 심리에 대한 지식이 없으면 돈의 본 모습을 이해하기 어렵다. 돈이란 인간의 감정과 함께 움직인다.

자신의 감정과 돈을 컨트롤할 수 있는 능력을 키운다면, 돈에 굴욕당하지 않고, 우리의 삶을 아름답게 만드는 도구로 돈을 이용할 수 있을 것이다.

돈을 이해하기 위해서 반드시 막대한 재산이 있어야 하는 것은 아니다. 먼저 돈으로 가능한 것, 불가능한 것을 깨닫는 것이 중요하다. 나의 꿈과 목표가 무엇인지, 나의 강점과 내 인생의 우선순위는 무엇인지를 명확히 해두어야 한다. 방심하면 감정의 소용돌이 속으로 빠져들게 되어 돈에 휘둘리게 된다.

우리는 대부분 어렸을 때부터 돈과 투자와 관련해 교육받은 적도, 주도적으로 의사결정을 해 본 적도 없다. 그래서 전문가를 찾게 되는데, 문제는 그 전문가들이 대부분 자신의 상품을 판매하는 전문가일 뿐, 나의 이익을 위해 일하는 사람이 아니라는 점이다. 진짜 전문가들이 헌신하는 사람은 고액을 투자할 수 있는 자산가들이다. 중요한 것은 전문가들이 제시하는 다양한 대안들을 이해하고 판단할 능력이 있느냐이다. 결정과 책임을 지는 사람은 고스란히 나의 몫이기 때문이다.

돈을 벌고, 그 돈을 불리는 일은 대부분 사람들이 직면한 삶의 중요한 부분이다. 그럼에도 우리는 돈에 대한 교육이나 공부는 놀랄 정도로 소홀히 한다. 그저 돈은 많으면 좋은 것일 뿐, 돈을 어떻게 벌고, 지키고 불리는지에 대해서는 알려고 하지 않는다.

돈을 한마디로 정의하기는 어렵다. 돈이란 매우 복잡하고 다중적인 존재다. 돈을 다루는 인간도 마찬가지다. 돈을 이해하기 위해서는 사람에 대한 이해가 전제되어야 한다는 점에서 더욱 어렵다. 경제학, 경영학, 금융론 등에서 다뤄지는 돈의 모습은 사실 코끼리 다리 만지기에 불과하다.

돈은 에너지며 순환이다. 사람을 움직이는 최고의 에너지는 '행복'에 있다. 부의 열쇠는 바로 많은 사람을 행복하게 하는 것이다. 고객을 행복하게 만드는 비즈니스는 절대 망하지 않는 법이다.

돈에 휘둘리지 않으려면 우선 자신의 감정에 휘둘리지 않아야 한다. 그리고 돈이 무엇인지 돈의 본질을 알아야 한다. '돈이 무엇인가?'라는 주제는 일상적이고 세속적인 면도 있지만, 매우 광범위하고 어려운 철학적 주제이기도 하다.

미국의 유명 프로 복서였던 마이크 타이슨이 엄청난 대전료를 받은 갑부였지만, 파산자가 되어 노숙자 합숙소 생활을 했던 점이나 마이클 잭슨이 몇 번인가 파산 위기에 몰렸다는 보도가 있었다.

단순히 낭비벽으로 파산하는 사람은 드물다. 진짜 문제는 다른 곳에 있다. 유명 연예인, 스포츠 선수들에게는 그들에게 투자하라고 유혹하는 사람들이 많이 생긴다. 투자 권유에 옳고 그름을 판단하는 데 실패했기 때문이다. 돈이란 많이 번다고 좋은 게 아니다. 돈을 어떻게 마주할 것인가, 그것이 중요하다. 돈에 대해 잘 알지 못하고 쉽게 생각한다면 한순간에 무너질 수 있다.

우리 대부분은 욕심, 탐욕으로 이성적 판단이 흐려진다. 일단 욕심에 눈이 멀면 쉽게 속임수에 넘어간다. 사람들은 주식이나 집값이 오를 것이란 추측과 소문에 무리해서라도 당장 주식, 집을 사야 한다는 강박증까지 갖게 된다. 사람들의 욕심과 공포심을 이용하는 사람들도 많다.

"누구는 가상화폐 투자로 수십억을 벌었다."라는 말을 듣게 되면 상대적 박탈감으로 우리의 투기심리를 자극한다. 검약하며 성실히 사는 자신의 모습이 구질구질하다는 생각이 들어 이성적 판단을 흐리게 만들어 돈에 대한 균형 감각을 상실한다. 이러한 감정은 부부 간의 대화에 묻어나 아무런 여과 없이 자녀의 뇌리에 박히게 된다.

돈은 개같이 벌어 정승같이 쓰라는 말이 있다. 개같이 벌라는 말은 불필요한 자존심을 세우지 말라는 뜻일 것이다. 돈을 벌려면 서비스 정신을 발휘해야 하는데 자존심이 끼면 방해만 되기 때문이다. 또한, 정승같이 쓰라는 말은 선비처럼 바르게, 그리고 두루 주변을 생각하며 쓰라는 말이다.

돈을 벌고 쓰기에 앞서 돈을 알아야 하고 돈을 다스릴 수 있어야 한다는 사실이다. 돈을 안다는 것은 왜 필요한지, 돈이 어떻게 들어오고 어디로 나가는지, 어떻게 모으고 불리는지, 어떻게 써야 하는지 알아야 한다는 것이다.

프랑스 철학자 베르트랑 베르줄리는 "돈이란 자신을 맹목적으로 떠받드는 자들을 제멋대로 농락하는 잔혹한 신이다."라고 했다. 돈 자체는 우리의 행복을 책임지지 않는다. 진정으로 행복한 삶을 만들어주는 것은 돈이 아니라 돈을 사용하는 사람의 삶에 대한 가치관과 태도에 달려있다.

돈보다 중요한 것은 언제나 그 돈을 다루는 사람이다. 세상살이의 모든 골치 아픈 문제는 돈 때문이 아니라 골치 아픈 사람 때문이다. 대부분 사람들이 바쁜 일상에 쫓겨 소중한 것을 놓치고 있다. 행복해지려고 돈을 벌고 있지만, 오히려 그 돈 때문에 행복을 잃어버리는 일상들을 반복하고 있다.

돈을 다스릴 수 있는 능력은 인성과 품격에서 나온다. 돈을 컨트롤할 수 있는 인성과 품격을 가꾸어야 한다. 많이 가지는 것보다 인생에 대한 가치와 신념이 더 소중함을 깨달아야 한다. 그럴 때 비로소 돈의 노예가 되지 않을 수 있다. 그것이 돈의 내공이다.

2-1. 불목하니의 3년 법칙

"깨달음 전에도 나무를 하고 물을 길어라, 깨달음 후에도 나무를 하고 물을 길어라." 『선어록』에 나오는 말이다.

불목에 불을 때는 사람, 절에서 밥 짓고 물 긷는 일을 하는 사람을 '불목하니'라고 한다. '불목하니 3년'이란 말이 있다. 예전에 스승을 찾아 도(道)를 구하면 그저 나무해오고 물을 길으라고 했다. 한 번 두 번이 아니라 3년간 도(道)와는 상관도 없어 보이는 허드렛일만 하라고 한다. 그럼에도 제자는 하산하지 않고 묵묵히 그 일을 한다.

그것은 비록 아무도 알아주지 않는 하찮은 일이지만 '그 일에 마음을 담아 몰입의 경지에 도달할 수 있어야 도(道)의 길에 들어설 수 있다.'라는 무언의 가르침이다. '불목하니 3년'이란 말은 명품인생을 만드는 10년 법칙이었다.

일이란 의식적으로 잘하려고 하기보다는 그 일 자체를 즐길 수 있어야 몰입할 수 있고 일정한 경지에 도달하게 된다. 즐길 줄 모르거나 즐길 수 없다면 경지에 도달할 수 없다. 몰입해야 무심의 경지에 도달할 수 있다. 의식적으로 잘하려고 일하는 것과는 분명 다른 차이를 깨닫게 된다.

중국 산동에서 가난한 목수의 아들로 태어난 사진작가, 지아오 보의 『나의 아버지 나의 어머니』란 책에 한평생 가난한 목수로 살아온 아버지의 '인생 내공' 수련에 관한 진정한 고수의 가르침이 나온다.

"톱질은 하루면 되지만 제대로 된 목공이 되려면 먼저 3년 동안

톱질을 해야 한다. 3년이란 세월은 톱질을 배우는 데 필요한 게 아니라 두 가지 도리를 깨닫는 시간이다. 첫째는 두 사람이 서로 도와야만 하나의 일을 완성할 수 있다는 이치, 둘째는 인내심이다. 일을 하다가 뜻대로 되지 않고 재미가 없어도 온 정성을 다해 열심히 해야 한다는 이치다. 이 두 가지 도리를 깨우치면 앞으로 목수가 되든 아니면 다른 어떤 일을 하든 모두 훌륭하게 할 수 있다는 것이다."

인생의 내공이란 지식에서 나오는 게 아니다. 시간과 경험이 쌓여 만들어진다. 인생고수들의 말을 귀담아들어야 하는 이유다.

"감사할 일이 많은 해였다. 그러나 무용인생 험하기는 상을 받으나 안 받으나 똑같다. 수상한 다음 날도 아침 6시에 일어나 고단한 하루를 보내야 한다. 사람들은 내게서 근사한 말을 듣고 싶어 하지만 내 생활은 결코 그렇지 않다. 어쩌면 꿈꾸지 않고 지루한 하루하루를 반복한 게 지금의 나를 만든 것 같다. 어떤 분야든 정상에 오른 사람들은 지루한 인생을 가지고 있다."

세계적인 발레리나 강수진이 2007년 존 그랑코 상을 수상한 후 인터뷰에서 한 말이다. 고수들은 결과에 연연하지 않고 재미가 없어도 온 정성을 다해 반복한다.

"어떤 특별한 분야에서 세계적인 수준으로 자신을 자리매김하기를 원하는 사람이라면, 그 분야에서 지속적이고 정교한 훈련을 최소한 10년 정도 해야만 한다." 앤드류 카슨의 『10년 법칙 이론』에 나오는 말이다. 하워드 가드너 박사는 그의 저서 『열정과 기질』에서 이렇게 말한다.

"어느 분야의 전문 지식에 정통하려면 최소한 10년 정도는 꾸준히 노력해야 한다. 창조적인 도약을 하려면 자기 분야에서 통용되는 지식에 통달해야 한다. 바로 이런 이유에서 10년 정도의 꾸준한 노력이 선행되지 않으면 의미 있는 도약을 할 수 없다."

헬렌 켈러는 "시련과 고통의 경험을 통해서만 영혼은 강해지고, 야망이 고무되며, 성공이 이루어질 수 있다."라고 말했다. 인생의 기쁨과 즐거움을 느끼기 위해서는 인생의 쓴맛이 필연적이다. 시련을 두려워하고 힘겨워하기보다는 담대히 받아들여야 한다. 삶의 고통에도 감사할 줄 알아야 한다.

많은 사람들이 부자가 되지 못하는 원인은 하루 아침에 결판을 보려고 하는 조급함 때문이다. 몇 번 해보고 안 되면 그냥 포기하고 만다. 부를 창출하는 시스템을 구축하는 데는 몇십 년이 걸릴 수도 있다. 반복과 버티는 힘이 없다면 부의 시스템은 구축되지 않는다.

앤서니 라빈스가 백만장자에게 부자가 되는 비결을 물었다. "아! 그거요? 아주 간단합니다. 먼저 1달러를 버는 것입니다.", "네? 1달러요?", "네! 사람들은 당장에 100만 달러를 벌려고 덤빕니다. 하지만 가장 먼저 해야 할 일은 가장 적은 단위인 1달러를 벌어보는 것입니다. 1달러를 성공적으로 벌 수 있으면 점점 더 큰 단위의 돈을 벌 수 있게 될 것입니다. 그런데 사람들은 적은 단위의 금액에 대해서는 무시하는 경향이 있습니다. 그리고 큰돈을 벌려고 덤비죠, 그러면 돈을 벌 수 있는 성공의 법칙을 배울 수가 없어요. 그래서 결국 1달러도 못 벌게 되는 것이죠."

작은 성공을 해봐야 큰 성공을 할 수 있다. 당장 큰돈을 벌겠다고 무모하게 덤비는 것은 부의 마인드가 아니다. 부의 고수들이 한결같이 하는 말은 "부자가 되려면 적은 돈을 중요하게 생각할 줄 알아야 한다."이다.

"100달러를 버는 것보다 1달러를 아껴라." 워렌 버핏의 말이다. 부자가 되는 과정은 누구나 다 알고 있는 단순하고도 지루한 과정이다. 지루함을 견뎌낸 사람들만 부자의 대열에 합류하게 된다.

2-2. 끝까지 버티는 힘, 정말 좋아하고 원하는 일을 하면 결코 외롭지 않다

"승리는 가장 끈기 있는 자에게 돌아간다(Victory belongs to the most persevering.)."

– 나폴레옹 보나파르트

"아주 단순한 일들이 쌓이고 쌓여 마침내 성공으로 이어졌다는 사실을 깨달았다. 오직 '생각하는 힘'과 그리고 무엇보다 '끝까지 해내는 힘'만이 성공의 열쇠였다. (중략) 어려운 이론이나 높은 학력은 전혀 필요 없다. 아니, 오히려 방해될 뿐이다. 자신을 믿고 힘차게 앞으로 나아갈 용기만 있다면 꿈은 현실이 된다. 성공은 바로 당신의 눈앞에서 맴돌고 있다. 이것을 붙잡느냐 놓치느냐는 오로지 목표를 향한 집념과 발상의 전환에 달려있다. 다시 말해 생각하는 힘, 끝까지 해내는 힘에 달렸다."

일본 지방 중소기업 연구원이 혼자서 세계 최고의 청색 LED 실용화에 성공한 공로로 노벨 물리학상을 받았다. 그의 이름은 나카무라 슈지, 그가 『끝까지 해내는 힘』이란 책에서 말하는 노벨상을 받은 비결이다. 지기 싫어하는 성격, 승부근성, 한 가지 일에 몰입하는 성격이 끝까지 버티는 힘을 만들어준다.

파우스트는 독일의 문호 괴테가 전 생애를 바쳐서 쓴 희곡이다. 61년간 썼다. 괴테가 신문학에 눈을 뜬 시기부터 82세의 고령으로 세상을 뜨기 직전까지 단속적(斷續的)이기는 하지만 심혈을 기울여 쓴 위대한 작품이다.

꾸준함이야말로 위대함이다. 당장 눈앞에 성공과 부가 보이지 않으면 불안해진다. 이 길이 맞는 것인가에 대한 의구심과 함께 불안한 마음으로 이내 포기하려고 한다. 지금 앞이 보이지 않는다고 의기소침하여 포기하고 싶은가? 명심하라, 사업이든 도(道) 닦는 일이든 승리는 끝까지 하는 자의 몫이다.

"단 하루도 그 일을 하지 않고는 못 배길, 가장 사랑하는 일을 찾아라. 즐겁게 일하다 보니 성공은 저절로 따라왔다." 와인 업계의 거장 로버트 몬다비의 말이다. 94세로 생을 마감한 와인의 거장, 몬다비의 마지막 말은 "나에게 와인은 정열의 대상이었고, 가족이자 친구였고, 따뜻한 가슴이자 관대한 영혼이었다."이었다.

'대가(大家)란 대가(代價)를 지불한 사람'이라는 사실을 잘 보여주는 게 '1만 시간의 법칙' 혹은 '10년 법칙'이다. 하워드 가드너는 『열정과 기질』에서 "어느 분야의 전문 지식에 정통하려면 최소한 10년 정도는 꾸준히 노력해야 한다. 창조적인 도약을 이루려면 자기 분야에서 통용되는 지식에 통달해야 한다. 바로 이런 이유에서 10년 정도의 꾸준한 노력이 선행되지 않으면 의미 있는 도약을 이룰 수 없다. 흔히 모짜르트는 이 규칙이 적용되지 않는 예외라고 말하지만, 그 역시 10년간 수많은 곡을 쓴 다음에야 훌륭한 음악을 연거푸 내놓을 수 있었다."라고 주장한다.

결국, 어느 분야에서나 꾸준히 연습하고 훈련하는 습관을 지니지 않고 대가(大家)로 도약한 사람은 없다는 사실이다. '1만 시간의 법칙'이나 '10년 법칙'이란 습관의 강력함을 보여주는 법칙이다.

빨리 부자가 되려고 하지 마라, 진짜 부는 긴 세월을 요하는 작업이다. 남들의 부는 순식간에 온 것처럼 보이지만 그것은 착각이다. 우공이산(愚公移山)이란 말처럼 계속하다 보면 어느 순간 임계점을 만나게 된다. 몰입의 내공과 시간을 거쳐야만 어느 시점에 폭발적으로 늘어나게 되는 게 부(富)다.

이 세상에 어느 누구도 하루아침에 부자가 된 사람은 없다. 부자에게는 반드시 부자의 습관과 태도가 있다. 그중 가장 중요한 것은 끝까지 버틴다는 것이다. 이것이 부자로 만들어주는 힘이다. 버티면 이긴다. 적게 버티면 적게 이루고 많이 버티면 많이 이루게 된다. 큰 돈을 모으는 힘은 참고 버티는 힘이다.

철학자 칸트는 행복의 원칙으로 세 가지를 말한다. 그것은 '첫째, 어떤 일을 할 것, 둘째, 어떤 사람을 사랑할 것, 셋째, 어떤 일에 희망을 가질 것'이다. 자신의 일이 없으면 무력감을 느끼게 되어 무기력하게 만들어 사랑의 감정도 희망도 희박해진다. 전심전력할 일이 있고 곁에 사랑하는 사람이 있다면 희망이 생겨 행복하게 된다. 중요한 것은 돈이 아니라 일이다. 정말 좋아하고 원하는 일을 하면 결코

외롭지 않다. 100세 시대 길어진 인생길, 한평생 자신이 좋아하고
세상에 공헌할 수 있는 일을 하는 것이 진짜 성공이며 행복이다.

2-3. 최고의 돈 공부는 사람 공부

*"부자가 되기 위해 필요한 것은 금, 주식, 부동산, 근면, 돈 그 자체가
아니라 금, 주식, 부동산, 근면, 돈에 대한 정보와 지식이다."*

- 로버트 기요사키

나폴레온 힐은 그의 저서 『생각하라, 그리고 부자가 되어라』에서
부에 이르는 네 번째 원칙은 전문 지식이라며 이렇게 말한다.

"지식의 종류에는 일반 지식과 전문 지식이 있다. 일반 지식은 그
지식의 양이 얼마나 많거나 폭넓은지와 관계없이 부를 일구는 데는
별 쓸모가 없다. 유명대학 교수들은 온갖 형태의 일반 지식들을 갖
추고 있지만, 대부분은 큰돈을 벌지 못한다. 이들은 지식을 가르치
는 데는 특화되어 있지만, 지식을 사용하거나 조직적으로 사용하는
일에는 서투르다. 지식은 부를 일구겠다는 목적을 지닌 실용적인 계
획을 통해 체계적으로 수립되고 직접 활용되지 않는 한 돈을 끌어당
기지 못한다. 막대한 부를 일구려면 힘이 필요하다. 힘은 전문 지식
을 고도로 조직하고 영리하게 끌어내야 생긴다. (중략) 가장 중요한
것은 자신의 목적에 부합하고 필요한 전문 지식이 무엇인지 정확히
아는 일이다. (중략) 성공한 사람들은 자신의 목적이나 사업 혹은 직

업과 관련된 전문 지식을 끊임없이 배운다. 성공하지 못한 사람들은 대개 학교를 마치면 이제 지식을 습득하는 일은 끝났다고 생각한다."

왜 어떤 사람은 대단한 성공을 거두지만 대부분은 제자리를 맴도는 걸까? 그 차이는 다양하고 복잡한 요인들이 있지만, 그중 가장 중요한 것은 실력의 차이다.

자기 분야에서의 실력이 전문가 수준이냐, 아직 아마추어 수준이냐의 차이다. 우리 대부분은 자신의 기대와는 달리 아마추어다. 전문가가 보는 눈과 아마추어가 보는 눈은 천지 차이다. 골프를 봐도 아마와 프로의 차이가 몇 타 차이인 것처럼 보이지만, 속으로 들어가 보면 프로 세계는 아마추어로서는 도저히 넘볼 수 없는 철옹성의 세계다.

앨빈 토플러는 "21세기 문맹은 읽고 쓰지 못하는 사람이 아니라 배우고, 잊어버리고 다시 배우는 능력이 없는 사람이다. (중략) 지식은 권력의 가장 민주적인 원천이다."라고 했다.

부자와 성공한 사람들은 학력 순이 아니다. 학력만으로는 기회를 포착할 수 없다. 세상은 우리에게 많은 기회를 제공하지만, 그것을 보고 낚아챌 수 있는 실력과 내공이 없어 번번이 놓치고 만다.

전문 지식을 통해 당신의 아이디어를 사게 하라. 부자가 되는 능력이란 곧 상상력으로, 아이디어와 전문 지식을 결합하여 부를 산출할 계획을 만드는 능력이다. 기억하라, 아이디어가 1순위, 그다음은 전문 지식이다.

"빈부지도 막지탈여(貧富之道 莫之奪予) 교자유여 졸자부족(而巧者 有餘 拙者不足)"

사마천의 『사기』『화식열전』에 나오는 이 말은 "부자와 가난함의 이치는 누가 주거나 빼앗는 것이 아니다. 세상의 이치에 공교한 사람은 여유롭고 세상의 이치에 졸한 사람은 부족하게 사는 것이다."라는 의미다.

빈부의 차이가 빚어지는 것은 착취와 피착취의 관계가 아닌, 즉 누가 빼앗거나 주어서 나타난 결과가 아니라는 뜻이다. 자신의 복력(福力)과 능력, 그리고 삶에 대한 태도와 지혜 등 결국은 스스로의 능력에 따라 결정되는 법이다.

교자란 세상의 이치에 맞게 교묘하게 행동해 부유하게 사는 자를 말하며, 비록 세상의 이치를 정교하게 알지 못하더라도 눈치가 빠르고 영민한 자들은 교자에 해당한다. 반면에 졸자란 세상의 이치를 잘 모르며 생각의 그릇이 작아 넉넉함과 여유로운 마음도 부족하고 돈도 부족해 가난하게 사는 사람을 일컫는다.

세상의 이치란 하늘과 땅과 사람의 이치를 말한다. 세상의 이치에 어두운 용렬한 자들은 자신의 곤궁함을 환경이나 다른 사람 등 외부의 탓으로 돌리지만, 세상의 이치를 아는 공교한 자들은 어려움의 원인은 자신에게 있음을 알고 자신을 변화시키려고 노력한다. 이러한 마음가짐이 미혹함을 벗어나 밝은 지혜를 갖게 해준다. 그래서 그들은 졸자들의 눈에는 절대 보이지 않는 돈의 움직임이 보이게 된다.

하지만 부자라고 다 '유여(有餘)'를 가진 것은 아니며, 가난하다고 다 부족하게 사는 것은 아니다. 부자 중에는 끝없는 욕심으로 항상 부족해 하는 부자도 있다. 그들은 무늬만 부자인, 가난한 빈자이다. 반면에 부족하지만 항상 여유 있고 풍요로운 의식을 가졌다면 그 또한 교자다.

사마천은 「화식열전」에서 "면밀하게 계산하고 부지런히 일하며 근검절약함으로써 재산을 늘리는 방법이 부자가 되는 올바른 길이지만, 부자가 되는 사람은 언제나 독특한 방법으로 남을 제압한다."라고 했다. 독특한 방법이란 깊은 전문 지식을 기반으로 한 남다른 창의력을 말한다.

부자가 되기 위해 힘써야 할 것은 돈 공부와 세상 공부다. 그것이 부자가 되기 위한 강력한 무기가 된다. 그것은 단순한 지식습득에 그치지 않는다.

돈 공부란 부를 일구겠다는 목적에 부합하는 전문 지식과 실용지식을 말하며, 세상 공부란 세상의 흐름과 이치를 읽는 공부다. 이것은 곧 인간을 이해하고 읽는 능력이다. 인간이란 곧 그 인간을 움직이는 내면의 욕망과 공포 등의 마음을 말한다. 인간의 마음을 읽지 못하면 통찰력과 선견지명은 생기지 않는다.

갑부들의 공통점 중 하나가 인간에 관한 많은 공부로 사람의 마음을 읽고 이해하는 능력이 탁월하다는 점이다. 그들은 인문학, 즉 문사철(文史哲)의 공부를 즐기며 내공을 갖췄다는 사실이다.

빌 게이츠나 워런 버핏을 최고의 부자로 만든 것은 재테크 지식이 아니다. 어렸을 때부터 읽어 왔던 엄청나게 많은 책들이었다. 그들을 부자로 만든 것은 필사적인 독서를 통해 경제와 경영뿐만 아니라 문사철로 불리는 인문학과 세상에 대한 지식들이었다. 학교 공부를 통해 습득한 지식보다는 광범위한 세상에 관한 실전 공부를 통한 지식이었다.

토머스 에디슨과 니콜라 테슬라는 대학에 가지 않았다. 에디슨은 석 달 동안의 학교 교육이 전부다. 두 사람은 광범위한 독서를 통해 스스로 공부했다. 에디슨은 기자들에게 이렇게 말했다. "내가 학교를 다녔다면 이런 연구를 해냈을 거라고 생각하는가? 대학에서 공부한 과학자들은 연구대상을 학교에서 배운 대로만 보려 하기 때문에 자연의 위대한 비밀을 놓치고 만다." 또 다른 기자에게는 "나는 책을 읽지 않았다. 아예 서재를 몽땅 읽어 치웠다."라고 말했다. 부자들이 가지고 있는 습관들 중에서 빼놓을 수 없는 것은 독서하는 습관이다.

헤지펀드의 대부로 불리는 조지 소로스는 접시 닦이, 공장 노동자, 수영장 안내원, 철도역 짐꾼 등 9년간 밑바닥 인생을 살았다. 그런 그를 투자의 귀재로 만들어준 것은 독서이다. 그는 밑바닥 인생에서도 손에서 책을 놓지 않았으며, "나의 모든 금융 능력은 철학에서 나왔다."라는 말로 자신의 투자 성공 비결로 '철학 하는 것'을 꼽았다. 철학이란 사유의 학문이다, 사유의 넓이와 깊이를 더해주는 것은 독서다.

"몸은 음식으로 자라지만 정신은 책으로 자란다."라는 쇼펜하우어의 말처럼 독서는 인생 내공의 핵심이다.

독서는 일상 자체를 여행으로 만드는 최고의 방법이다. 비싼 비행기 타고 시간을 내서 떠나는 여행 대신, '문사철'로의 여행을 통해 새로운 나와 마주할 수 있다. '문사철'의 감수성이 필요한 이유는 모두가 당연하다고 여길 때도 "왜?"라고 질문할 수 있는 내공을 주기 때문이다.

부자가 되고자 한다면 책부터 살 줄 알아야 한다. 한 권의 책을 쓰기 위해서는 최소 100권의 책을 읽어야 한다. 결국, 제대로 된 책 한 권을 읽는 것은 100권의 책을 읽는 것과 같다.

부자가 되는 길에는 두 가지가 있다. 하나는 핵심역량이다. 즉 자신의 분야에서 전문적이어야 한다는 것이다. 자신만의 전문 지식을 갖는 것은 매우 중요하다. 전문 지식으로 무장하고 있다 보면 언젠가는 반드시 그 전문 지식에 걸맞은 기회가 찾아오게 마련이며, 그 실력이 기회를 확실하게 알아보게 한다.

다른 하나는 자신이 가진 그 전문 분야와 세상의 흐름과 이치를 연결해 볼 줄 아는 통찰력과 창의력, 선견지명이다. 이 두 가지 중 어느 한 가지만 없어도 큰 부를 이룰 수 없다.

우선 핵심역량을 개발해야 한다. 핵심역량을 쌓을 수 있는 경험이나 학습 경로를 익혀야 한다. 현재 내 위치에서 더 레벨업해야 하는 게 무엇인지를 심사숙고하고 어떤 교육을 어디서 받으면 좋은지, 혹은 어떤 경험을 어떻게 쌓으면 좋은지 찾아야 하고 실천해야 한다.

세상에 관심 없는 사람이 부자가 될 수 있을까? 다른 사람의 마음도 들여다볼 줄 모르는 사람이 진정한 돈의 주인이 될 수 있을까? 인간과 삶과 세상에 대해 끊임없이 탐구하는 철학과 인문학은 사실 돈과 뗄 수 없는 관계다.

부를 늘리는 방법은 먼저 부에 대한 지식을 늘리는 것이다. 돈과 사람에 관해 공부하고, 돈을 대하는 올바른 태도와 가치관을 정립하는 것이 핵심이다.

2-4. 돈에도 보편적 중력의 법칙(universal gravitation)은 있다

"부자가 되는 과학은 실제로 존재한다. 그것은 대수나 연산처럼 정확한 과학이다."

– 월러스 D. 와틀즈

정원에 앉아 있던 뉴턴 앞에 우연히 사과가 떨어지자, 만유인력이 번쩍하고 생각난 것일까? 이렇게 생각할 수도 있겠지만, 사실은 아니다. 훗날 뉴턴이 유명해졌을 때 누군가가 어떻게 이 법칙을 알게 되었냐고 묻자 뉴턴은 "내내 이 문제만 생각했으니까."라고 답했다.

이것은 그의 일상이었다. 그는 마지못해 약간의 시간을 쪼개서 먹는 일과 자는 일에 할애했다. 밥을 먹다가도 아이디어가 떠오르면 서재로 달려가 책상에 앉을 새도 없이 계산에 몰두했다고 한다.

돈을 버는 것도 마찬가지다. 돈의 흐름을 알아야 하고, 돈의 속성을 간파할 수 있어야 하며, 남다른 아이디어가 있어야 한다. 아무에게나 아이디어가 나오지 않는다. 뉴턴이 그랬던 것처럼 내내 돈 벌 생각만 한다면 그 방법에 도달하게 될 것이다.

로버트 기요사키의 『페이크』에 나오는 내용이다. "돈과 부는 차별하지 않는다. 돈과 부는 남성과 여성의 차이를 알지 못하며, 연령이나 교육 수준 또는 인종을 차별하지도 않는다. 차별하는 것은 사람이다. 많은 사람들이 스스로를 차별하고 의심하며, 자기 안의 유다가 '난 절대로 부자가 될 수 없을 거야.'나 '대학에 가지 않았으니 절대로 성공하지 못할 거야.' 같은 말을 속삭이게 내버려 둔다."

태양은 만물을 차별하지 않는다. 우주의 무한에너지는 누구에게나 열려있다. 세상을 움직이는 에너지, 돈은 누구에게나 열려있다. 이 사실을 깨닫지 못하면 어둠 속을 헤매는 인생이 된다.

새벽부터 열심히 일한다고 해서 반드시 부자가 되는 것은 아니며, 법 없이도 사는 사람이란 말을 들을 정도로 착하게 산다고 해서 반드시 복을 받는 것도 아니다. 조직을 움직이고 사람을 움직이고 경쟁자와 싸우고 돈을 버는 것은 덕(德)만으로는 되지 않는다.

돈에도 유유상종의 법칙이 적용된다. 돈은 흐름이다. 고여있는 물이 아니라 흐르는 물이다. 부의 의식을 가진 자에게로 흐른다. 빈곤과 결핍의 의식을 가진 자에게로 흘러가지 않는다.

돈이 따르는 사람은 항상 돈이 '넉넉하다.'라는 사실에 집중한다. 그들은 자신에게서 나간 돈이 세상을 풍요롭게 만들고 더 크게 돌아올 것이라는 생각으로 감사한 마음으로 돈을 쓴다. 그래서 항상 편안하고 넉넉한 마음을 지니게 된다. 이러한 생각들이 재운을 향상시키는 선순환 구조를 만든다.

하지만 돈이 따르지 않는 사람은 돈이 '부족하다.'라는 사실에 매달리면서 돈 벌 방법을 찾지 못한 채 움직이지 않고 세월만 보낼 뿐이다. '돈'이라는 에너지를 끌어당길 수 있는 자신감과 인내, 행동력이 부족하기 때문에 기회를 제대로 활용하지 못한다.

미국의 경제학자 조지 길더는『부와 빈곤』에서 "부는 생각의 산물이지 금전의 산물이 아니다."라고 했다.

오늘날에는 창의력과 지식만으로 상상할 수 없는 큰 부를 창출할 수 있다. 남보다 앞서 나갈 수 있는 비결은 '다르게 생각할 수 있는 능력'이다. 선입견과 고정관념에서 벗어나 남들과 다르게 생각할 줄 안다는 것은 강력한 무기를 가진 것이다. 그것이 창의력의 원천이다. 이 세상의 큰 성공과 부를 성취한 사람들의 공통점은 '다르게 생각할 줄 알며, 자신의 일에 몰입한다.'라는 것이다.

재봉틀 바늘을 발명한 사람의 이야기다. 문제가 풀리지 않아 고민하던 어느 날 식인종들에게 잡혀가 사형장으로 끌려가는 꿈을 꾸었는데 식인종의 창 끝에 조금 넓적한 부분에 구멍이 뚫려 있는 것을 보고 "바로 이거야!"라고 외치며 잠에서 깨어났다고 한다.

"사지사지귀신통지(思之思之鬼神通之)"라고 했다. 한 가지 일에 낮과 밤을 가리지 않고 생각하고 또 생각하면 귀신이 알려준다는 뜻이다.

본인이 가정재정 강의를 할 때면 수강생들에게 돈 벌 아이디어를 생각나는 대로 적어보라고 한다. 그러면 보통 사람들은 기껏 주식이나 부동산, 가상화폐 투자 등을 적는다. 하지만 부자가 될 사람들은 가득 적는다.

부자가 아닌 사람들에게는 돈 벌 아이디어가 잘 보이지 않는다. 왜 그럴까? 궁리하지 않기 때문이다. 하지만 부자들은 뉴턴이 만유인력의 법칙을 생각한 것처럼 늘 돈 벌 궁리를 한다. 그래서 당연히 돈 벌 아이디어가 넘쳐난다.

돈의 흐름을 알아야 한다. 돈의 흐름에도 법칙이 있다. 물이 높은 곳에서 낮은 곳으로 흐르듯 돈에도 보편적 중력의 법칙이 작용한다.

달러가 강세라는 말은 달러가 미국으로 흘러간다는 뜻이고 약세란 말은 달러가 개도국 등으로 흘러간다는 거다. 이처럼 돈의 흐름과 관련한 지표들에는 환율을 비롯해 금리, 주가지수, 무역수지, 물가, 실업률 등의 여러 가지 거시경제적 변수가 있다.

그러나 이들 변수들 못지않게 중요한 것이 심리다. 물이 높은 곳에서 낮은 곳으로 흐르듯이 돈은 자기 몸값을 올릴 수 있는 곳, 즉 대중들의 관심과 흥미를 끌 수 있는 곳으로 흘러간다. 이 말은 곧 상품이든 서비스든 사람이든 가치가 있는 곳이나 가치창출이 가능할 것으로 기대되는 곳으로 흘러간다는 뜻이다.

동서고금을 막론하고 인간의 희로애락은 많은 부분 돈과 관련이 있다. 돈이 인생의 전부는 아니지만, 절대 소홀히 할 수는 없다. 누가 뭐라 해도 돈은 우리의 뇌리를 지배하고 있는 큰 요인이다. 누구나 돈이 없어 쩔쩔매본 경험이 있다면 돈의 위력을 절감한다.

하지만 돈이 우리의 삶과 행복을 파괴하기도 한다. 돈이 부족하지만 행복했던 가정이 부자가 되고 나서 오히려 불행해진 경우도 있고, 가난한 사람이 부자보다 더 행복한 경우도 많다. 돈이란 게 그렇게 단순하지 않다는 것을 말해주고 있다. 우리는 대부분 돈을 잘 알지 못한다. 그래서 우리의 삶은 돈에 휘둘리게 된다.

60여 년을 살아보니 학교에서 가르치는 국영수 공부 못지않게 중요한 공부는 돈 공부라는 사실을 깨달았다. 먼저 가정에서 돈을 가르쳐야 한다. 아이들이 돈에 대해 미숙한 것은 부모 책임이다. 부모가 먼저 알아야 한다. 부모 스스로 돈에 대해 어떻게 생각하고 어떤 태도를 지니고 있는지 알아야 한다. 부만 상속되는 게 아니라 가난도 상속된다. 돈에 대한 부모의 가치관과 태도를 자녀들이 고스란히 물려받기 때문이다.

부자가 되려면 돈에 대해 알아야 하고, 돈을 다룰 줄 알아야 한다. 우선 자신만의 돈의 흐름을 읽는 습관을 가져야 한다. 돈과 경제란 살아있는 생물과 같다. 매일 습관적으로 들여다보고 관찰하는 것이 중요하다.

부자들은 매일 아침 습관적으로 경제신문을 읽는다. 그들은 뉴스나 경제신문 기사에 나온 타이틀과 관련해 그것이 나의 경제활동, 즉 '내가 먹고사는 일에 무슨 영향이 있을까?'를 생각해보는 습관을 가지고 있다. 또한, 기회를 포착하면 맹수가 먹이를 낚아채듯 동물적 감각으로 실행에 옮기는 능력이 탁월하다.

하지만 보통 사람들은 경제기사가 자신과는 아무 관련이 없는 것처럼 지나치게 되고 황금 같은 찬스를 놓치게 된다. 그러면서 돈은 나를 비켜 간다고 불평하고 후회한다.

한국은행이나 KDI를 비롯해 경제연구소 등에서 나오는 보고서를 읽어라. 최고의 인재들이 만든 수준 높은 돈 흐름 보고서를 우리는 결코 직접 만들 수는 없다. 대신에 읽기는 해야 한다. 많은 사람들은 이것이 얼마나 남는 장사인지 잘 모른다.

돈 공부의 핵심은 그저 단순히 열심히 한다는 것이 아니라, 그것을 얼마나 습관화하느냐에 달려있다. 돈 공부의 일부분인 경제공부를 잘하는 습관을 만들어야 한다. 그것은 매일 경제신문과 경제 도서를 읽고 매일 자신의 자산가치를 점검하는 자신만의 루틴을 하루도 빠짐없이 지키는 것이다.

명심하라! 우리가 경제생활을 영위하고 있는 이상, 이 습관은 지속되어야 한다.

돈을 벌려면 돈의 흐름을 파악하고 있어야 한다. 끊임없이 책을 읽고 경제뉴스를 접해야 한다. 현재 벌어지는 현상들을 생각해보고 과거를 반면교사 삼아 발생 가능한 상황을 유추해보는 노력을 지속적으로 해야 한다. 돈이 움직이는 것을 관찰한 사람들만이 돈 벌 기회를 잡을 수 있다.

돈은 홀로 움직이지 않는다. 돈은 세상의 흐름과 이해관계, 그리고 사람들의 욕망과 두려움의 감정을 따라 움직인다. 인간과 세상의 이치를 깨치게 되면 자연스럽게 돈이 흘러가는 방향이 보이게 된다.

돈으로 인해 어려움과 갈등을 겪게 되는 것은 돈의 속성을 제대로 이해하지 못했거나 돈을 쉽게 다루었기 때문이다. 돈이란 우리가 살아가는 데 없어서는 안 되는 것이지만, 한편으로 돈에 대한 지나친 집착과 탐욕으로 인해 올바른 삶을 망치는 가장 큰 장애물이 되기도 한다. 그래서 높은 경지에 도달한 부자일수록 돈에 집중하지 않는다. 오히려 고개를 들어서 더 넓은 곳을 바라본다.

돈의 노예가 아니라 돈의 주인이 되려면 돈의 속성과 법칙에 눈을 떠야 하고 다루는 법을 터득해야 한다.

2-5. 흔들림 없이 정진(精進)하라

"게으름 없이 열심히 정진하라!"

2,500여 년 전 석가모니 붓다가 입멸 직전 남긴 말이다. "할 수 있다는 생각과 할 수 있다는 믿음이 있다면 당장 실행하라.", "실천에는 마법과 은총 그리고 힘이 있다."라는 괴테의 말도 있다. '정진(精進)'이란 단어는 많은 성취자들이 그들의 성공비결로 말한, 누구나 다 아는 흔한 성공비결이지만 아무나 실천하지는 못한다.

철학자 니체는 "인생의 목적은 끊임없는 정진에 있다. 앞에는 언덕이 있고 시내가 있고 진흙이 있다. 걷기 좋은 평탄한 길만 있는 것은 아니다. 먼 곳으로 항해하는 배가 풍파를 만나지 않고 조용히 갈 수만은 없다. 풍파는 언제나 전진하는 자의 벗이다. 풍파 없는 항해는 얼마나 단조로울 것인가? 고난이 심할수록 나의 가슴은 뛴다."라는 말로 끊임없는 정진이야말로 인생의 목적이라고 했다.

로버트 기요사키가 1997년에 쓴 『부자 아빠, 가난한 아빠』는 수천만 부가 팔린 베스트셀러였다. 하지만 그 책을 읽고 부자가 되었다는 사람의 이야기는 별로 듣지 못했다. 왜 그럴까?

그것은 누구나 잘 아는 흔한 성공비결인 '꾸준하게 정진하라!'는 사실을 머리로만 받아들이고 실행으로 옮긴 사람은 흔치 않기 때문이다. 부자들의 한 가지 공통점은 바로 '한 분야에서 꾸준하게 지속하는 힘'을 지니고 있다는 점이다.

"나는 평범한 시골 초등학교 교사였다. 하지만 노래가 너무 부르고 싶어 연습하고 또 연습했다. 그러던 어느 날, 유명 오페라 가수가 탄 비행기가 연착되었고 그를 대신해 무대에 오른 나는 늘 연습해 오던 노래를 불렀다. 그날 이후로 나는 오페라 가수가 되었다." 20세기 최고의 테너 가수, 루치아노 파바로티의 말이다.

성공이란 본인이 잘할 수 있고 하고 싶은 분야에서 쉼 없는 담금질의 시기를 거쳐야 한다. 인욕 정진의 수련 기간을 그친 후에 우연을 가장한 기회에 의해 이루어지는 것이다.

어쩌다 이루어지는 것은 없다. 한 분야의 대가가 되는 것도, 부를 일구는 것도 우연히 되는 경우는 없다. 실력과 내공이 없으면 불가능하다. 운동선수든 예술가든 톱스타의 대열에 오른 사람들의 공통점은 오랜 기간 무명의 시기를 거쳤다는 사실이다. 운명을 바꾸는 것은 재능이 아니라 끊임없는 정진에 있다.

미국의 심리학자이자 『Flow』의 저자, 칙센트미하이는 "몰입은 활동 그 자체를 위해 완전히 집중하는 것이다. 이때 자아는 사라지고 시간은 날아간다. 모든 행동, 움직임, 생각은 마치 재즈를 연주하는 것처럼 불가피하게 이전의 행동, 움직임, 생각으로부터 이어진다. 이 상태에서는 우리의 전 존재가 투입되며 이때 자신이 지닌 능력과 기술이 최대한으로 활용된다."라고 말한다.

삶에서 몰입이란 매우 중요한 개념이다. 몰입은 주의력이 집중된 상태다. 따라서 어떤 분야든 고수라고 불리는 사람들은 모두 몰입을 경험한 사람들이다. 몰입의 전(前) 단계는 흔들림 없는 정진이다. 정진할 때 몰입을 경험하게 된다.

부자가 되는 사람들에게는 이유가 있다. 그들은 알게 모르게 부자가 되는 생각과 행동을 한다. 부를 이루는 최고의 과학이자 전략이며 시스템은 누구나 잘 알고 있다. 그것은 '한 분야에서 꾸준하게 정진하라!'이다. 이것이 말콤 글래드웰의 티핑 포인트이며 앤드류 카슨 박사의 10년 법칙 이론이며, 하워드 가드너의 10년 규칙이다.

부자가 되는 과정은 기나긴 여정이다. 오랜 염원과 숙원으로 만들어지는 것이다. 하루아침에 부자가 된 사람은 극히 드물다. 그렇게 부자가 된 사람들은 고통스러운 대가를 치르는 경우도 많다. 자신의 힘으로 성공한 부자들은 모두 꾸준하고 집요하며 한결같다. 그들은 자신의 분야에서 몰입을 경험했고, 자신이 가고자 하는 곳으로 하루도 빠짐없이 정진했다.

세상에 공짜는 없다. 당신이 가진 가치와 실력만큼, 내공만큼 부를 성취할 수 있다. 무엇보다 먼저 자신의 실력과 가치를 향상시켜야 한다. 평범함을 비범함으로 바꿔주는 것은 어려워도 계속하는 것이다, 반복이 기적을 낳는다. 자신의 분야에서 흔들림 없이 정진해야 한다.

무슨 일이든 제대로 이루려면 집착하는 마음, 착심(着心)을 버려야 한다. 구도자가 깨달음에 집착하면 결국 깨닫지 못하게 될 가능성이 크며, 부자가 되려고 돈에 집착하면 더 크게 잃을 가능성이 크다. 중요한 것은 정진(精進) 그 자체다.

일본의 검성(劍聖)으로 불리는 미야모토 무사시가 목숨을 건 진검승부에서 단 한 차례도 패하지 않았던 이유는 조단석련(朝鍛夕鍊)의 시간을 가졌기에 가능했다. 그가 매일 아침저녁으로 집중한 것은 상대의 목숨이나 승리가 아니라 검술수련 그 자체에 있었던 것이다. 마치 골퍼가 우승보다 샷의 완성도를 높이려고 매진할 때 우승하는 원리와 같다.

 부와 성공에 대한 집착은 내려놓고 자신의 분야에서 조단석련의 시간을 가자고 정진하는 것, 그것이 부와 성공을 끌어당기는 절대 법칙이다.

3. 부의 근원은 사람이다,
   돈 벌 생각보다는 사람 벌 생각을 하라

"돈은 사람과의 관계 속에서 생긴다. 바다나 사막 한가운데에서 돈이 생기지 않는다. 돈은 믿는 만큼, 감사와 사랑을 느낀 만큼 들어온다."

『서정진, 미래를 건 승부사』라는 책에 '차용증 없이 15억 원을 빌려준 친구'의 이야기가 나온다.

"15억 원이 없으면 부도날 상황, 치과의사인 고등학교 친구가 병원을 짓는다고 아버지에게 돈을 받았다는 얘기를 들은 기억이나 전화 걸어 병원 지었냐고 물어보니 아직 안 지었다고 한다. 그래서 내일 돈을 보내라고, 왜냐 묻기에 너 하고 나 사이에 그런 걸 물어야 하느냐고, 15억 원을 다 받아오고 그 일을 잊었다. (중략) 그 친구가 차용증 한 장 안 받고 돈을 빌려줬다. 이후 15억 원 대신에 주식을 액면가로 줬다. 그 당시 우리 주식은 그냥 종잇조각에 불과했다. 그 친구가 지금 셀트리온 주식을 개인으로는 가장 많이 가지고 있다. 내가 그 친구에게 가장 고맙게 생각한다. 그 친구도 나를 가장 고맙게 생각한다. 내가 성공할 수 있었던 것은 좋은 친구, 좋은 직원들 덕분이다."

큰 부자들은 최고의 기회는 사람에게서 나온다는 사실을 잘 알고 있다. 그래서 그들은 돈으로 돈을 버는 것보다 사람으로 돈을 버는 멋진 방법을 선택한다.

세상살이에서 가장 귀한 일은 사람을 알아보고 믿고, 그에게 투자하는 것이다. 능력 있는 사람을 알아보고 그에게 투자하면 그 사람이 수많은 사람들을 살리고 세상을 살린다. 그것이 세상을 살리는 일이다.

"친구를 갖는다는 것은 또 하나의 인생을 갖는 것이다." 발타자르 그라시안의 말이다. 당신의 지금 모습은 여태 당신과 시간을 함께한 사람들에 의해 만들어진 것이며, 앞으로의 모습은 결국 당신과 함께할 사람들에 의해 만들어진다. 부와 성공을 이룬 사람들은 이런 말을 한다. "사람이야 말로 주요 자산이며 기회이고 정보의 원천이다."

재물 운은 사람과의 인연이다. 운이 바뀔 때 가장 눈에 띄는 변화는 새로운 인연을 만나게 되는 것이라고 한다. 대운을 가질 가장 확실하고 빠른 길은 사업파트너든 결혼상대자든 궁합이 맞는 사람을 만나는 것이다. 그때 시너지가 폭발하기 때문이다.

인생의 변곡점에 이르면 새로운 인연을 만나게 되고, 새로운 길이 나타나게 된다. 하지만 우리는 귀인을 발로 차버리는 경우가 부지기수다. '사람 보는 눈'이 인생의 성패를 좌우한다. 무릇 세상살이라는 게 사람과의 인연이 전부다.

흙수저에서 금수저로 바뀐 사람들의 성공 이야기를 들어보면 그들의 운명을 바꾼 것은 귀인을 만났기 때문이라고 한다. 보통 사람들은 좋은 기회, 즉 귀인이 오기만을 꿈꾸며, 온 기회마저 놓쳐버린다. 하지만 지혜로운 자는 찾아온 기회를 잘 잡으며 스스로 기회를 만들어 내기도 한다.

진정한 고수들은 기회가 없어 보이는 상황에서도 기회를 만들어 낸다. 주머니에 돈이 없어도 돈을 벌 수 있다. 그들은 사람 부자이기 때문이다.

우리는 수많은 인연을 맺으며 살아간다. 누구를 만나든 그 만남을 가볍게 여겨서는 안 된다. 모든 사람에게 친절을 베푸는 법을 배워야 한다. 그리고 다른 사람을 도울 기회 또한 소홀히 해서는 안 된다. 우리는 매 순간 귀인과 함께 있는데도 그 사실을 모르고 있다. 나의 귀인은 어디에 있을까?

우리에게 재운과 행운을 안겨주는 귀인은 먼 곳에 있지 않다. 가장 가까운 곳에 있다. 바른 생각(正念)과 적선(積善), 선업(善業)이야 말로 가장 큰 귀인임을 깨달아야 한다.

이윤이 아니라 사람을 남기라! 최인호의 소설, 『상도』에 나오는 유명한 말이다. 새로운 사람들과 좋은 관계, 진정한 인간관계를 형성하는 데 성공하면 결국 수입이 증가할 것이다. 명심하라, 부(富)를 이루려면 개인의 노력만으로는 불가능하다. 많은 사람의 도움과 지지가 반드시 필요하다.

사업파트너나 종업원을 비롯해 펀드매니저, PB 등 각 분야의 전문가 가운데 누구를 만나느냐에 따라 성과가 달라진다. 좋은 인연을 만나기 위해서는 '받으려는 마음'이 아닌 먼저 '베풀려는 마음'을 가져야 한다. 베푸는 마음은 인간관계에서 내가 아닌 상대방에게 초점을 맞추는 것이다. 이것이 좋은 인연을 만나고 행운을 누리는 비결이다.

세일즈든 장사든 비즈니스든 가장 중요한 일은 고객과 탄탄한 관계를 쌓는 일이다. 돈은 사람과의 관계에서 나온다. 다른 사람들과 친하게 지낼 수 있는 능력이 돈 버는 능력이다.

다른 사람을 공경할 수 있어야 한다. 원만한 인간관계가 부를 낳는다. 돈과 재물은 다른 사람으로부터 나오기 때문이다. 좋은 관계 형성을 위해서는 '다른 사람의 삶에 의미 있는 일, 도움을 주는 방법이 무엇일까?'를 고민해야 한다.

장사가 번창하는 가게의 특징은 무엇일까? 사람, 고객에 대한 생각이 남다르다. '우리는 손님을 기쁘게 하기 위해 존재한다.'라는 깨달음을 가지고 있다. 그래서 그들은 항상 '어떻게 하면 손님들을 기쁘게 할 수 있을까?'를 고민한다.

'사람을 행복하게 하는 비즈니스는 망하지 않는다.'라고 했다. 행복하게 하려면 기쁘게 하면 된다. 사람을 기쁘게 하려면 상대방이 소망하는 것을 이루게끔 도와야 한다. 그러면 반대급부로 귀중한 보물을 더 많이 얻을 수 있다. 그래서 돈을 벌 때는 많은 사람들의 기쁨을 늘리는 데서, 돈을 쓸 때는 나와 타인의 고통을 줄일 수 있는 곳에 써야 한다.

"나의 연봉은 내가 지금 만나는 사람들의 연봉 합계를 만나는 사람들의 총인원수로 나눈 것"이라는 말이 있다. 인생은 누구를 만나느냐에 달려있다. "돈을 벌려면 부자 옆에 줄을 서라."라는 말도 있듯이, 부자가 되고자 한다면 부자들을 만나야 하고, 정치인이 되고 싶다면 정치인들을 만나야 한다.

우리네 인생사에 언제나 반전은 있다. 지금 만나는 사람을 언제 어디서 어떻게 다시 만날지 모르는 일이다. 갑과 을의 관계는 언제라도 뒤바뀔 수 있다. 정직과 겸손, 친절은 사람을 남기고자 한다면 꼭 지켜야 할 가치이다.

모든 사람들이 좋아하는 사람은 어떤 사람일까? 한마디로 만나면 편안한 사람이다. 항상 웃는 표정과 애정이 담긴 말을 사용하는 사람이다. 밝은 얼굴은 자석처럼 사람들을 끌어들인다. 만나는 모든 이들에게 밝은 얼굴, 따뜻한 말을 잃지 말아야 한다.

『위대한 상인의 비밀』을 쓴 오그만디노의 좌우명은 "당신이 만나는 모든 사람들이 이 지상에서 마지막 날을 보내고 있다는 생각으로 대하라."라고 한다.

매일 일상 가운데 만나는 사람들을 예수님, 부처님으로 영접한다면 우리가 사는 이 세상은 지상낙원이 될 것이다. 부와 성공을 성취하는 데 가장 결정적인 영향을 끼치는 것은 사람과의 인연이다. 그래서 인복(人福)이야말로 행운을 부르는 가장 강력한 에너지이다.

성공과 부는 혼자의 힘으로 되는 것이 아니다. 우주의 보살핌이 있어야 하고 이웃의 도움과 대중의 힘이 함께 해야 한다. 아무리 작은 일이라 하더라도 나 혼자의 힘으로 이루어지는 것은 없기 때문이다.

부자가 되고자 한다면 사람 부자가 되어야 한다. 사람 부자가 되려면 귀한 인연을 소중히 다루고 가꾸어야 한다. 나에게 귀인이 오기만을 바라지 말고 내가 많은 사람들에게 귀인이 되어주겠다는 마음가짐이 부의 의식이다. 다른 사람들을 성공으로, 부자로 이끌어

줄 때 나의 부의 그릇이 커지는 법이다.

　세상을 산다는 것은 사람과의 인연이 전부다. 인연을 소중히 여길 줄 알아야 한다. 그게 세상 사는 이치며, 부의 도(道)이기도 하다.

4. 부의 원천기술, '파는 능력'이 부의 그릇을 좌우한다!

"Everyone lives by selling something"
『보물섬』의 작가 로버트 루이스 스티븐슨의 말이다.

미국의 자기계발분야의 유명 강사인 짐 론은 '파는 능력'을 향상시켰을 때 자신의 수입이 10배 늘었다며 이렇게 말한다. "효과적으로 설득하고 커뮤니케이션 하는 방법을 깨달았을 때, 내 수입은 10만 달러에서 100만 달러 수준으로 급격히 상승했다."

천재 화가, 반 고흐와 피카소는 동시대를 살았지만, 고흐는 결혼도 못 하고 빈털터리로 생을 마감했다. 생전에 팔린 그림은 딱 한 점뿐, 반면에 피카소는 죽었을 때 유산이 얼마인지 모를 정도의 갑부였다. 이들을 갑부와 빈털터리로 갈라놓은 결정적 이유는 살아있을 때 그의 작품이 얼마나 팔렸느냐에 있었다.

그것은 '파는 능력'이 있었느냐 없었느냐의 차이였다. 고흐는 외톨이 고집쟁이였지만 피카소는 자기 PR 능력과 네트워킹 능력이 탁월한 세일즈맨이었다.

젖 달라는 갓난아기의 울음부터, "여보, 당신이 만든 찌개가 이 세상에서 제일 맛있어."라고 치켜세우는 남편, "저를 뽑아 주시면 우리 지역을 위해 예산 폭탄을 들고 오겠다."라는 국회의원 출마자에 이르기까지 우리는 언제나 무엇인가를 얻기 위해 누군가를 움직이려고 한다. 그것이 세일즈다.

투자의 귀재, 워렌 버핏은 여섯 살 때부터 세일즈를 했다. 작은 식료품 가게를 운영하는 할아버지에게 코카콜라를 도매가로 넘겨주면 자신이 직접 동네 사람들에게 팔아보겠다고 제안했다. 그는 할아버지에게 코카콜라 한 병을 25센트에 구입, 마을 사람들에게 30센트를 받고 팔았다.

빌 게이츠가 가장 좋아하는 말은 전설적인 갑부, 록펠러가 한 다음의 말이다. "자식도 없이 빈털터리로 사막에 버려져도 내게 두 가지 조건이 주어진다면, 즉 내게 시간이 있고 상인들을 만날 수 있다면 머지않아 다시 억만장자가 될 것이다." 시간과 물건을 사고파는 상인들 속에 억만장자가 되는 열쇠가 있다는 말이다.

중국의 거상 호설암은 항상 사업에 대한 자신감이 넘쳤다. 그의 말이다. "나는 빈손으로 사업을 일으켰고 마지막에도 빈손이었다. 잃은 것이 없는 것이다. 잃은 것이 없을 뿐만 아니라 그동안 먹고, 쓰고, 움직인 것이 모두 번 것이나 다름없다. 죽지만 않는다면 나는 언제든지 빈손으로 다시 사업을 일으킬 수 있다."

"하늘이 나를 낳았으니 나의 재능은 반드시 쓸모 있을 것이니, 천금(千金)을 다 소진한다고 할지라도 다시 찾아올 수 있다."라고 한 이백의 시는 바로 호설암과 록펠러의 이야기를 한 것이다.

록펠러와 호설암을 갑부로 만든 것은 언제든 빈손에서 다시 일어설 수 있다는 자신감이다. 돈 버는 모든 일은 세일즈다. 세일즈를 잘할 수 있다는 자신감과 파는 능력이 돈을 버는 핵심역량이다.

지금은 개인이든 기업이든 마케팅 전쟁에서 이기지 못하면 생존이 어렵다. 이 전쟁에서 살아남기 위한 가장 강력한 무기는 총칼이 아니다. 사람의 마음을 알고 훔치는 기술이다. 이것이 돈을 벌게 해주는 가장 탁월한 기술, 즉 세일즈 능력이다.

미래학자 다니엘 핑크는 "파는 것이 인간이다."라는 유명한 말을 했다. "부자는 팔고 빈자는 산다."라는 말이 있다. 모든 사람들은 뭔가를 팔아야 생존한다. 거래를 잘해야 부자가 된다. 거래를 잘하기 위한 기술이 세일즈 기술이다.

세일즈는 비록 많은 사람들이 천대하지만 돈 버는 기술 중 가장 중요한 기술이다. 그 기본은 나를 세일즈하는 기술이다.

일본의 컴퓨터 황제 손정의는 탁월한 설득가이자 세일즈맨이었다. 미국 유학 시절 대학을 빨리 들어가려고 고등학교 교장 선생님을 설득해 월반했었고, 소프트뱅크를 설립했을 때는 '뱅크'라는 글자를 보고 찾아온 은행직원을 설득해 자기 회사에 투자하게 했고, 자기보다 나이 많은 여성을 설득해 결혼했다. 그는 게임기 사업을 하며 게임기를 팔러 다닐 때, 담당자와 얘기가 통하지 않으면 직접 사장님을 찾아가 담판을 짓기도 했다.

미국의 자선사업가 Percy Ross는 세일즈의 핵심을 간결하게 말한다.

"당신은 반드시 요청해야 한다. 내 생각에 요청이란 이 세상에서 가장 강력하지만, 한편으로 무시되어온 성공과 행복의 비밀이다."

부자들이 가진 최고의 기술은 파는 기술이다. 무엇인가를 팔 게 없으면 결코 부자가 될 수 없다. 한마디로 부자들이란 탁월한 세일즈 능력을 가진 사람이다. 그것이 물건이건 기술이건 아이디어이건 팔아야만 부(富)를 축적할 수 있기 때문이다. 팔 것이 없거나 파는 능력이 없는 사람은 가난할 수밖에 없다.

오늘날 미국이 세계 최강인 이유는 최강의 군사력과 함께, 세계 최강의 세일즈맨들을 보유했기 때문이다. 미국은 세일즈의 나라다. 세일즈란 언제나 어렵고 힘든 일이라 대부분의 사람들이 회피한다. 하지만 자수성가한 갑부들은 한결같이 탁월한 세일즈 능력을 지녔다. 어렵고 힘든 일에서 성공했기 때문에 갑부가 된 것이다.

지금 있는 곳에서, 가장 잘할 수 있는 일부터 하라. 만약 그 일을 찾지 못했다면 당장 세일즈에 뛰어들어라. 세일즈 하는 시기는 인생 역전의 훈련 기간으로 생각하라. 운(運)은 기회이고 기회는 사람 속에 있다. 사람을 만나고 사귀는 일이 세일즈다. 세일즈 속에는 운(運)과 기회가 모두 들어있다.

LG 창업주이신 (고) 구인회 회장은 "어렵고 힘들고 더러운 것을 밑천으로 삼아라."라고 했다. 세일즈는 어렵고 힘들다. 돈은 쉽고 편한 곳에 있지 않다. 젊어 고생은 사서도 한다는 말처럼 지금 어렵고 힘들고 더러워야 나중에 쉽고 편해진다. 이것을 거꾸로 하면 세월이 흐를수록 인생은 고달파진다.

곧 죽어도 남에게 싫은 소리나 부탁의 말을 하지 않겠다는 것은 자존심이 아니라 비겁함이요, 자기기만이다. 당장 굶어 죽게 생겼는데 다른 사람의 도움을 절대 받지 않겠다는 것은 정직함이 아니라 곤궁한 마음이다. 이런 생각을 과감히 떨쳐내야 새롭게 도약할 수 있다.

비록 지금 자신이 하는 일이 하찮게 보일지라도 스스로 깔보거나 비하해서는 안 된다. 열심히 수행하는 마음으로 해야 한다. 그것이 복 짓는 자세이며, 그럴 때 큰 부와 성공으로 이어지는 아이디어가 샘솟게 되는 법이다.

지금은 초과공급시대다. 개인과 기업은 물론이요, 국가도 무언가를 팔 게 없다면 견디기 힘든 시대다. 새벽부터 열심히 일한다고 부자가 되는 시대가 아니다. 중요한 것은 새벽부터 무엇을 파느냐에 달려있다. 내가 팔 수 있는 것이 육체적 노동뿐이라면 그리고 부가가치를 창출할 수 없는 일이라면 아무리 열심히 해도 부자의 반열에는 오르지 못한다.

우리는 늘 무언가를 팔아왔고, 지금도 무언가를 팔고 있다. 다니엘 핑크는 '파는 행위'를 "사람의 마음을 움직여 자신이 원하는 바를 이루는 것"이라고 했다. 세상살이란 다른 사람의 마음을 움직여야 하는 일들의 연속이다. 연애든 마케팅이든 작업의 목표는 상대의 마음을 얻어 무언가를 파는 기술이다. 그것이 우리 삶에서 가장 위대한 기술이다.

좌절과 시련에 쓰러지면 하류 인생, 딛고 일어서면 상류 인생이다. 이것을 수련할 수 있는 최고의 場이 세일즈다. 들이대고, 깨지고, 상처받지 않고, 또 들이대고, 깨지고, 상처받지 않고, 이런 과정을 반복하다 보면 우뚝 서게 될 날은 반드시 온다. 이것이 세일즈 정신이며, 부자가 되는 멘탈이다.

/

4부

/

持戒, 마(魔)의
침범을 막다

‘계(戒)’는 산스크리트어로 실리(Sila)라고 하며 자신을 제어하는 내면적 도덕 규범을 말한다. 불교에서 계율을 지키는 것을 이르는 말인 지계(持戒)란 수도자가 지켜야 할 수행의 원칙과 지침을 성실히 실행하는 것으로, 계(戒)를 지킨다면 혼란한 마음이 안정되고 환희심이 발생하게 된다.

　우리의 마음이란 감각기관에 지배당한다. 그래서 부처님은 "인간의 마음은 놓아먹이는 망아지와 같다."라고 했다. 욕망이란 쓰나미에 휩쓸리지 않고, 정도(正道)를 가기 위해서는 마음을 다잡을 고삐와 채찍인 '계율(戒律)'이 필요하다. 계율이 없다면 최종목적지인 해탈에 이를 수 없다.

　훌륭한 삶을 살겠다고 다짐하고 실천하는 것이 지계(持戒)다. 주위에 훌륭한 삶을 사는 지혜로운 사람이 있다면 그와 함께하라! 그것이 지혜로운 자의 길이며, 행복의 길이다!

1. 마음 공부가 돈 공부

"풍요로운 삶은 자신이 만든다. 풍요를 누리기 위해 자신이 아닌 남이 달라질 필요가 없다. 이것은 마음의 게임이다. 기억하라, 풍요는 늘 넉넉한 마음 안에 깃든다는 것을."

– 웨인 다이어

마음공부는 어떻게 하는 것일까?

기원전 500~25년경에 쓰인 것으로 보이는 팔리 경전에는 "모든 것은 마음에서 비롯되고 마음에 기초하며 마음에 의해 만들어진다."라고 적혀 있다.

『화엄경』에는 "일체 중생이 모두 여래와 같은 지혜 덕상이 있건마는 분별 망상에 집착하여 깨닫지 못하는구나."라는 부처님의 말씀이 나온다.

부처란 스스로 이미 부처란 사실을 깨달은 자다. 분별심을 버리면 본래 부처의 모습이 드러나듯, 진정한 부자란 자신이 이미 구족(具足)한 부자, 우주의 무한한 풍요로움과 연결되어 있음을 깨달은 자다. 일체 중생이 다 부처님 같은 능력, 절대적이고 무한한 능력을 가졌다는 부처님의 말씀이야말로 가장 큰 발견이며, 인류에게 기여한 최고의 공헌이다.

성철 스님의 말이다. "천하 부귀를 다 누린다 해도 내가 본시 진금(眞金)인 줄 아는 이 소식에 비하면 아무것도 아닙니다."

마음공부는 세상을 미워할 이유보다 세상에 감사할 이유를 찾는 것에서 시작한다. 불운도 행운도 모두 내 마음속에서 만든다. 우선 자신의 마음 상태를 살피고 파악하는 것에서 출발한다.

세상의 모든 일은 '어떤 일이 벌어졌느냐'가 아니라 '어떻게 받아들이느냐'라는 마음가짐에 따라 기회가 되기도 하고, 불행이 되기도 한다. 부정적 마음을 버리고 용서하는 마음, 절대 긍정의 마음을 먹기로 결심할 때 운명이 바뀌게 되고 부(富)가 들어오기 시작한다.

법구경에는 "현재의 모습은 생각의 산물이다. 그것은 생각을 바탕으로 생각으로 만들어진다."라는 말로 생각의 위대함을 말하고 있다.

마음속으로 지속적으로 생각하는 것이 바로 현실이 된다. 무슨 생각을 하느냐가 바로 그 사람의 운명을 만든다. 제임스 앨런은 자신의 저서 『위대한 생각의 힘』에서 이렇게 말한다.

"선하건 악하건 어떤 생각을 지속적으로 하면 반드시 그 결과가 인격과 상황에 나타난다. 사람은 자신의 상황을 직접 선택할 수는 없지만, 자신의 생각은 선택할 수 있으므로, 간접적이지만 확실하게 자신이 원하는 상황을 만들 수 있다. 자연의 섭리는 사람이 제일 많이 하는 생각이 충족되도록 도와준다. 그리고 선한 생각이 되었건 악한 생각이 되었건 그 생각이 빨리 현실로 이루어지도록 기회를 제공한다."

마틴 루터 킹 목사는 우리가 무엇을 하느냐가 중요한 것이 아니라 어떤 마음가짐을 가지고 하느냐가 더 중요하다면서 "어떤 사람에게 청소부라는 이름이 주어진다면 그는 미켈란젤로가 그림을 그렸던 것처럼, 셰익스피어가 글을 썼던 것처럼, 베토벤이 곡을 만들었던 것처럼 그렇게 거리를 쓸어야 합니다."라고 했다.

우리의 일상이 바로 '마음 공부'의 장(場)이다. 무슨 일을 할 때는 설사 그 일이 많은 사람들이 하찮게 생각하는 일이라 하더라도 예술가가 작품을 만들 듯 온 마음을 다해 최선을 다하라는 가르침이다. 그것이 노(道)를 닦는 행위다.

마음을 다스릴 수 있어야 한다. 많은 사람들의 번뇌의 원인은 돈이다. 돈으로 인한 고통에서 벗어나려면 스스로가 붙들고 있었던 돈과 관련한 어두운 신념을 밝은 신념으로 되돌려 놓을 수 있어야 한다.

"악(惡)은 선(善)의 결핍이다." 아우구스티누스의 말이다. 악은 실재가 아니라 선의 부족 현상이라는 뜻이다. 악이 실재가 아니듯 어둠도 가난도 실재가 아니다. 어둠은 빛을 차단함으로써 일어나듯 가난도 부의 의식을 차단함으로써 일어나는 현상에 불과하다.

우리의 의식이 변하지 않으면 현실은 변하지 않는다. 경제적으로 풍요로워지기를 간절히 바라고 있지만, 우리의 의식은 항상 결핍과 부족감으로 가득 차 있다면 이런 상태에서는 풍요로움은 요원할 뿐이다. 부를 원한다면 먼저 우리 내면이 부와 풍요의 의식으로 가득 차 있어야 한다.

내면의 본성(本性)과 풍요의식을 깨워야 한다. 우리의 본성은 신성(神性)이다. '나는 신의 자식이며 위대한 존재'라고 깨달아야 한다. 부유하기를 바란다면 본성을 자각하고 삶 속에 이미 존재하는 풍요에 감사하는 마음부터 가져야 한다. 부는 거기서부터 시작한다.

부(富)의 의식이란 재물의 많고 적음에 연연하지 않는다. 내가 나라는 자만심과 선입견, 고정관념에서 벗어나 진실로 아상(我相)을 버리고 마음의 평안을 얻은 자는 재물에 집착하지 않는 법이다.

동의보감에 "심란즉병생(心亂卽病生) 심정즉병자유(心定卽病自癒)"라 했다. 마음이 산란하면 병이 생기고, 마음이 안정되면 병이 저절로 낫는다는 말이다. 우리의 마음이 욕망과 갈등의 수렁에서 벗어나 순수의식으로 고요해지면 있던 병도 치유된다는 가르침이다.

건강한 신체와 평온한 마음이야말로 성공과 행복의 조건이자 우리 인생의 궁극적 지향점이다. 이것을 가로막는 것은 나쁜 생각, 곧 번뇌다. 번뇌가 평온한 마음을 요동치게 하여 우리의 건강까지 해친다.

많은 사람들이 과거의 상처, 불안, 좌절과 분노, 집착 등 부정적 감정에 파묻혀 있다. 병든 몸을 치유하고 우리 안에 잠자고 있는 행운을 깨우고 부유해지기 위해서는 분노하는 마음, 부정적인 마음에서 벗어나야 한다. 우선 나 자신의 생각과 태도를 바꾸어야 한다.

미국의 심리학자 웨인 다이어는 '풍요의 의식'이 왜 중요한지에 대해 다음과 같이 말했다.

"살아가는 이유가 돈이 될 때, 삶의 깊이가 다른 사람들과 재산을 비교하는 것으로 저울질 될 때, 풍요는 불가능하다. 목적을 갖고 이 세상에 온 이유라고 생각되는 것을 행하면서 돈이나 부가 자신의 삶에 돌아오는 것에 무심할 때, 그 돈이나 부는 풍요로운 삶을 누리기에 충분할 만큼 흘러들어 올 것이다. 이것이 마음이 부리는 마술이다. 당신이 지금까지 불가능하다고 생각해왔던 것이 무엇이든 그것을 풍요롭게 누리는 그림을 마음에 그려보라. 궁핍을 창문 밖으로 냅다 던져버려라. 그러면 그 자리에 당신이 한때 억세게 운이 좋은 사람들에게나 가능하다고 생각했던 풍요가 들어설 것이다."

병든 몸을 치유하는 데 밝고 유쾌한 생각보다 더 좋은 의사는 없다. 가난의 그림자를 몰아내는 데에 활기차고 결단력 있는 생각보다 더 좋은 약은 없다. 이 세상은 자신의 마음가짐 그대로 실현되는 법이다. 부처가 될 생각이 없는 사람이 부처가 되는 일은 없다. 천박한 생각은 천박한 인생을, 병든 생각은 병든 육체로 나타난다. 마음을 닦는다는 것은 자신의 마음을 잘 살펴본다는 것이다. 마음공부는 외부로 향한 눈을 자신에게로 돌려 스스로의 마음을 살피는 것이다.

마음을 다스릴 수 있어야 돈을 다스릴 수 있다. 많은 사람들이 간절히 돈을 원하지만, 오히려 돈은 멀어져 간다. 걱정하는 일이 오히려 현실화되는 경우가 많다. 왜 그럴까? 우리의 현재 의식에서는 돈을 많이 벌기를 바라지만, 내면 깊은 곳에서는 돈이 부족하다는 빈곤의 의식에 사로잡혀 있기 때문이다. 자신을 성찰해보면 자신도 모르게 엄청난 빈곤과 결핍의 의식을 가득 채우고 있는지도 모른다. 가장 먼저 해야 할 것은 빈곤과 결핍의 의식을 없애고 부와 풍요의 의식을 키워나가는 일이다.

지금의 우리들은 재산으로 모든 것을 평가하는 것이 습관이 되어 고락(苦樂)을 여기에 붙들어 매고 오로지 물질적 풍요를 추구한다. 하지만 물질의 풍요로 인한 마음의 즐거움은 순식간에 사라져 버리지만, 고통은 줄지 않음에 곤혹스러워한다.

고락의 원인은 물질의 많고 적음에 있지 않다. 마음에서 만들어진다는 사실을 깨달아야 한다. 부귀영화에 대한 욕망은 우리의 마음과 삶을 속박한다. 그러나 즐겁고 평온한 마음은 우리를 자유롭게 만든다. 마음을 다스리고 훈련시키는 법을 익혀야 한다. 이것이 마음공부를 해야 하는 이유다.

마음을 바꾸는 것은 순식간에 지혜를 얻고 행복으로 이르는 가장 빠르고 쉬운 방법이다. 인생의 변화는 마음에서부터 시작한다. 정법(正法)을 만나 지혜가 생기면 자신 안에 있는 마음의 평온을 찾고, 밖에 있는 물질의 만족을 찾지 않게 된다.

모든 일은 집착이 번뇌의 고통이 된다. 자신에게 없는 것을 갖고자 갈망한다. 자신의 마음을 다스려 부동심을 찾은 자는 마음이 저절로 평온해져서 늘 만족하고 번뇌가 생기지 않는다.

해탈이란 구하는 것, 바라는 게 사라진 대자유의 경지다. 진정한 부의 의식은 바라는 마음, 구하는 마음을 초월한 것이다. 제대로 비울 때 차오르게 된다. 물질적 욕구를 비우게 되면 정신적 환희심이 차오르게 된다. 부귀영화, 희로애락에도 흔들리지 않는 마음, 부동심의 소유자가 진정한 인생의 고수(高手)이며 돈을 해탈한 자이다. 진정한 부자란 재물을 많이 소유한 자가 아니라 구하는 마음, 바라는 마음을 내려놓은 자다.

우리 모두는 무한능력자다. 무한한 우주의 풍요로움과 연결되어 있다는 것을 깨달아야 한다. 마음을 다스리기 위해서는 욕심과 잡념에서 벗어날 수 있어야 한다. 오롯이 자신의 내면, 본성을 바라보는 시간을 가져야 한다.

부자가 되는 핵심은 돈 공부와 함께 마음공부에 있다. 마음을 알아야 한다. 불교에서는 마음의 구조를 눈, 귀, 코, 혀, 몸의 다섯 가지 감각기관으로 정보가 들어오는 5식(五識), 지성(意)의 육식(六識), 그리고 육식의 배후에는 칠식(七識)이 있으며 칠식까지의 모든 정보가 저장되는 깊은 무의식인 팔식(八識)으로 이루어진다고 본다. 팔식이 그 사람의 운명이라고 한다. 팔식(八識)이란 잠재의식, 깊은 무의식을 말한다.

마음공부를 하는 이유는 자신의 잠재의식과 만나기 위해서다. 잠재의식의 영역에 들어갈 때 비로소 신의 섭리와 만나게 된다. 그곳에 노닐하기 위해서는 욕심과 잡념을 비우고 오매일여 내면에 집중할 수 있어야 한다. 그곳이 대자유, 해탈의 경지다. 최고의 돈 공부는 마음공부다.

1-1. 마음을 다스려야 부자가 된다

"정신은 침착하지 못하고 고집이 세며 충동적이라 이를 다스리는 일은 강풍을 다스리는 일만큼이나 어렵다"

바가바드 기타

석유 한 방울 나지 않는 대한민국은 불과 60~70년 전만 하더라고 세계에서 가장 가난한 국가 중 하나였지만, 지금은 세계 10위권의 경제 대국이자 G20 정상회의 의장국이 되었다. 이는 자식들에게 가난을 물려주지 않겠다는 일념으로 일했던 부모님과 그 생각에 부합하고자 오직 공부에 열중한 자녀들의 합작품이었다. 자원이 없는 우리가 세계 10위권의 경제 대국이 된 원천은 국민들의 '잘살아야겠다.'라는 마음가짐에 있었다.

셰익스피어는 "세상에는 좋은 것도, 나쁜 것도 없다. 단지 생각에 의해 좋고 나쁨이 결정된다."라며 생각이 모든 것을 결정한다고 말한다. 여태 살아온 우리의 인생은 바꿀 수 없지만, 생각을 바꾸어 인생관이 바뀌면 습관과 운명을 바꿀 수 있다.

사람들은 모두 부자가 되고자 한다. 왜 부자가 되고자 할까? 진짜 이유는 무엇일까? 많은 사람들이 고급 승용차, 다이아몬드 같은 희소성이 높은 물건들을 갖고 싶어 한다. 그 물건들을 소유함으로써 다른 사람들에게 자신의 우월감, 존재감을 드러내고자 하는 욕구가 있다. 만약 무인도에서 혼자 산다면 그런 물건들에는 마음이 가지 않을 것이다. 가만히 생각해보면 그것들은 내가 진정으로 원하는 것이 아니라 다른 모든 사람들이 원하는 것이라고 생각하기 때문에 나의 능력을 과시하기 위해 구입하는 경우가 대부분이다.

내가 정말 원하는 것은 무엇일까? 인간의 가장 큰 욕구는 남들로부터 인정받고자 하는 것이다. 행복의 판단 기준은 지극히 주관적이다. 남들과 다른 생각, 다른 스타일의 삶에서도 얼마든지 행복할 수 있다. 깊은 산 속에서 자연인으로 사는 사람들은 다이아몬드, 고급 승용차를 갖지 않았지만, 매일매일 기쁨과 행복으로 가득한 사람들도 많다. 기쁨과 행복을 남들의 기준이 아닌 자신의 기준으로 찾아야 행복할 수 있다.

임제록에는 "부처를 만나면 부처를 죽이고, 조사를 만나면 조사를 죽여라!"라고 한다. 이 말은 세상만사를 대할 때는 '자신의 선입견이나 관념을 죽여라!'라는 의미다. 다이아몬드가 최고의 가치가 있다는 선입견, 그것을 소유해 남에게 과시하려는 욕구를 없애라는 말이다. 이런 생각이 들 때면 그것을 알아차리고 의도적으로 끊어 버려라! 그리고 담담한 마음으로 바라보라. 이것이 마음을 다스리는 훈련이다.

어느 동양학의 고수가 부자가 되는 방법에 대해 말하는 것을 들은 적이 있다. "일이 잘 풀리지 않고 돈이 들어오지 않는 사람들에게는 공통점이 하나 있는데, 그것은 '왜 나는 하는 일마다 운이 따르지 않나?' 하고 비관적인 말을 많이 한다. 이렇게 신세 한탄을 하고 부정적인 생각으로 가득 차 있으면 실제로 안 좋은 일이 생기게 된다. 하지만 매사 긍정적이고 낙관적인 사람은 좋은 일이 생기게 마련이다. 생각이 바뀌어야 운도 바뀔 수 있다."

생각의 방식을 바꾸면 우리의 삶 또한 바뀐다. 울적한 생각은 울적한 일들로, 짜릿짜릿한 생각은 짜릿한 일들로 우리의 삶을 이끌어준다. 조급하고 비관적인 마음, 결핍의 마음은 곤궁함을 가져오는 거지 마음이다. 넉넉하고 풍요로운 마음은 부를 끌어들이는 부자 마음이다.

부자가 되려면 거지 마음을 버리고 부자 마음을 가져야 한다. 위대한 진리는 쉽고 간단하다. 부자가 되는 원리도 간단하다. 먼저 '나는 부자다.'라는 사실을 깨닫고 굳건히 믿는 것이다. 자신감을 가져야 한다. 그래야 그 기운이 겉으로 드러나게 되고 부의 에너지를 끌어들이게 된다. 모든 일의 승패를 가르는 것은 자신감에 있다. 그 누구도 자신감을 내게 줄 수는 없다. 자신감은 자신의 내면에서 나온다. 부의 양(量)은 자신감에 비례하는 법이다.

보통 사람은 자신감을 갖기가 쉽지 않다. 자신감의 근거는 두 가지다. 하나는 철저한 준비와 성공경험을 바탕으로 한 실력이며, 다른 하나는 돈과 재물이다.

보통 사람에게 "자신감을 가지라."라고 말하지만 쉽지 않다. 돈과 재물이 부족하다면 우선 철저한 준비와 작지만 성공 경험의 누적이 필요하다. 자신의 전문기술이나 상품, 사업에 관해 필요한 모든 것을 알 때, 그리고 그에 대한 신념이 절대 흔들리지 않을 정도로 확고할 때 그것이 실력이 되고 자신감이 된다.

자신감은 장애물을 돌파하는 가장 훌륭한 도구다. 자신감을 갖게 되는 기초는 하고자 하는 일에 대해 가능한 많은 것을 배우고 자신의 능력을 믿는 것이다. 자신감으로 무장하고 자신감으로 돌파하는 것이 절대 우리를 실망시키지 않는 부와 성공의 요체다.

스티븐 코비는 "내 것을 나누어 주면 내가 더 가난해진다."라는 고갈의 개념(Scarcity mentality)을 버리고 "어렵고 힘들더라도 자꾸 남과 나누려 하면 후에는 나도 더욱 부유해진다."라는 풍성의 개념(Abundance mentality)을 역설했다. 생각이 부의 원천이란 지적이다.

잠언 16장 32절에는 "노하기를 더디 하는 자는 용사보다 낫고, 자기의 마음을 다스리는 자는 성을 빼앗는 자보다 나으리라."라는 말로 마음을 다스리는 것이 얼마나 중요한가를 우리에게 깨우쳐 주고 있다.

"친구가 부자가 되는 것을 보는 것만큼 사람의 이성적 판단을 흐리게 하는 일은 없다."라는 말이 있다. 이러한 감정은 우리를 조급하게 만들어 욕망을 자극한다. 주식과 부동산이 오르는 것만 봐도 허탈해지고 성실히 사는 자신의 모습이 초라해 보이게 한다. 근검절약이 구질구질하다는 생각이 들면서 소비는 방만해지고 쉽게 돈 버는 방법을 찾아 기웃거리게 된다.

이러한 심리상태는 돈에 대한 균형감각을 상실하게 하고 투자실패로 이어지는 우를 범하게 하는 궁한 마음, 빈곤의 의식이다.

부귀영화를 보고 주눅 드는 것은 '궁한 마음' 때문이다. 부귀영화란 허상이다. 모두 허상임을 깨달으면 주눅 들지 않는다. 부자가 되기 위한 출발점은 '궁한 마음'을 버리고 부의 의식을 갖는 것이다. 궁한 마음이란 기대는 마음, 바라는 마음을 말한다.

살다 보면 막다른 길에 가로막혔다는 생각이 들 때가 있다. 돌파구가 보이지 않을 때는 관점을 바꿔야 한다. 기존의 생각에서 벗어나 관찰자의 입장에서 바라볼 수 있다면 자신이 집착하고 있는 관념 바깥에 수많은 길이 있음을 발견하게 될 것이다.

생각이 부자를 만든다. 그 생각은 감정에 흔들린다. 분노, 우울감, 패배감, 절망감, 두려움, 조급함과 같은 나쁜 감정을 다스릴 줄 알아야 한다. 투자든 사업이든 부를 쌓는 과정에서 가장 힘든 것이 바로 자신의 감정, 마음을 다스리는 일이다. 결국 부(富)의 길은 마음을 다스려야만 보이는 도(道)의 길과 다르지 않다.

이재운의 소설 『갑부』에 이런 글이 있다. "갑부가 되려면 먼저 자신의 심리를 일관되게 유지해야 해, 파도가 아무리 요동쳐도 그 심연은 고요한 것처럼, 언제나 마음은 차분하고 냉정해야지."

흔들리는 그릇에는 물을 담을 수 없다. 두려움과 불안은 우리가 원하는 것을 이루려고 할 때 장애가 된다. 행운을 불러오려면 정신적으로 힘들고 산만한 가운데서도 여유로움을 가지고 있어야 한다. 마음의 여유로움과 평안은 놀라운 결과를 만들어낸다. 마음을 다스리는 데는 돈이 들지 않는다. 우리의 마음을 지배할 수 있어야 한다. 부동심, 평정심이 운과 돈을 부른다.

마음을 다스릴 수 있어야 자신의 주인이 될 수 있다. 자기 자신을 부릴 수 없는 사람은 자유인이 아니다. 어렵고 힘든 상황에서도 마음속의 여유를 가져야 한다. 여유로움은 난제를 해결할 지혜를 가져다주기 때문이다.

세상만사 '좋다, 싫다'를 떠나 모든 것을 자비심, 사랑으로 받아들이면 우선 내가 편안해진다. 부처님 같은 이야기를 하고 있다고 말할지 모르나 이러한 생각이 동서고금을 막론하고 건강과 부, 그리고 행복의 핵심이었다.

부자가 되기 위해 가장 중요한 것은 마음 다스리기다. 내가 편안하고 즐거워지면 작은 아파트에 살아도, 돈이 적게 벌려도, 자녀의 학교성적이 떨어져도 마냥 행복하다. 그 마음에서부터 재운은 열리는 법이다.

성공한 부자들은 대체로 성공과 관련된 유사한 마음가짐과 습관을 가지고 있다. 그것은 절대 긍정과 부동심이다. 그들은 자신의 마음을 다스릴 줄 알았다. 언제나 마음은 차분하고 표정은 밝다.

고통의 근본원인은 우리의 마음속에 끊임없이 일어나는 생각들이 우리 자신이라고 믿는 데 있다. 고대 그리스의 철학자 에픽테토스는 "우리를 힘들게 하는 것은 우리에게 일어나는 일이 아니라 그 일에 대한 우리의 생각이다."라고 말했다. 그 일에 대해 생각하는 자신의 모습을 가만히 관찰하라.

가난과 고통으로 괴롭다는 생각이 들 때는 괴로운 마음의 실체는 허상이란 자각과 함께 마음의 쉼이 필요하다. 쉼을 통해 마음이 편해진다. 고요히 생각하는 입정(入定)을 통해 마음의 안정을 얻을 수 있으며 기쁨이 일어난다. 이 경지에 달하면 지혜가 생기고 묘유(妙有)가 일어난다. 해결책이 보이게 되고 이미 해결되기도 한다. 왜 그럴까? 그것은 不二의 진리 때문이다. 괴로움과 편안함, 가난과 부는 둘이 아니기 때문이다.

1-2. 궁(窮)한 마음을 버리고 부의 의식으로 채워라

동시대를 살다간 천재 화가, 고흐와 피카소 중 생전에 성공을 거둔 사람은 피카소였다. 피카소는 죽을 때 유산이 얼마인지 모를 정도의 갑부였고 생전에 많은 여성들이 있었다. 하지만 고흐는 결혼도 못 했고 생전에 팔린 그림은 딱 한 점뿐, 빈털터리로 생을 마감했다.

거의 비슷한 재능을 가진 피카소와 고흐가 극명하게 다른 삶을 산 원인은 무엇이었을까? 한마디로 생각의 차이다. 한 사람은 '궁한 의식'의 소유자였고 또 한 사람은 '부(富)의 의식'으로 가득 차 있었다. 사람의 인생이란 그 사람의 생각이며, 마음속의 생각은 곧 '말'로 나타난다.

"난 미술가로서 꼭 성공할 것이야…."

"난 그림으로 억만장자가 될 거야…."

피카소의 말이다. 그는 항상 긍정적인 말과 함께 그것을 실천하려 노력했다고 한다.

반면 고흐는 항상 부정적, 비관적이었다. 그의 동생 테오에게 보낸 평생 700여 통의 편지에는 부정적인 말들이 종종 발견된다.

"난 인정받지 못할 거야…"

"난 비참하게 인생을 살아갈 거야…"

갑부로 산 피카소와 빈털터리로 생을 마감한 고흐의 결정적 차이는 그들이 내뱉은 '말'에서 극명하게 나타난다. 말이 씨가 된다고 했다. '나는 가난하다.'라고 불평하면서 '궁한 의식'으로 가득 찬 사람이 부자가 된 경우는 없다.

사람은 누구나 자신이 말한 대로 된다. 항상 밝은 면, 좋은 면을 보고 그것을 말하고, 생각하고 있으면 좋은 면이 나타나게 된다. 그것이 부의 의식이다.

궁한 마음을 버리고 부의 의식을 가져야 한다. 궁한 마음이란 빈곤한 마음, 결핍의 의식이다. 자신에게는 한없이 너그러우면서 다른 사람에겐 아주 인색해진다. 일상이 무질서하며 상대에게 바라기만 하고 이기적이며 인내심이 부족해 쉽게 포기한다.

크리야 요가의 거장, 파람한사 요가난다는 인간의 고통은 물질적 결핍이 아닌 영혼의 결핍에서 비롯된다며 이렇게 말했다.

"마음의 풍요가 없는 물질적 부를 거머쥐는 것은 호수에서 멱을 감으면서 갈증으로 죽는 것이나 마찬가지다. 물질의 궁핍을 면하려면 영혼의 궁핍이 없어야 한다. 모든 인간이 겪는 고통의 한가운데는 물질적 결핍이 아니라 영적 결핍이 있기 때문이다."

물질적 부를 거머쥐고 싶은가? 그렇다면 먼저 결핍과 빈천의 의식에서 완전히 벗어나야 한다. 그것이 다른 무슨 일보다 최우선이다.

부자가 되려면 먼저 궁한 의식을 소멸시키고 그 자리에 부의 의식, 풍요의 의식으로 채워야 한다.

궁한 의식을 버리지 못하면 조금만 어려움이 생겨도 곧 죽는 소리를 한다. 거기에서 게으름이 생겨나고 결국 자포자기하게 된다. 궁한 의식에서 벗어나고자 한다면 버텨야 한다. 버티면 이긴다. 버틴다는 것은 의지가 있어야 하고 부지런해야 가능하다. 버티면 버틸수록 궁한 마음은 사라지게 되고 그 자리에 부의 의식으로 채워지게 된다.

비록 월급쟁이라 하더라도 자신을 단순한 피고용자가 아닌 사업을 하는 사람이라 생각하고 일을 한다면 월급 이외의 보상과 기회가 따른다. 당신의 직업이 무엇이든 사업을 한다는 생각을 가져야 한다. 그것은 고용주를 포함한 외부 고객들이 기대하는 것보다 조금이라도 더 많이 주기 위해 끊임없이 노력하겠다는 마음에서 출발한다. 그것이 주인 정신이고 부의 의식이며 기회와 재운은 여기서 발현된다.

궁한 마음은 우유부단하고 소심함으로 나타나며, 부의 의식은 자신감, 열정으로 표출된다.

박지원의 소설 『허생전』을 보면 허생원에게 돈을 빌려준 변 부자는 허생원의 담보력이 아니라 오직 그의 자신감과 열정을 보고 빌려주었던 것이다.

자신감에 넘치는 모습은 상대방의 마음을 자극하는 강력한 카리스마가 된다. 우유부단하고 소심한 사람에게 필요한 것은 지식이나 지혜가 아니다. 박력 넘치는 모습이다. 이런 모습이 보이지 않는 사람이 부를 거머쥔 사람은 없다.

정주영 회장이 무일푼으로 서울로 향했다. 돈도 없이 나룻배에 올라탄 소년 정주영에게 뱃사공은 호되게 야단을 쳤다. 눈에서 불이 나도록 뺨을 갈기며 "요놈아, 공짜로 배 탄 거 후회되지?"라고 소리쳤다. 그러자 소년 정주영은 이렇게 말한다.

"네 후회되네요. 배 한 번 타는 데 뺨 한 대라면 진작에 탈 걸 말이에요."

위기의 순간에도 남다른 여유와 배짱, 유머 감각까지 잃지 않는 것, 이것이 진정한 카리스마요, 부의 의식이다. 이러한 부의 의식으로 충만한 사람에게는 불가사의한 힘이 생기게 되며, 추종자와 돈이 따르게 되는 법이다.

"오래전 심은 한 그루 나무 덕분에 누군가 그 나무 그늘에서 쉴 수 있다." 워렌 버핏의 말이다.

부(富)란 오래전 심은 나무 한 그루처럼 오랜 기간 가꾸고 인내한 결과다. 지금 부자가 되지 못했다고 실망하거나 포기하지 마라. 지금 심은 나무가 자식들, 손자들에게 그리고 이웃들에게 좋은 그늘, 훌륭한 버팀목이 되어준다는 생각으로 여유만만해야 한다. 그것이 부의 의식이다.

돈의 부족으로 인한 스트레스를 무력화시키는 것은 돈이 아니다. 궁한 마음을 버리고 부의 의식으로 무장하는 것이다.

잠시 눈을 감고 당신의 인생에서 가장 기쁘고 사랑스러웠던 기억을 떠올려보라. 그 느낌을 아주 생생하게 느껴보라. 부의 에너지는 그러한 노력으로부터 작동하기 시작한다.

"내가 평생 새벽에 일찍 일어나는 것은 그날 할 일이 즐거워서 기대와 흥분으로 마음이 설레기 때문이다."

정주영 회장이 1983년 7월 신입사원 수련대회에서 한 말이다. 기도는 느낌(feeling)이다. 이런 마음가짐 자체가 최상의 기도 상태이자 부의 의식이다.

그리스 키니코스학파의 대표적 철학자인 디오게네스는 아무것도 필요로 하지 않는 삶을 추구했다. 평생 한 벌의 옷만 입고 항아리 속에서 살았지만, 알렉산더 대왕을 부러워하지 않았다. 부러우면 지는 것이다. 부러워하는 마음은 '궁한 마음'이다.

거지가 얻어먹겠다는 마음으로, 바라는 마음으로 동냥하는 것은 궁한 의식이다. 이런 마음으로는 늘 가난을 면치 못한다. 비록 같은 동냥이지만 얻어먹겠다는 마음, 상대에게 바라는 마음 없이 걸식하는 것은 아상(我相)을 버리는 수행이 될 수 있다. 주는 사람에게 복을 짓게 만드는 부의 의식을 닦는 것이다. 우리 삶의 모든 면에서 궁한 의식, 결핍의 의식을 버려야 한다.

쇼펜하우어는 "모든 불행의 시작은 남들과 비교하는 것으로부터 시작된다."라고 하였다. 돈과 관련해 남과 비교해 열등의식을 느끼는 것은 궁한 마음이며, '남과 비교하기'보다, '있는 모습 그대로의 자신'을 받아들이는 것은 부의 의식이다.

지금 우리 대부분은 수백 년 전의 사람들과는 비교가 안 될 정도로 편하고 풍족하게 살고 있지만, 그들보다 더 행복하다고 할 수는 없다. 행복의 조건은 많은 돈도 중요하지만, 무엇보다도 자신의 기대치를 남과 비교하지 않는 마음이 중요하다. 대체로 사람들은 절대적인 빈곤보다도 남과의 비교에서 느끼는 상대적 빈곤이 훨씬 견디기 어렵기 때문이다.

자신보다 잘 나가는 사람들이 부럽고 나 자신은 찌질이, 못난이로 보이는가? 그것은 누군가를 부러워하는 마음에서 나오는 착각이다. 나보다 잘 나간다고 생각하는 누군가를 뒷담화하거나 흉내 내고 싶은 '궁한 마음'에서 벗어나야 한다. 자신을 바로 바라보고, 사랑하면서, 자신감을 가지고 자신의 자존감을 회복해야 한다. 그것이 '부의 의식'이다.

"연민은 인간이 품을 수 있는 가장 고귀한 감정이지만, 자기연민 (self-pity)은 가장 천박한 감정이라고 할 수 있다. 연민은 다른 사람의 고통을 함께하며 손을 쓸 수 있지만, 자기연민은 자신의 현실 인식을 심각하게 왜곡해 두 손과 두 발을 묶어 버리는 감정의 병이다." 유진 피터슨, 미국 장로교회 목사의 말이다.

헬렌 켈러는 "자기연민은 최대의 적이며, 거기에 굴복하면 현명한 일은 아무것도 할 수 없다."라는 말로써 궁(窮)한 의식인 자기연민을 경계하라고 한다.

피해의식은 자기연민과 같이 생긴다. 불행의 원인을 외부로 돌리는 순간 해결책은 요원하며 돌파구는 보이지 않는다. 자기연민에 빠져선 안 된다. 잘 풀리지 않거나 불행한 상황에 봉착한다면 그 상황을 객관화해 바라볼 수 있어야 한다. 관념과 집착에서 벗어난 관찰자의 시각으로 바라볼 때 평온할 수 있으며, 아이디어가 생기고 돌파구가 보이게 된다.

우리 모두는 부유하지는 않지만 풍요로운 삶을 살 수는 있다. 부유함이란 재정적 상태이지만 풍요로움이란 마음의 상태이기 때문이다. 행복이나 풍요로움이란 자신이 가진 것에 대해 완전한 감사함을 가지고 있을 때 더욱더 크게 오는 것이다. 비록 자신이 가진 재산이 부자에 비교할 수는 없지만, 자신이 가지는 내적인 부유함과 만족감은 그들보다 훨씬 클 수도 있다.

진정한 부자란 재물의 많고 적음, 통장 잔고로 결정되지 않는다. 돈이란 일정 수준을 넘어서면 많고 적음의 의미는 없어진다. 부자라는 것이 가져다주는 보상은 '풍요로움'이라는 감정이다. 그것은 물질적 소유가 아니라 정신적 넉넉함과 감사함 그리고 여유로움에서 나오는 느낌이다.

삶이 불공평해 보일 때도 있지만, 긍정적인 마음가짐으로 감사할 일부터 찾는 태도가 필요하다. 진정 풍요로운 삶을 살기 위해서는 매 순간 '깨어 있음'이 필요하며, 자신의 경제활동에 대한 '알아차림'이 있어야 한다. 그래야 욕망과 집착의 쓰나미 속으로 빠져들지 않는다.

돈 걱정은 대부분 돈이 부족한 사람들에게 해당할 것이란 생각은 잘못이다. 재산이 많은 사람들 중에도 돈 때문에 걱정하는 사람들도 많다. 반면에 재산이 적지만 행복과 풍요로움을 만끽하며 자신감 넘치며 걱정 없이 사는 사람들도 많다. 이들 중 상당수는 깨어 있는 태도를 가진 사람들이다. 깨어 있는 의식을 가진 사람들은 자존감이 넘치며, 감사하는 마음으로 나눔을 실천하고, 그 나눔이 자기 성장의 기회가 된다는 것을 알고 있다.

유대인 중에 부자가 많은 이유는 그들이 부자의 사고방식, '부의 의식'을 가졌기 때문이다. 그것은 "부자가 되기를 원한다면 베풀어라."이다. '궁한 의식'에 사로잡힌 사람은 결코 남에게 베풀지 않는다. 욕심만으로는 결코 부자가 되지 못한다. 넉넉하고 너그러운 마음이 사람들을 모이게 한다. 사람들이 모여들면 그만큼 기회가 많아지는 법이다.

돈이란 우리가 가진 부(富)에 대한 신념체계가 에너지화한 것이다. 돈 그 자체는 선악이 없다. 돈을 대하는 사람에게 선악이 있다. 돈을 대할 때는 저항과 증오의 마음도, 집착의 마음도 버려야 한다. 에너지의 흐름으로 이해하고 바라봐야 한다. 돈을 주고받을 때는 사랑과 감사의 마음을 담아야 한다. 그것이 부의 의식이다.

누가복음 19장 26절에서는 "내가 너희에게 말한다. 가진 자는 더 받게 될 것이요, 가지지 못한 자는 그가 가진 것까지 빼앗길 것이다."라는 구절이 있다. 이 구절을 읽으면 '가지지 못한 자에게 더 많이 주어야 하는데 왜 그럴까?'라는 의문이 든다. 하지만 '가진 것'과 '가지지 못한 것'에 대한 이해가 있으면 수긍하게 된다.

그것은 우리의 '의식'이다. 성공한 사람은 '성공'에 대한 의식을 가지고 있고, 부자는 긍정과 번영, 풍요의 의식을 가지고 있다. 이러한 부의 의식, 성공의 의식을 가진 자는 더 받게 되고 이것이 없는 자는 그가 가진 것까지 빼앗긴다는 말이다. 우리의 마음이 우리의 현실을 창조한다는 성경의 위대한 가르침이다.

많은 사람들이 값비싼 명품이나 고급 외제차를 갖고 싶어 한다. 잘 들여다보면 그것은 단지 겉으로 드러난 것에 불과하다. 사람들은 멋지고 비싼 명품이나 고급차가 아니라 남들에게 나의 부와 능력을 과시하고 싶어서이다. 그 이면에는 빈곤의식, 결핍의식이 존재한다.

정말 내가 원하는 것은 무엇일까? 자신의 내면에 묻고 또 물어보라. '아무도 나에게 관심을 주지 않아 분하고 외로워서, 그리고 기죽기 싫어서'가 정답일 것이다. 즉, 많은 사람들의 주목을 끌고, 사랑받고 싶어서 고급 외제차를 가지면 사람들이 나를 무시하지 못하고 부러워할 것이란 생각 때문이다.

자신의 평생 목표, 소원들을 목록으로 적어놓고 이것이 정말 내가 원하는 것인지 물어보라. 그것을 찾는 게 삶에서 가장 중요한 일이다. 그동안 나의 목표나 소망이 사실 내가 진정으로 원하는 것이 아니었을 수 있다.

우리는 막연하게 뭔가를 원하고 그것이 이루어지지 않으면 분노하고 좌절한다. 하지만 중요한 것은 내가 정말 원하는 것이 무엇인지 정확히 아는 것이다. 그것은 물질이 아닐 수도 있다. 중요한 것은 자신에 대한 잘못된 정보와 관념들을 말끔히 지워내야 한다는 것이다. 그래야 진짜 원하는 것을 찾을 수 있게 되고 본성과 우주가 감응하기 때문이다.

곤궁한 의식, 결핍의 의식으로는 절대 부자가 될 수 없다. 부자가 되고 싶다면 반드시 부(富)의 의식을 가져야 한다.

1-3. 진정한 돈 공부는 탐진치 삼독을 버리는 공부다

"곰도 돈을 벌고 황소도 돈을 벌지만, 탐욕스러운 돼지는 도살당한다."

함석헌의 스승, 다석(多夕) 류영모 선생은 "제나(自我)가 죽어야 얼나(靈我)가 산다."라고 했다. '제나(自我)'는 아상(我相)이다. 제나를 죽이는 길은 탐진치 삼독을 버리는 것이라고 했다.

불교에서는 모든 괴로움의 뿌리가 탐진치 삼독이라고 한다. 탐욕, 분노와 두려움, 어리석음을 말한다. 삼독이 우리의 인생을 괴롭게 만드는 것이다. 삼독을 해독해 거기에서 벗어나야 마음이 평온하게 되고 이때 내면의 지혜가 나온다.

인간이란 안 먹으면 죽지만 너무 많이 먹는 게 문제다. 적게 먹고 편히 살 수 있지만, 많이 먹고 배탈로 고생한다. 이게 탐심(貪心)이다. 돈을 대하는 많은 사람들의 마음도 이와 같다. 욕심을 줄여서 적게 먹으면 병이 없다.

탐진치의 '진(嗔)'은 미워하는 마음이다. 예수는 "원수를 사랑하라."라는 말로 진심(嗔心)을 닦으라고 가르친다.

탐진치를 없애는 것은 '탐진치란 본래 없음'을 깨닫는 데 있다. 올라오는 탐진치를 관(觀)해야 한다. 관(觀)이란 통찰력 있는 관찰이다. 자신의 관점이 아닌 관찰자 입장에서의 바라봄이고 알아차림이다. 그래야 아상이 없어지고 마음을 비울 수 있다.

마음을 비운다는 것은 현재 의식에서 일어나는 감정들을 계속 알아차리고 바라보며 흘려보내는 것이다. 이것은 우주의 흐름에 나를 온전히 맡기는 것이다. 그 흐름을 따라 살아가는 현실의 나를 고요히 바라보고 있는 내면의 또 다른 나의 존재를 온전히 체험하겠다는 것이다.

내면의 고요를 통해 삶의 모든 문제를 해결해 줄 수 있는 잠재의식, 본성과 접속할 수 있다. 아무런 의도 없이 있는 그대로를 바라볼 때 그 대상이 무엇이든 왜곡시키지 않고 본질을 마주할 수 있기 때문이다.

주식투자란 자신이 투자한 종목의 가격이 오르면 탐심이, 떨어지면 분노와 두려움의 진심이, 시장 상황 등에 대한 부주의와 정보 부족, 진리를 보지 못하는 치심이 작동하게 된다. 즉 탐진치 3독의 기반 위에서 이루어진다. 주식투자에 필요한 것은 투자지식 습득과 함께 탐진치 3독의 극복 노력이다. 이는 투자의 목적인 수익성 극대화를 포기하겠다는 것이 아니라 집착을 놓고 초연해지려는 노력이다.

아귀다툼에 빠지기 쉬운 투자의 관점에서 삼독을 극복하기 위한 가장 쉬운 방법은 생각을 바꾸는 것이다. 모든 투자의 목적이 사리사욕만 앞세운다면 투자의 대의가 없는 것이다. 올바른 동기가 밑바탕이 되어야 한다. 눈앞의 이익이나 사사로움에서 벗어나야 하며, 욕심을 비울 줄 알아야 한다. 어떻게 욕심을 비워야 하는 걸까?

도 닦는 마음으로 해야 한다. 주식투자든 부동산투자든 마음이 흔들리면 진다. 부동심을 가져야 한다. 흔들리지 않으려면 무언가 '믿는 구석'이 있어야 한다.

첫째, 명상이다. 우리는 명상을 통해 자신이 원하는 미래가 어떤 느낌인지를 감정으로 미리 경험할 수 있다. 우리의 뇌는 진짜 사건과 상상으로 느끼는 사건을 구별하지 못한다. 그래서 사랑, 기쁨, 감사, 자유, 자비 같은 고양된 기분을 열정적으로 온전히 끌어안는다면 새로운 현실을 창조할 수 있다.

우리는 내 돈으로 투자해 돈을 벌었다면 당연히 내 돈이라고 생각한다. 하지만 깊이 생각해본다면 내 지갑 속의 돈이 내 것일까? 이세상에 진짜 나의 것이라고 할 만한 것이 단 하나라도 있을까? 자식도, 내 몸뚱이조차 나의 것이 아닌데, 어차피 인생이란 빈손으로 왔다 갈 때는 빈손으로, 업(業)만 가지고 간다. 모든 고통은 소유할 수 없는 것을 소유하려 들기 때문에 발생한다. 이 세상에 내 것이란 아무것도 없다. 하늘이 나에게 잠시 맡겨놓은 것이라 생각해야 한다.

비록 내 돈으로 하는 투자이지만 하늘을 대신해 관리해준다는 생각으로 할 때 부동심을 유지할 수 있다.

전지전능한 하늘이 도와준다고 절대적으로 믿어야 한다. 그래서 투자에 성공한다면 그 쓰임새는 돈의 주인이신 하늘의 허락을 받아야 한다. 그것은 하늘의 가르침대로 행복한 세상을 만드는 데 도움이 되는 방향으로 사용하는 것이다. 그러한 마음가짐이 믿는 구석이 되며, 부동심의 원천이다.

둘째, 기도이다. 기도란 현재 의식을 비운 상태로 우주(자신이 믿는 신 또는 본성)에게 온전히 내맡기면서 우주의 힘으로 소원이 이루어지기를 구하는 것이다. 이때 기적은 나의 의도와는 상관없이 자연스럽게 일어나는 것이다.

기도가 응답받기 위해서는 의심과 회의를 넘어서야만 한다. 말이 아닌 느낌이 곧 기도이다. 우리의 감정(emotion)과 느낌(feeling)은 우리의 현실을 이루는 것들에 영향을 준다고 한다. 느낌은 무의식과 소통하는 언어다. 성취하는 기도의 비밀은 소원이 이미 성취되었다고, 기도가 이미 응답을 받았다는 기쁨의 감정과 느낌에 흠뻑 취하는 것이다.

기도는 우리 내면의 힘을 길러주는 강력하고도 묘한 힘을 가지고 있는 '믿는 구석'이다.

셋째, 발상의 전환이다. 투자를 단지 돈을 버는 수단이 아니라 탐진치 삼독을 없애는 수행의 한 방편으로 생각하는 것이다. 단순히 수익 극대화가 아닌 나 자신의 마음을 관(觀)해서 참다운 나의 성품을 깨닫는 과정으로 여긴다. 내가 선정한 주식 종목의 등락에 대해 일어나는 일체의 감정을 그친 상태에서 나의 마음을 느끼고 관찰하면서 알아차리고 그저 바라보는 데 집중한다.

마음이 평안한 상태에서 내면의 지혜가 발현한다. 평상심을 유지할 수 있는 능력이야말로 투자뿐 아니라 세상 살아나가는 데 가장 필요한 능력이다.

강에서 한쪽 눈을 잃은 하마에 관한 아프리카의 우화다. 하마는 미친 듯이 강물 속에서 잃어버린 눈을 찾았지만, 찾을 수 없었다. 영원히 눈을 찾지 못할까 두려워 필사적으로 눈을 찾았으나, 찾지 못하고 지쳤다. 하마가 움직임을 멈추고 차분해지자 강도 잠잠해졌다. 진흙은 바닥에 가라앉았고, 물은 맑고 투명해졌다. 그러자 잃어버렸던 눈이, 하마의 남아 있는 눈에 띄었다. 하마가 잃어버린 한쪽 눈은 자신의 본성(本性)이며, 진흙이 가라앉은 맑은 물은 우리의 평상심이다.

폭풍이 몰아쳐 흙탕물이 되었을 때는 앙금이 가라앉기를 기다려야 한다. 기다리다 보면 어느새 맑은 물이 된다. 세상사도 마찬가지다. 살아가면서 부딪치게 되는 상황 가운데 앙금이 가라앉기를 기다려야 할 때도 있다. 아무 생각도, 아무 시도도 하지 않고 그냥 내려놓았을 때 해결되기도 한다. 흙탕물이 가라앉으면 모든 것이 잘 보인다. 중요한 것은 마음의 흙탕물이 가라앉기를 기다리는 작업이다. 그 작업이 묵상과 명상, 기도다.

지혜로운 사람은 어리석음에 빠질 염려가 없다. 지혜가 부족할 때, 할 수 있는 가장 좋은 방법이 '기다리는 것'이다. 흙탕물이 가라앉아서 물과 진흙이 분리될 때까지 조용하게 인내하고 참는 것이다. 진흙이라는 탐진치가 가라앉아야 평상심을 보게 되고 본성과 마주하게 된다.

우리 인생은 '세상이란 무대에서 단 한 번 공연하는 연극'이란 말이 있다. 어떤 상황에서든 극장에서 영화를 보듯이 자신의 연기 모습을 관찰할 수 있다. 신과 우주, 본성이 우리들 각자에게 부여한 배역이 있다. 그것이 이번 생(生)의 나의 천명이요 사명이다. 그것을 잘 인지하고 있어야 배역을 훌륭히 소화할 수 있다. 그 배역은 무엇인지, 연기 모습은 어떤지 수시로 관찰하고 수정하는 작업이 필요하다. 그 작업이 묵상과 명상, 기도다.

우리는 염원하는 일보다 우려하는 일이 더 자주 현실화되는 경험을 한다. 그것은 잠재의식 속에 우려하는 일이 더 크게 각인되어 있기 때문이다. 염원하기 이전에 잠재의식 속의 부정적 실패 인자들을 말끔히 제거해야 한다. 실패 인자가 제거된 상태에서 스스로가 잠재의식에, 우주에 내린 명령이 먹혀들기 때문이다.

모든 문제는 스스로가 깨닫지 못한 원인에 의한 결과다. 100% 자신에게 있다는 마음가짐으로 문제를 알아차리고 관(觀)해야 한다. 그럴 때 우주로부터 엄청난 에너지가 흘러 들어오게 된다.

김상운의 『왓칭』에는 "내 마음을 비춰주는 거울은 내 안에 들어있다. 내 마음속의 관찰자가 바로 그 거울이다. (중략) 우주만큼 넓고 깊게 바라보게 해준다. 우리가 이 세상에 태어나 짊어지는 모든 고통과 고민은 바라봄으로써 해결된다."라는 글이 있다.

스스로를 관찰자의 시각으로 바라볼 수 있을 때 마음의 고요와 몸의 평화를 지킬 수 있다. 조용히 지켜만 보라. 아무런 판단 없이 마음을 텅 비우고 그저 바라보기만 하라. 그것이 탐진치 삼독을 버리는 공부다.

1-4. 평상심시도(平常心是道)

"마음을 잔잔하게 유지한다는 건 엄청난 수련이다. 인생에서 가장 많은 헌신의 노력을 바쳐야만 가능하다"

– 코미디언 개리 샌들링(Garry Shandling)

동서고금의 모든 성인들과 위인들의 공통점은 자신을 남들과 비교하지 않았다는 사실이다. 그들은 누구를 시기하거나 질투하지도 않았다. 그들의 선망과 몰입의 대상은 더 위대한 자신이었다. 그것으로 향하는 마음이 평상심이다. 평상심은 분노, 자만과 욕심의 강력한 소용돌이 속으로 휩쓸리는 것을 막아준다.

제임스 앨런은 마음의 고요함은 지혜가 낳은 아름다운 보석이라며 자신을 다스리는 법을 터득하라고 강조한다. 그의 저서 『위대한 생각의 힘』에서 이렇게 말한다.

"마음이 고요해질수록 더욱 큰 성공을 거두고 다른 사람에게 더욱 큰 영향을 미칠 수 있고 더욱 큰 선을 행할 수 있게 된다. 평범한 사업가일지라도 자제력과 평정을 키워나가면 사업은 더욱 번창할 것이다. 사람들은 언제나 안정된 사람과 거래하기를 원하기 때문이다. (중략) 평온한 마음이라 일컫는 완벽하게 균형 잡힌 인격은 자기 계발의 최종적인 단계다. 그것은 인생의 꽃이며 영혼의 결실이다."

일본 에도 시대의 검성(劍聖)으로 불리는 미야모토 무사시, 그는 자신의 병법서인 오륜서, 『수의권(水之券)』에서 검술의 기본 요소로 평상심을 들었다. "몸의 고요함은 마음의 고요함을 근원으로 한다(신부동원어심부동, 身不動源於心不動)."라는 오묘한 이치를 깨닫는 마음 훈련을 통해 어떤 상황에서도 자신의 마음을 지켜 무념무상의 경지에 이를 수 있었다.

그는 평온한 마음, 흔들리지 않는 마음이야말로 결투에 임하는 최고의 상태임을 깨우쳤던 것이다. 무사시는 모든 병법을 아우르는 것은 바로 마음이며, 마음속의 무수한 그늘을 버리고 밝고 순수한 마음으로 세상을 바라볼 수 있는 경지에 오르는 것이 최고의 상태라고 말했다.

마음을 비운다는 것은 근심에도 기쁨에도 마음이 전혀 흔들리지 않는 부동심을 의미한다.

이소룡은 자신이 무술을 잘할 수 있는 비결을 한 마디로 "마음을 비우고 힘을 빼는 것이다."라고 말한 바 있다. '힘을 뺄수록, 더 빠르고 더 강력해진다.'라는 것이 그의 지론이다.

일본 야구계에서 불멸의 기록을 남긴 안타제조기, 장훈 선수는 홈런에 대해 이런 말을 한 적이 있다. "홈런은 치고 싶다고 칠 수 있는 것이 아니다. 홈런을 쳐야 한다고 생각하면 몸이 굳어져서 불가능하다. 그렇다고 치고 싶지 않다고 칠 수 있는 것이 아니다. 치고 싶지 않다고 생각하면 몸이 늘어져서 불가능하다. 홈런을 치고 싶지도 또한 홈런을 치고 싶지도 않은 상태 즉, 중도의 심리상태에서 홈런이 나온다."

복싱 세계 헤비급 챔피언이었던 마이크 타이슨의 스승인 쿠스 다마토가 큰 경기를 앞둔 선수들에게 했다는 말이다. "영웅과 겁쟁이는 똑같이 두려움을 느낀다. 하지만 영웅은 두려움을 상대에게 던져버린다. 반면에 겁쟁이는 도망친다. 두려움을 어떻게 써먹느냐가 승패를 결정한다."

골프 황제 타이거 우즈도 제이브 란자라는 정신력 트레이너를 두고 규칙적으로 마인드컨트롤 훈련을 했다고 한다. 홀(Hole)을 보고 흔들리지 않는 부동심을 갖는 것이 승리의 요체라는 것을 잘 알기 때문이다.

오아시스에 도착하기 전에 죽는 이유는 더위와 목마름이 아니라 조바심 때문이다. 하수(下手)들은 조바심, 조급함으로 일을 망친다. 어느 경지에 도달하면 모두 실력은 비슷하다. 멘탈에서 승부가 결정된다. 운동선수든 비즈니스맨이든 최고의 자리에 서게 하는 것은 평상심이다. 그들은 모두 자신만의 평상심을 찾는 비결을 터득한 자들이다.

고수(高手)들은 전쟁이나 싸움에서 지는 이유는 조급함과 교만 때문이란 사실을 잘 안다. 그래서 그들은 힘을 뺀다. 하되 하고자 함이 없다. 집착하지 않는다, 만약 한 번에 만 원이 걸린 내기 퍼팅이라면 별 부담 없이 공을 굴린다. 하지만 한 번에 1억 원, 10억 원이 걸렸다면 어떨까?

진정한 고수(高手)는 반드시 성공해야겠다는 집착과 실패에 대한 두려움은 놓아버리고 대신 고도의 집중력을 발휘한다. 실패를 여여(如如)하게 대하며. 성공을 즐기되 거기에 목매달지 않는다. 그들은 결과에 대한 집착을 버리고 초연하다. 장사의 고수들이 팔려고 하지 않고, 상대가 사고 싶어 하게 만드는 것과 같은 경지다.

스포츠든 비즈니스든 인생의 결정적 승부는 순식간에 결정되는 경우가 많다. 평상심을 잃게 되면 패한다. 평상심은 그냥 생기지 않는다. 끊임없는 단련과 집착을 놓아버리는 수행을 통해서 생긴다. 수행은 누가 대신해 주지 않는다. 스스로 목숨 걸고 해야 한다.

집착하지 않고 어떤 거리낌도 없을 때, 자신의 실력을 발휘할 수 있다. 집착하는 순간 평상심도, 목표도 잃게 된다. 진짜 부자가 되고 싶다면 돈에 집착해서는 안 된다. 대범하고 초연한 마음으로 힘을 빼고 부(富)에 집중해야 한다. 돈이 악이 아니라 돈에 집착하는 마음이 악의 뿌리다.

착심(着心) 못지않게 우리의 마음을 흔드는 게 두려움, 공포심이다. 두려움과 공포가 생기는 순간, 우리는 본래 면목을 잃어버리고 겁쟁이가 되어 버린다. 마음의 고요함이 전제되어야만 어떤 일이든 냉정함을 잃지 않고 대담하게 대하는 것이 가능하다.

두려움이라는 감정은 대부분의 사람들을 겁쟁이로 만들지만, 또 다른 사람들에게는 용기를 발휘하는 자극제가 되기도 한다. 부자가 되는 비결은 이기고 지는 데 초연해지는 것이다. 두려움이나 조바심, 탐욕과 같은 감정적 문제에 휘둘리지 않는 내공이 있어야 한다. 두려움이나 탐욕과 같은 감정에 사로잡히게 되면 시야가 좁아져 중요한 것들을 보지 못하게 한다.

"내가 좋아해서 자주 드리는 기도에 이런 것이 있습니다. '공간이 남아 있는 한, 중생이 남아 있는 한, 중생을 돕기 위해 제 몫을 다하기 위해 저는 남아 있겠습니다." 이렇게 기도하면 속에서 힘이 솟고 위안을 받습니다. 그리고 이 기도는 내 인생에 뚜렷한 목적을 제공하기도 합니다. 사정이 아무리 어렵고 복잡해도 이런 태도를 유지하기만 하면 우리는 내면의 평화를 누릴 수 있습니다."

『달라이 라마의 마음공부』에 나오는 글이다. 그가 어떤 상황에서도 내면의 평화를 지킬 수 있는 것은 자신이 아닌 중생을 위하는 자비심 가득한 기도이다.

'불취어상 여여부동(不取於相 如如不動)' 이 뜻은 어떠한 모습에도 사로잡히지 말 것이며, 언제 어디에서도 흔들림이 없이 여여(如如)하라는 뜻이다. 금강경의 최후의 말이고 대의(大意)이다. 칭찬, 비난에 들뜨지 말고 흔들리지 말라는 가르침이다. 무엇보다 흔들리지 않는 마음, 평상심을 갖는 게 중요하다.

불교 원각경의 사구게에 이런 글이 있다. '知幻卽離 離幻卽覺(삶이 환상(꿈)인 줄을 알면 떠나게 되고, 환상을 떠나면 이것이 깨달음이다.)'라는 뜻이다. 여기서 떠난다는 말은 거리를 두고 초연하게 바라본다는 의미다. 무심(無心)의 경지다. 예를 들어 만약 나에게 욕을 하는 사람이 있다면 그것을 영화의 한 장면이라고 생각하는 것이다. 영화에서 등장인물끼리 서로 싸운다고 관객인 내가 화가 나지 않듯 초연해질 수 있다. 이것이 '불취어상 여여부동'이며 평상심 시도의 경지다.

인생에는 항상 위험과 기회, 대박과 쪽박이 있기 마련이다. 중요한 것은 그것을 바라보는 우리의 마음이다. 어떤 상황에서도 흔들리지 않는 마음을 유지할 수 있어야 한다. 위기를 돌파할 통찰력과 미래를 내다볼 줄 아는 안목은 평상심에서 발현되기 때문이다.

마음이 고요하고 평화롭지 못하다면 그 어떤 것도 성취할 수 없다는 사실을 명심해야 한다.

"범소유상 개시허망 약견제상비상 즉견여래(凡所有相 皆是虛妄 若見諸相非相 卽見如來)."

『금강경』에 나오는 대표적 4구게 가운데 하나다. 모든 형상 있는 것은 모두가 허망하니 모든 형상을 본래 형상이 아닌 것을 알면 곧 진실한 모습을 보게 된다는 의미다.

세상은 홀로그램이고 환영과 같다. 삶의 흐름에 나타나는 고통과 어려움에 흔들려서는 안 된다. 모든 것은 흘러가며 또한 변한다. 일체가 변하는 것임을 알고 삶의 고통과 고난이란 다만 파도가 부서지는 과정일 뿐 실상이 아님을 알아야 한다.

돈과 권력, 기쁨과 고통, 두려움에도 흔들리지 않는 평온한 마음, 그 마음을 평상심이라 한다.

내어줄수록 더 많이 들어오는 것이 삶과 자연의 이치다. 나의 힘으로 일군 재산이라고 움켜잡고 있는 것은 부질없는 탐욕에 불과하다. 움켜쥐고 있으면 얽매이게 되고 노예가 된다. 놓아버릴 때 자유로워지며 평온해진다. 재물을 놓으면 도(道)가 들어온다.

'평상심시도(平常心是道)' 평상심이 바로 도(道)라는 말이다. 재물을 통해 도(道)를 이루는 방편으로 삼을 수 있다. '돈과 성공'이란 물질적 가치는 우리 인생 여정의 정착지에 불과하다. 최종 목적지인 '행복과 영혼의 성장'이라는 정신적 가치에 초점을 맞추면 초연해질 수 있으며, 대자유와 해탈에 이르게 된다. 완벽한 인격 형성은 평상심에 있다. 이것이 자기경영, 자기계발의 종착지다.

1-5. 부(富)는 기술이 아니라 멘탈이다,
신념과 철학이 없는 부는 사상누각이다

"잘 벌어서 잘 씀으로써 사회를 활발하게 만들고, 경제를 발전시키는 일을 하는 사람은 꼭 명심해야 할 것이 있다. 그것은 진실로 이재에 뛰어난 사람은 돈을 잘 버는 것과 동시에 돈을 잘 써야 한다는 사실이다."

일본 자본주의의 아버지로 불리는 시부사와 에이치가 부자들이 명심해야 할 조언으로 한 말이다.

'돈은 돌고 돈다.'라고 해서 돈이라고 한다. "돈은 분노와 같아서 모아 두면 썩어 악취를 풍기지만, 밭에 고루 뿌리면 풍성한 수확을 가져온다." 평생 번 돈 451억 원을 장학기금으로 기부하고 서거한 정석규 태성 고무화학 창업자의 돈에 대한 철학이다. 그는 자신이 만든 회사도 전문경영인에게 넘기고, 조그만 오피스텔에 살다가 남은 재산을 모두 사회에 환원했다.

부자가 제대로 평가받지 못하고 손가락질당하는 사회는 건강하지 못한 사회다. 가난한 사람들은 부자들의 탐욕을 비판하고, 부자들은 가난의 원인은 게으름이라고 혀를 찬다. 부자와 빈자들이 평행선을 달리며 서로 비난만 하면 자본주의의 미래는 없다. 현대를 살아가는 우리 모두가 돈에 대한 올바른 철학, 신념체계를 정립할 때 자본주의는 건강하게 발전할 수 있다.

우리 모두는 부자가 되길 원한다. 돈은 '얼마나 많이 버느냐.'보다

'어떻게 벌고, 어떻게 쓰느냐.'가 더 중요하다. 바르게 벌어 의미 있게 쓰는 부자들을 존중해야 한다. 이런 부자는 자신이 번 돈의 대부분을 사회에 돌려준다. 이것이 자본주의 사회를 지탱해주는 힘이다. 돈과 도가 다르지 않음을 보여주는 것이다.

『국부론』의 저자, 아담 스미스는 사람을 움직이는 것은 '이익'이라는 관점에서 "우리가 저녁 식사를 기대할 수 있는 건 빵집 주인의 자비심 때문이 아니라 이익을 추구하는 그들의 생각 덕분이다."라고 했고, 2천 년도 훨씬 전에 사마천은 『사기』 「화식열전」에서 "천하 사람들이 기쁜 마음으로 찾아오는 것은 모두 이(利)를 얻고자 하는 것이며, 이리저리 달려가는 것도 모두 이익을 좇아가는 것이다."라고 말한다.

하지만 사람을 움직이는 것은 비단 '이익'만이 아니다. 나 혼자 잘 먹고 잘살려고 이 세상에 태어난 것은 아니다. 이익을 남기기 위해 빵을 만들겠다는 생각보다는 세상 사람들이 가장 좋아하는 건강한 빵을 만들겠다는 생각이 더 큰 이익과 궁극적 행복을 가져다준다. 설사 그 일이 많은 사람들이 하찮은 일이라고 폄하할지라도 자신만의 의미를 부여하고 자신의 꿈과 목표를 추구할 때 부(富)와 도(道)의 그릇은 커지게 된다.

어느 식당에서 두 명의 종업원을 고용했는데, 서로 일하는 자세가 너무 달랐다고 한다. 한 사람은 훗날 자신도 식당주인이 되려는 꿈을 가지고 식당 일을 배우려고 들어왔고, 또 한 사람은 매달 월급을 받으려고 들어왔다. 전자의 사람은 큰 식당 사장이 될 생각에 들떠 있고, 다른 한 사람은 한 시간 한 시간 고작 몇만 원 벌기 위해 힘들어했다고 한다.

돈과 부를 늘리는 절대 불변의 공식은 존재하지 않는다. 왜냐하면, 모든 것은 때와 장소, 상황에 따라 변화하기 때문이다. 하지만 부의 근간이 되는 사람의 생각은 쉽게 변하지 않는다.

아시아 최고의 부자, 홍콩의 리자청은 "나 자신만을 위해 돈을 번 것이 아니다. 나는 회사와 주주들, 그리고 공익사업을 위해 돈을 벌고 쓰기 위해 모았다. 그리고 남는 돈은 장애인과 빈곤한 사람들을 위해 나눠줘야 한다. 내 돈은 사회에서 나왔기 때문에 당연히 사회를 위해 쓰여야 한다."라고 했다. 그가 아시아 최고의 부자가 된 이유는 그의 생각, 부의 의식에 있었음을 말해준다.

뛰어난 스포츠 선수들에게는 어떤 특징이 있을까? 바로 정신력이다. 위대한 테니스 선수 노바크 조코비치는 이렇게 말했다. "우수한 선수 100명은 체력에서 큰 차이가 없다. 중압감을 견디고, 결정적인 순간에 놀라운 결과를 만드는 힘은 정신력에서 나온다."

복싱 세계 헤비급 챔피언이었던 무하마드 알리는 "챔피언은 체육관에서 만들어지는 것이 아니다. 마음속 깊은 곳에 있는 열망, 꿈, 비전이 챔피언을 만들어낸다."라며 멘탈의 중요성을 언급했다.

강한 정신력을 만드는 것은 자신의 가치관, 신념체계다. "믿음이란 아직 보지 못한 것을 믿는 것이다. 이 믿음에 대한 보상은 자신이 믿는 것을 보게 되는 것이다." 성 아우구스티누스의 말이다.

예수는 말했다. "내가 진정으로 너희에게 말한다. 너희에게 겨자씨 한 알만한 믿음이라도 있으면, 이 산더러 '여기에서 저기로 옮겨가라!' 하면 그대로 될 것이요, 너희가 못할 일이 없을 것이다."

가난 때문에 세상에 대한 부정적 정서가 내면세계를 지배하게 되면, 우리의 잠재의식은 부유함을 밀어내게 된다. 부를 염원할 때 부를 성취할 수 있다. 부자가 되길 의도하지 않았음에도 부자가 되는 경우는 없다. 성공한 부자들은 자신이 운이 좋았다고 말하지만, 중요한 것은 그들이 운이 좋아서 성공한 것이 아니라 스스로 운이 좋다고 믿었기 때문에 성공한 것이다.

원하는 것은 어떻게 이루어질까? 먼저 내 마음속에서 그것을 선명한 이미지로 그릴 수 있어야 한다. 클로드 브리스톨(Claude M. Bristol)은 『신념의 마력』이란 책에서 믿음을 '마음 그림 그리기'라고 말했다. 즉, 믿음이란 우리 마음에 없는 것을 있는 것처럼 그림을 그려 놓고 항상 바라보는 것이 믿음이라고 말했다.

먼저 소원하는 것을 생생히 그려서, 마음 깊은 곳, 잠재의식에 뿌리내릴 때까지 쉬지 않고 떠올리는 것이다. 성공하기를 원하면 성공한 자신의 모습을 항상 간직하고 있어야 한다.

자신의 철학, 신념대로 경험하는 게 인생이다. 나를 둘러싼 현실은 나의 생각과 신념, 곧 나의 에너지에 감응해 모여든 것이다. 생각과 신념은 무한한 우주 에너지에 감응할 수 있는 통로다. 우리는 경험하기 원하는 신념을 만들어낼 수 있다. 우리가 마주하는 현실은 결코 우리의 마음밖에 존재하지 않는다.

동서고금을 막론하고 역사를 바꾼 영웅들의 행위는 그들의 신념체계에서 나온 것이다. 간절함과 기도의 목적이 자신의 고난만 제거해 개인적 안녕만 바라는 것이라면 잘 이루어지지 않는다. 자신의 발전을 통한 영혼의 성장, 세상의 번영을 함께하는 바람이어야 한다. 그렇지 못하다면 실패할 확률이 높다는 사실을 깨달아야 한다. 확고한 자기만의 철학과 신념이 있으면 어떤 어려움 속에서도 일은 이루어지게 마련이다.

지금의 나를 만든 것은 나의 신념이다. 긍정적 삶을 위해 긍정적 생각과 신념이 필요하다. 긍정적 생각에서 긍정적인 말과 행동이 나오기 때문이다.

불치병이나 천재지변과 같은 재앙이 나를 죽이는 게 아니다. 이를 두려워하는 마음이 나를 죽이는 것이다. 마찬가지로 불치병이 나은 것은 명의를 만나서 나은 것보다는 '저 의사는 세계 최고의 명의'라는 믿음이 낫게 한 것이다.

"행복해지고 싶으면 자기답게 사는 인생에 정신을 집중하고, 돈이나 성공에 대해서는 잊어버리는 것이 중요하다. 돈에 집착하면 행복한 부자가 될 수 없다. 행복한 부자는 마음이 백지인 상태로 사는 사람이다. 모든 것을 있는 그대로 보고. 듣고, 느끼며 산다."

행복한 부자가 되려면 돈에 집착하지 말고 당신의 삶과 일에 집중하라는 탈무드의 가르침이다. 돈에 대한 철학이 없으면 돈의 노예, 수전노가 된다. 그들은 돈을 버는 목적이 없이 모으기만 한다.

"새우잠을 자더라도 고래 꿈을 꿔라."라는 말처럼 비록 볼품없는 노점을 하더라도 대기업을 운영한다는 마인드를 가져야 한다. 이 일을 통해서 나의 가족은 물론 세상 사람들을 이롭게 한다는 마음을 가져야 한다. 우리 식구 잘 먹고 잘살기 위해서 일을 하면 딱 그 수준의 돈밖에 벌리지 않는 게 우주의 법칙이다. 자신이 파는 상품에, 자신의 일에 자신의 마음이 온전히 다 담겨 있어야 성공하는 법이다.

한 번뿐인 인생, 자신의 가슴에 불을 지필 그 무엇을 찾아라. 소심하고 대충 살기에 인생은 너무 짧다. 자신의 타고난 재능, 꿈과 사명, 그리고 평생을 추구할 진짜 목표를 찾아야 한다. 강한 멘탈은 거기서 나온다. 그것이 당신을 최고로 만들어 주게 되고, 돈은 덤으로 따라오게 된다.

분명한 것은 돈만 좇는다고 많은 돈이 들어오지도 못할뿐더러 건강과 인심을 잃게 되는 경우가 허다하다는 사실이다. 돈보다 더 가치 있는 것을 추구해야 한다. 그것은 나답게 자유롭게 사는 것이다. 다른 사람의 눈을 잣대로 살기보다 있는 그대로의 나를 긍정하고, 나에게 중요한 가치와 의미를 추구하는 삶이 필요하다. 돈보다 중요한 게 자신이 삶에 대한 신념과 철학이다. 그것이 무너지면 모든 것이 무너지게 된다.

돈을 대하는 자세가 결국 내 삶을 대하는 자세다. 왜 부자가 되려고 하는가? 부자가 되려는 이유와 목적을 가지고 있는가? 이 세상을 살아가는 이유가 단지 부자 되는 것에만 있어서는 안 된다. 진짜 성공에 있다. 그것을 판단하는 기준은 '나로 인해 세상이 더 나아졌는가?'이다.

2. Rule이 마(魔)의 침범을 막는다

*"우리의 모습은 반복적인 행동으로 만들어진다. 따라서 무엇인가에
뛰어난 사람이 되려면 잘해낼 때까지 그것을 습관적으로 행해야 한다."*

– 아리스토텔레스

마(魔)란 몸과 마음을 소란하게 하여 도(道)를
닦는 데 방해되는 여러 형태의 장애를 가리키는 불교 용어다. 즉 수
행을 방해하는 게으름과 질투심, 욕정, 성내는 마음 등을 가리킨다.

서산대사 휴정은 『선가귀감』에서 마(魔)라는 것은 원래 씨가 없는
것이지만 수행하는 이가 올바른 생각을 잃는 데서 그 근원이 생겨
나오는 것이라 하고, 중생들은 환경에 순종하면서 살기 때문에 마
에 의한 탈이 없지만, 수도인은 환경을 거슬리기 때문에 마가 대들
게 된다고 하였다.

어떤 무서운 형상이나 아름다운 형상을 보더라도 정념(正念)이 확
고한 사람은 걱정이 없다. 그런데 믿음이 부족하고 지혜가 부족한
사람은 마(魔)에 속기 쉬우니 모두 마음뿐이요, 경계는 허깨비와 같
다는 것을 생각해야 한다.

마(魔)의 침범을 막아주는 것이 Rule이다. 삶의 철학은 비전과 사
명 그리고 자신만의 철칙(Rule)으로 나타난다. 꾸준한 운동을 통해

강한 근육을 키워가듯, 매일 좋은 습관의 실천이라는 철칙(Rule)을 가질 때 마(魔)의 침범을 막을 수 있다. 자신의 사명과 목적을 알고 철칙을 어기지 않고 몰입할 때 일은 이루어진다. 부와 명예는 덤으로 주어지는 것이다.

남극탐험의 두 영웅은 아문센과 스콧이다. 두 사람 중 최후의 승자는 아문센이었다. 이 두 사람의 남극 원정방식에는 차이가 있었다.

스콧은 기후 변화에 유연하게 대처해 기후가 좋을 때는 많이 이동하고, 기후가 나쁠 때는 적게 이동했다. 하지만 아문센은 날씨가 좋으나 험해도 항상 '매일 20마일 전진'이라는 철칙을 실천했다. 이른바 '20마일의 법칙'이다. 이것이 둘의 승부를 갈라놓았다. 스콧 팀은 기상이 나쁘면 당연히 힘들었고, 기상이 좋아도 힘들었다. 그러나 아문센 팀은 기상이 좋은 날은 성취감과 함께 기상이 나빠질 때를 준비할 수 있었던 것이다.

짐 콜린스는 탁월한 성과를 내는 기업들은 일정한 '전진의 규칙'을 가지고 있다고 한다. 주변 환경에 관계없이 매일매일 정해진 목표를 향해서 전진하는 모습을 철칙처럼 보였다고 한다. 개인도 마찬가지다. 목표를 향한 자신만의 전진의 규칙이라는 Rule을 가지고 실행할 때 대가(大家)의 경지에 이르게 된다.

스노우폭스 그룹 김승호 회장은 『돈의 속성』에서 부자가 되려고 하는 사람들에게 이렇게 조언한다.

"부자가 되려는 사람들이 가장 많이 하는 실수는 빨리 부자가 되려는 마음을 갖는 것이다. 빨리 부자가 되려는 욕심이 생기면 올바른 판단을 할 수가 없다. 사기를 당하기 쉽고 이익이 많이 나오는 것에 쉽게 현혹되며 마음이 급해 위험을 살피지 않고 감정에 따라 투자를 하게 된다. 거의 모든 결말은 실패로 끝나고 만다. 혹시 운이 좋아 크게 성공을 했어도 다시 실패할 수밖에 없는 모든 조건을 가진 자산과 인연만 만들게 된다. 무리한 투자나 많은 레버리지를 사용하는 버릇을 버리지 못하고 힘이 약한 재산만 가지고 있기 때문이다."

빨리 부자가 되려고 하지 마라, 이 세상에 그 어떤 부자도 하루아침에 된 사람은 없다. 조급하면 진다. 진짜 부는 소의 걸음으로 우직하게 천 리를 간다는 우보천리(牛步千里)와 같다. 남들의 부는 순식간에 온 것처럼 보이지만 그것은 착각이다. 십년적공이란 말처럼 무슨 일을 하더라도 한 우물을 파야 성공하듯 꾸준히 적공(積功)해야 한다.

어려운 상황에서도 뼈를 깎는 노력으로 십 년의 적공이 당신의 인생을 바꾸는 법이다. 부자에게는 반드시 부자가 될 수밖에 없는 자신만의 철칙(Rule), 습관과 태도가 있다. 이것을 익히고 지키는 십년적공(十年積功)이 힘이 센 재산을 만들고 건강한 부자가 되는 길이다.

일본 최고의 투자가, 다케다 와헤이는 일본에서 주식투자로 가장 성공한 사람이다, 그는 '부의 의식'에 대해 이렇게 말했다. "돈은 끊임없이 흐르는 것이다. 주고받을 때 반드시 마음을 담아라."

무언가를 살 때 비싸다거나 아깝다고 생각하며 돈을 내면 점점 가난해진다. 반대로 무언가를 사거나 돈을 낼 때 감사하는 마음을 가지면 돈은 몇 배가 되어 돌아온다.

어떤 일을 하든 자신이 하는 일에 철학이 있어야 한다. '목구멍이 포도청이라 장사라도 한다.'라는 생각으로는 늘 입에 풀칠만 하게 된다. 옷을 판다면 고객을 더 매력적인 사람이 되도록 돕는 일을 한다고 생각해야 한다. 상대에게 이익이 되고 도움을 준다는 생각이 돈 벌이하는 사람의 마음을 편하게 하고 좋은 에너지를 만든다.

고객을 대할 때는 항상 "나는 고객에게 선한 마음으로 도움을 주는 사람(Helper)이다."라는 자신만의 Rule(철칙)을 가져야 한다. 스스로에게 말하라. "나는 장사꾼이 아니라 헬퍼(Helper)다."

돈이 부자를 만드는 게 아니다. 돈을 벌고 지키고 불릴 수 있는 원칙과 정도가 부자를 만든다. 돈에 대한 원칙과 정도를 세우기 위해서는 돈에 대한 올바른 이해와 의식이 있어야 한다.

투자와 관련해서도 자신만의 철칙을 가져야 한다. 만약 없다면 그것이 정립될 때까지는 투자하지 말아야 한다.

많은 사람들이 큰돈을 벌려고 주식시장에 뛰어든다. 10% 정도의 수익을 바라고 주식을 사는 사람은 드물다. 주식투자에도 십년적공(十年積功)의 법칙은 존재한다. 투자의 내공이든 수익이든 하루아침에 이루고자 한다면 실패한다.

주식투자와 관련해 본인은 장기투자자다. 그렇다고 한 종목을 10년 이상 보유하지는 않는다. 주식시장에 뛰어든 기간은 장기(長期)지만 개별종목을 장기간 보유하지는 않는다. 목표한 이익이나 손절가액에 도달하면 미련 없이 매도한다.

투자의 목적은 수익을 내는 것이다. 이와 관련한 본인의 투자원칙은 있다. 부자는 항상 가난한 자들의 고통을 생각해야 하듯이 주식투자 실패로 고통을 받았거나 고통받는 사람들을 생각해야 한다. 그래서 주식을 팔 때는 춘추전국시대 상성(商聖)으로 불렸던 범려, 그는 "물건을 팔되 그 십 분의 일만 이익으로 취한다."라는 일할(一割) 규칙을 가졌다. 그 규칙을 본받아 매각차익과 손해액을 매수가의 10%로 정했다.

나 혼자 돈 벌겠다는 생각을 버릴 때 기회는 더 많이 오는 법이다. 만약 매월 10%의 이익을 낼 수 있다면 1년이면 120%라는 엄청난 수익률을 내는 것이다. 손절매도 마찬가지다. 10% 하락하면 매도하는 원칙을 지킨다. 손절매는 보시라고 생각하고 내가 손해 본 종목으로 다른 사람이 이익을 보길 바라며 감사한 마음으로 매각한다. 감히 '무주상보시'에 비유한다는 것은 불경스러운 마음이지만, 그런 마음이 되려고 노력한다. 이 마음이 좋은 기운으로 되돌아온다는 것을 본인은 믿기 때문이다.

주식투자 실패의 원인은 멘탈(心理)에 있다. 그것은 욕심과 조급함, 그리고 '나는 손해 보지 않겠다.'라는 생각 때문이다. 이 세 가지 마음을 버려야 한다. 한 치의 오차도 없이 실행하려면 자신만의 절대적 규칙(Rule)을 가져야 한다. 본인에게는 '10% Rule'이다.

돈을 벌기 위해서는 사람들과 신뢰를 바탕으로 돈독한 관계를 만들어야 하며, 선행을 배풀어야 한다. 그래서 정직함과 올바름을 통한 부의 축적은 선업(善業)의 축적이다. 선을 행하면서 돈을 버는 것은 수행이자 도(道)가 된다. 부와 힘을 가진 자의 윤리가 무너지면 가난한 자들의 삶은 더욱 도탄에 빠지게 된다. 가난하고 약한 자를 진정으로 배려하고 나누는 선(善)한 부자들이 넘쳐날 때 자본주의 사회는 더욱더 발전하게 된다.

강호 동양학자 조용헌 씨의 중소기업신문 칼럼『조용헌의 소설 도사 열전』에 이런 대목이 나온다. "돈 많은 사람의 고통이 불면증이다. 이럴 때는 돈을 좀 풀어야 한다. 돈은 귀신이 모여서 만들어진 업(業) 덩어리이다. 이 덩어리를 해체하는 방법은 주변에다 좀 풀어야 한다. 풀면 아군이 생기고, 나를 우호적으로 둘러싸는 신병(신병)이 생겨서 나를 방어해 준다."

베풂은 하늘이 인간에게 내린 계율, Rule이며 도(道)다. 헐벗은 사람에게 옷이 되고 굶주린 사람에게 밥이 되고 병든 사람에게 약이 되는 돈은 세상을 풍요롭게 만드는 도(道)다. 부자가 하늘과 같은 덕을 베풀어 가난한 사람을 돕는 것은 하늘의 금고에 부를 쌓는 일이다.

자신에게 적용하는 기준은 매우 엄격하지만 다른 사람에게는 후하게 덕을 베푸는 부자는 산속이 아닌 세속에서 도를 닦는 도인이다.

재물을 취함에 있어 쉽고 빠른 길과 어렵고 힘들지만 옳은 길 사이의 Rule을 선택하는 것이 가장 어렵다. 이 길이 옳은 길이 아니라고 판단했을 때, 스스로에게 쉬운 길을 버리고 옳은 길을 가자고 설득하는 과정은 쉽지 않다. 사람이란 누구나 서 있으면 앉고 싶고, 앉으면 눕고 싶고, 누우면 잠자고 싶기 때문이다. 누구라도 편하고 쉽게 가고자 하는 유혹에 빠져들기 쉽다. 그러나 옳은 길을 가는 것은 나와 후대를 위한 것이며, 세상 사람들에게 신뢰받는 길이라는 생각으로 극복해야 한다.

쉽고 빠른 길보다는 느리고 힘들지만 옳은 길을 포기하지 않고 묵묵히 걸어가겠다는 Rule을 가져야 한다. 자식은 부모의 뒷모습을 보며 자란다고 했다. 옳은 길로 가지 않는다면 굳이 부자가 될 필요가 없다.

지옥에서 탈출할 수 있는 방법은 확신을 가지고 걷고 또 걷는 것뿐이다. 진정 강한 사람이란 성품의 강인함은 물론 자신이 세운 철칙은 무슨 일이 있어도 지키는 사람이다.

부모가 자식에게 물려줘야 할 것은 재물이 아니다. 어렵고 힘들지만 옳은 길을 포기하지 않고 우직하게 걸어나갈 수 있는 정신을 물려주어야 한다. 옳은 길을 가지 않는다면, 그러한 부자는 이 세상에 존재할 필요가 없기 때문이다.

"하늘은 스스로 돕는 자를 돕는다."라는 말처럼 우리는 진정 강해지기 위해서는 스스로 일어서야 하는 존재이지만, 친절은 넘어진 자를 일으켜 세우기도 한다. 먼저 스스로에게 친절해야 한다. 그것은 자신을 믿는 것이다. '나는 무한능력자다.'라는 믿음을 갖는 것이다. 부자가 되고자 하는 자가 가져야 할 인생의 Rule은 자신감과 절대 긍정이다.

누구와도 타협하지 않는, 자신만의 인생철칙, Rule을 가질 때 마의 침범을 막을 수 있다.

2-1. Rule을 지키는 힘, '루틴'

『성취의 법칙』의 저자, 로버트 콜리어는 "Success is the sum of small efforts, repeated day in and day out(성공은 매일 반복되는 자그마한 노력의 총합이다.)."라는 말을 했다. 성공이란 사소해 보이는 일상 속의 루틴이 쌓인 것이란 뜻이다.

파가니니를 잇는 바이올린의 천재 파블로 데 사라사테에게 사람들이 천재라고 부르자 그는 이렇게 답했다.

"For 37 years I've practiced 14 hours a day, and now they call me a genius(지난 37년간 하루도 빼먹지 않고 14시간씩 연습한 나에게 '천재'라니.)."

"노력은 배신하지 않는다."라는 말은 항상 진실이 아니다. 그렇다고 노력하지 않아도 성공한다는 것은 아니다. 대신 절대로 노력에 배신당하지 않으려면 제대로 된 방법을 선택해야 한다.

승자와 패자를 가르는 차이는 루틴에 있다. 세상의 승자들은 시간이 부족하다고 느끼며 늘 부지런하게 산다. 하루를 허투루 보내지 않는다. 자신만의 철저한 루틴을 터득하며 생활에 일탈이 없다. 그들은 매일 아침 '오늘을 가장 소중히 하며, 생애 최고의 날로 만들겠다.'라는 다짐으로 하루를 시작한다. 그들 대부분은 새벽형 인간들이다. 매일 새벽 그날의 기대감이 그들을 잠자리에서 박차고 일어나게 하기 때문이다.

창평뤼가 쓴 『처세』에 청나라 말기의 군인이자 정치가인 증국번의 일일 루틴을 소개하고 있다. "증국번은 매일 하루도 거르지 않고 해서(楷書) 연습에 정성을 기울이고, 역사책 열 쪽을 읽고, 사소한 일 하나하나 모두 일기에 기록했다. 이외에 그는 직접 정한 12가지 일일 규칙을 동생들에게도 실천하도록 했다."

카카오 김범수 의장의 일과는 매우 규칙적이라고 알려져 있다. 특히 매일 아침 3시간가량은 오롯이 사색과 독서로 자신에게 투자하는 시간이다. 아침 05:30에 기상해 1시간 산책하고 40분간 샤워를 한다. 이 100분간은 그에게 계속 생각하는 시간이다. 이후 30분간 신문 정독, 그리고 1시간은 독서한다. 그에게 하루 일과 중 가장 중요한 습관 중 하나는 아침 샤워라고 한다. 생각이 막히거나 일이 잘 안 풀리거나 고민거리가 생기면 샤워실로 가 머리에 물을 맞으면서 곰곰이 생각에 잠긴다고 한다. '카카오톡'의 아이디어도 샤워 중에 떠오른 영감이었다고 한다.

공병호 씨는 2004년 「새벽을 정복하라」라는 칼럼에서 이렇게 쓰고 있다.

"하라하타 테츠유키 씨는 3대째 의사 집안이다. 그의 아버지처럼 그도 고등학교 때부터 밤 10시 취침, 새벽 3시 기상을 기본으로 주로 아침에 공부하여 의과대학에 입학할 수 있었다.

하라하타 씨의 아들 역시 새벽 3시에 기상하여 수험공부를 하였다고 한다. 의사가 된 후에도 그는 새벽 기상이란 습관을 계속하게 되는데, 새로운 노화방지 관련 자격시험을 목표로 매일 아침 병원에 출근하기 전 2시간 정도를 시험공부에 매진하였다. 일단 병원에 출근하고 나면 눈코 뜰 새 없이 바쁘기 때문에 공부할 수 있는 시간은 이른 새벽 시간밖에 없었다."

밤 11시~1시를 자시(子時), 1시~3시를 축시(丑時), 3시~5시를 인시(寅時)라 한다. 『주역』은 "하늘은 자시에 열리고, 땅은 축시에 열리고, 사람은 인시에 생긴다(天開於子 地闢於丑 人生於寅)."라고 했다. 모든 만물이 깨어나고 우주의 기운이 가장 맑은 시간대가 새벽 3시부터 5시 사이인 인시(寅時)라는 말이다. 그래서 많은 종교인들과 영성 수행자들은 새벽기도를 중시한다.

밤 문화와 친숙한 현대인들은 새벽 3시까지 잠을 자지 않기는 쉬워도 그 시간에 일어나기란 엄청난 고역이다. 새벽기도를 위해 누구보다 먼저 새벽을 여는 사람들은 그것만으로도 존경받을 만하다.

성공하려면 반드시 자신만의 새벽 루틴을 만들어야 한다. 하루가 시작되는 새벽에 성취감을 만끽한다는 것은 큰 의미가 있다. 새벽 시간을 오롯이 자신의 시간으로 만들 수 있다면 인생을 남들보다 몇 배로 살 수 있다. '새벽 기상'이라는 심플한 습관이 한 인간의 인생을 송두리째 바꾸어 놓을 수 있다. 새벽에 이불을 박차고 일어나는 용기를 가졌다면 성공할 수 있다.

불교 최고의 경전이라는 금강경 제1분에는 부처님께서 탁발 후 공양을 드시고 옷을 접어 두시고 발을 씻으시고 자리를 깔고 앉는 모습을 적고 있다. '이게 무슨 최고의 경전인가?'라는 의문이 들었다. 하지만 여기에는 기본에서부터 시작하라는 가르침이 있다. 평상심이란 사소하게 보이는 일상적인 것에서 시작되며, '기본(basic)'이라는 루틴을 통해 자연히 입정(入定) 상태에 들어가라는, 루틴에 대한 굉장히 중요한 가르침이 있다.

"내가 좋은 샷을 할 수 있는 이유는 언제나 같은 루틴을 따르기 때문이다. 나의 루틴은 변하지 않는 나만의 것이다." 타이거 우즈의 말이다. 최적의 심리상태가 최적의 성과를 만든다. 루틴은 최적의 심리상태를 만드는 습관이다.

『예수의 리더쉽』 저자이자 강사인 마이크 머독은 "당신의 미래는 일상의 루틴에 달려 있다."라고 했다. 성공의 비결은 좋은 습관의 형성이라고 할 수 있다. 좋은 습관을 위해서는 우리의 일상을 성공에 최적화시켜야 한다. 가장 좋은 방법이 루틴이다. 루틴이란 성공을 위해 미리 연습하고 반복하는 자신만의 고유한 성공의 리허설이자 습관이다.

'나는 왜 항상 돈이 부족할까?'라는 문제로 많은 사람들이 속을 앓는다. 만약 그동안의 수입을 한 푼도 쓰지 않고 모았다면 엄청난 금액이었을 텐데, 그 돈은 다 어디로 갔을까? 왜 돈은 늘 내 통장을 스치고 지나가기만 할까?

이 질문들은 늘 우리를 스트레스 받게 한다. 해답을 찾고자 시중에 나와 있는 성공학과 자기계발 서적을 비롯해 부자들의 습관과 태도에 관한 책 등을 닥치는 대로 읽었다. 시간이 흐를수록 부자가 되기 위한 비결보다는 부자들의 멘탈이나 성품, 습관과 같은 것에 더 관심이 갔다. 수많은 좌절과 실패에도 그들이 무너지지 않고 버틸 수 있게 만든 것은 그들만의 심플한 일일 루틴에 있었다.

루틴은 특별한 사람만이 실천할 수 있는 특별한 게 아니었다. 누구나 할 수 있는 것들이다. 예를 들어 아침에 일어나자마자 이불 개고 물 한 잔 마시기, 메모하기 등과 같은 작은 습관들이다.

고수들이 가진 가장 강력한 루틴은 마음을 고요히 만드는 습관이다. 마음이 가장 맑고 명료한 새벽 시간이 마음을 닦고 수행하기에 가장 좋다. 새벽기도가 가장 기도(祈禱)발이 좋다고 한다. 15분 정도만이라도 척추를 곧추세워 똑바른 자세로 앉아 내면을 주시하는 것만으로도 우주의 에너지를 느낄 수 있다. 자신에게 가장 적합하고 쉬운 습관부터 가지면 된다.

부자가 되는 습관이란 돈이 달아나는 습관을 돈이 모일 수 있는 습관으로 바꾸면 된다. 힘들게 일해 번 돈들이 통장을 스쳐만 가도록 하는 소비습관을 버리고 저축습관, 투자습관으로 바꾸는 것이다.

김승호 회장은 『돈의 속성』에서 돈을 모으는 루틴이자 네 가지 습관으로 다음을 제시한다.

"일어나자마자(누워 있는 상태에서) 기지개를 켜라. 전신 스트레칭은 시작부터 활력을 가진 사람으로 만들어 준다. 자고 일어난 이부자리를 잘 정리하라, 정리는 삶에 대한 감사이다. 공복에 물 한 잔을 마신다. 일정한 시간에 자고 일정한 시간에 일어난다. 일정함이란 매우 중요한 덕목이다."

덧붙여 그는 이렇게 말한다. "사소함이 인간을 위대하게 만든다. 이 사소한 습관이 돈을 부르지는 않는다. 그러나 이 습관을 가진 사람에겐 한번 돈이 들어오면 절대 줄지 않는다. 사소한 행동 안에 그 사람의 인생 전체가 그대로 들어있기 때문이다."

아침 기상과 함께 매일매일 하는 본인의 루틴은 심고(心告)로 시작한다. 그것은 "내 삶에서 반드시 가야 할 길을 발견하여 이 세상에 의미 있는 공헌을 할 것이다. 많은 사람들에게 선한 영향력을 끼쳐 그들이 행복해지도록 돕는 책을 쓰고 강의를 한다. (중략) 나는 오늘을 가장 소중히 하며, 내 생애 최고의 날로 만들 것이다."이다.

루틴이란 좋은 습관을 자동화하기 위해 반복적으로 실행하는 행동이자 경건한 의식이다. 새벽 기상이 어려운 이유는 의지박약이 아니라 벌떡 일어나게 만드는 인생의 목표와 루틴이 없기 때문이다. 분명한 목표설정과 함께 잠들기 전부터 이른 새벽 자명종 소리에 이불을 박차고 나오는 자신만의 체계적 루틴을 만들어야 한다.

당신의 하루 루틴을 점검하라. 루틴은 습관이 되고 성격이 되고 운명이 되기 때문이다. 자신의 삶에 오롯이 몰입할 수 있는 루틴을 가져야 대가(大家)의 반열에 오를 수 있다.

3. 人性이 人生을 바꾼다.

"인성이란 씨앗을 심으면 '운명'을 수확하게 될 것이다."

— 미국 하버드대 교수, 윌리엄 제임스

　　미국 초대 대통령 조지 워싱턴은 전쟁에서 승리한 후에 왕이 되어달라는 국민의 성원이 있을 때도 스스로 왕이 되기를 거절한 사람이었다. 그를 기념하여 세워진 워싱턴 타워 전망대에는 워싱턴이 미국 독립전쟁의 영웅이자 미국을 건국한 대통령이었다는 설명은 없다. 다만 "워싱턴은 가장 정직한, 가장 겸손한, 가장 친절한 젊은이였다."라는 문구가 적혀 있을 뿐이다. 정직, 겸손, 친절은 지도자의 덕목이자 사람과 부를 버는 최고의 덕목이기도 하다.

　투자의 귀재, 워렌 버핏이 미국 대학생들에게 한 말이다. "자신의 미래수익의 10%를 투자해야 한다면 투자하고 싶은 사람을 주위에서 골라보십시오. 대부분 가장 잘생긴 사람이나 운동을 잘하는 학생, 키가 큰 학생, 가장 날쌘 학생, 가장 돈이 많은 학생, 나아가 가장 머리가 좋은 학생을 고르진 않습니다. 당신이 고르는 대상은 그들 가운데 가장 인격이 뛰어난 사람일 것입니다. 누가 가장 많은 수익을 올릴지 모든 사람은 본능적으로 알기 때문입니다."

『대학(大學)』에 "군자는 먼저 덕을 쌓아야 한다. 덕이 있으면 이에 사람이 있고, 사람이 있으면 땅이 있고, 땅이 있으면 재물이 있고, 재물이 있으면 씀씀이가 있다(君子先愼乎德 有德此有人 有人此有土 有土此有財 有財此有用)."라고 했다.

동양의 고전에서는 운(運)을 바꿀 수 있는 가장 보편적인 방법이 덕을 쌓는 것이라고 가르친다. 후덕재물(厚德載物), '두터운 덕 위에 재물을 쌓아라.'라는 뜻이다. 재물을 쌓기 전에 덕을 쌓고, 두터운 덕 위에 재물을 쌓아야 재물도 빛나고, 덕이 앞서야 재물이 착하게 쓰인다는 뜻으로 대학에서 가르치는 부의 정석이자 법칙이다.

중국의 시진핑(習近平)의 아버지 집에도 '후덕재물(厚德載物)'이라 적힌 현판이 걸려 있고, 그의 모교인 청화대학(淸華大學) 정문에도 역시 '후덕재물(厚德載物)'이 새겨져 있다고 한다.

『누구를 위한 부의 축적인가, 이시다 바이간에게 배운다』라는 책에는 "상인에게 돈을 벌 수 있게 해주는 사람은 다름 아닌 고객이다. 고객을 기쁘게 할 때 비로소 돈이 들어온다. 그것이 부의 근본이다. 돈만을 부라고 생각하기 쉽다. 그러나 그 돈을 지불하는 사람은 고객이다. 그러므로 부의 주인은 고객이다. 영주도 아니고 부유한 상인도 아니며 어디까지나 상품을 사는 고객인 것이다."라며 돈이 아닌 사람의 마음을 사야 한다는 가르침을 전하고 있다.

단지 돈 벌기 위해 열심히 일하는 것은 올바른 자세가 아니다. 진정한 부자는 돈만 쫓는 장사치가 아니다. 돈보다는 더 위대한 그 무엇을 추구한다. 그들은 능력 이전에 올바른 인성을 지녔다. 그렇기에 주변에 있는 사람들이 그를 전적으로 믿고 모이게 된다.

인성이란 사람과 일을 대하는 태도 및 행동양식에서 드러나는 개개인의 특징이다. 어떠한 인성을 지녔느냐가 그 사람의 행동을 좌우하고, 습관을 만들며 인생을 결정짓는다. 성공한 사람들의 필살기는 인성, 좋은 성격이다. 그들은 치밀하고 학구적이며 겸손하고 긍정적이다. 또한, 자기주도적이고 자기조절력, 회복탄력성이 강하며 끈기 있고 온화한 성격의 소유자들이다.

"너희들이 태어나 지금 이곳에 누구와 같이 있건, 학교에서건, 회사에서건, 심지어 길 가다가 마주친 사람과의 관계에서건, 너희들이 그때 그 순간 그 사람과 같이 있는 것은 나름의 이유가 있다. 그리고 그 이유가 무엇인지는 스스로 찾아야 한다. 나는 너희가 생계 문제로 걱정하기를 절대 원하지 않는다. 너희가 어른이 되어 스스로 생계를 해결하지 못하면 내가 도와줄 터이니 그 문제로 걱정하지 말아라. 학교에서 좋은 성적을 받기 위해 애쓰는 것도 원하지 않는다. 우등생이 되거나 좋은 학교를 가는 것에만 집중하지 말기를 바란다. 내가 너희들에게 진정으로 원하는 것은 첫째, 너희가 어떻게 이 사회 사람들과 지구의 인류에게 봉사할 수 있는지 둘째, 그것을 할 수 있는 나만의 독특한 재능이 무엇인지 그 두 가지를 스스로 찾는 데에만 집중해주기를 바란다."

디펙 초프라의 『성공을 부르는 일곱 가지 영적 법칙』에 나오는 글이다. 그는 자녀들에게 진정으로 원하는 것은 돈, 명예가 아니라 자신만의 재능을 찾고 세상에 기여하는 삶이라고 말한다. 가장으로서 자녀들에게 물려줄 것은 돈이나 재물이 아니다. 올바른 인성을 갖기 위한 철학과 가치관이다.

간디의 삶을 송두리째 바꾼 영국의 사회학자 존 러스킨이 쓴 『나중에 온 이 사람에게도(Unto This Last)』에는 "가장 부유한 사람은 자신의 기능을 최대한 완벽하게 발휘해 그 인격과 재산으로 다른 사람들에게 유익한 영향을 최대한 널리 미치는 사람이다."라는 글이 있다.

진정한 부자와 졸부의 차이는 인성, 품격에 있다. 품격 있는 사람의 말에는 상대를 배려하고 존중하는 마음이 들어있다. 그들은 스스로를 높이는 것이 아니라 상대를 높임으로써 함께 높아지는 품격이 있다. 품격은 돈으로 만들어지지 않는다. 하루아침에 만들어지지도 않는다. 독서와 사색, 품격 있는 사람들과의 교류가 자신의 품격을 높여주고 그 품격이 그 사람의 언어, 행동, 가치관으로 드러나게 된다.

품격이 없는 막대한 부는 무의미할 뿐이다. 진정한 부자란 재물뿐만 아니라 인격, 진실, 자비로움과 같은 눈에 보이지 않는 가치들을 가지고 있으며, 누구에게나 허리를 굽힐 줄 아는 겸손한 사람이다.

표정 하나, 말 한마디에도 품격이 드러난다. 그 사람의 인격의 향기가 숨김없이 바깥으로 풍겨 나오는 것이다. 품격이 있느냐 그렇지 못하느냐에 따라 다른 사람들이 다가오기도 하고 멀리 흩어지기도 한다.

1998년 워싱턴 대학에서 워렌 버핏과 빌 게이츠 초청강연이 있었다. 질의 응답 시간에 한 학생이 "부자가 된 비결을 알고 싶습니다."라고 하자, 워렌 버핏은 "아주 간단합니다. 비결은 좋은 머리가 아니라 인성입니다."라고 답했다. 옆에 있던 빌 게이츠는 "저도 버핏의 말에 100% 동의합니다."라고 대답했다.

돈은 사람을 통해서 움직인다. 그래서 인간관계가 좋지 못한 사람은 돈을 끌어들이지 못한다. 올바른 인성이야말로 돈을 끌어들이는 원천적 힘이라고 할 수 있다.

우선 마음이 넉넉해야 한다. 진정한 부자는 돈이 많은 사람이 아니라 마음이 풍요로운 사람이다. 그들은 마음이 너그럽고 넉넉하기 때문에 베풂을 안다. 대체로 너그러운 사람들은 배려심이 있으며, 겸손하고 친절하다. 그래서 사람들이 모여들게 되고 그만큼 기회도 많아지게 된다. 하지만 이기적이고 잘난 척하며 불친절한 사람에게는 사람이 가지 않게 되고 당연히 돈과 기회도 흘러가지 않는다.

로버트 기요사키는 『부자 아빠, 가난한 아빠』라는 책의 뒷부분에서 부자가 부자가 될 수밖에 없고, 가난한 사람이 가난할 수밖에 없는 이유를 다음과 같이 설명한다.

"부자는 먼저 베풀 줄 안다. 그런데 가난한 사람은 나중에 부자가 된다면 베풀 수 있지만, 지금은 내가 가진 것이 없어서 베풀 수 없다고 한다. 이것은 마치 한겨울에 난로의 온기를 원하는 사람이 '난로야, 내가 먼저 땔감을 줄 테니 온기를 줘.'라고 하는 사람과 '난로야, 네가 먼저 온기를 준다면 내가 힘을 얻어서 땔감을 줄 테니 알아서 해.'라고 하는 사람의 행동과 다를 것이 없다."

먼저 베풀 줄 아는 마음이 부의 의식이고, 나중에 부자가 되고 난 뒤에 베풀겠다는 마음이 궁한 의식, 빈곤의 의식이다.

한상복 작가가 쓴 『배려』라는 책에 이런 말이 나온다. "주는 사람 입장에서는 아깝기만 한 그 부분, 다시 말해 손해 보는 것 같은 그

가치는 어디로 간 것일까? 받은 사람이 독식하는 것일까? 그 가치는 받은 사람이 혼자 누리는 게 아니다. 고스란히 쌓여 다시 돌아오게 돼 있다. 돌아올 때는 다른 것으로 바뀐다. 만족이나 보람일 수도 있고 찬사나 존경일 수도 있다. 성공은 그렇게 이뤄지는 것이다."

결국, 먼저 베풀 수 있는 배려가 성공과 부를 만든다는 사실을 깨달아야 한다. 베풂을 받은 사람은 그 사실을 현재 의식은 잊을지 모르지만, 잠재의식이 기억한다. 그래서 언젠가는 받은 것의 몇 배를 갚게 되는 것이다.

일본의 극작가 나카타리 아키히로의 "나를 도와줄 사람은 내가 도와준 사람의 수와 같다."라는 말처럼 내가 먼저 많이 베풀어야 한다.

사업에 성공한 사람들에게 성공의 비결을 물어보면 대부분 "운이 좋았습니다. 많은 분들이 도와주었기 때문에 성공할 수 있었습니다."라고 대답한다. 그들은 겸손함이 몸에 배어 있다. 잘난 척, 예쁜 척, 있는 척하는 순간부터 못난 사람으로 전락해버린다.

새뮤엘 스마일즈는 그의 책 『자조론』에서 최고의 재산은 인격과 명예라고 했다. 겸손함이 기품 넘치는 사람으로 만들어 준다.

운이 좋은 사람들의 공통점은 '대체로 배짱이 두둑하고 주변에 많은 것을 베풀며 겸손하고 항상 감사하는 마음을 가졌다.'라는 것이다. 그래서 그들 주변에 항상 운이 좋고 능력 있는 사람들이 모여든다. 그들은 당연하다고 여겨지는 것들에 감사하는 마음을 가진다. 그것이 카리스마다. 카리스마가 없는 사람은 친절함과 겸허함, 감사함을 모르는 사람이며, 그들에게는 사람과 돈이 모이지 않는 법이다.

재물이 들어오는 시기에는 같은 사람이라도 태도가 달라진다. 사람을 대하는 태도에 친절함과 겸허함이 넘쳐나며, 매사 감사하는 사람이 된다. 운과 복을 부르는 지혜로운 자의 태도는 친절함과 겸허함, 그리고 감사이다. 그것이 올바른 인성이다.

전설의 농구 감독, 존 우든의 말이다. "정상에 올라가게 하는 것은 실력이지만, 그곳에 머물게 해주는 것은 그 사람의 성품이다." 부자가 되는 것은 능력이지만 그 부를 유지하게 해주는 것은 그 사람의 인성이다.

가장 성공적인 인생은 최고의 권력, 최고의 부를 얻는 삶이 아니다. 품격과 예절을 닦고 자신이 맡은 일에서 최선을 다하는 삶이다.

상품의 공급이 많으면 많을수록 가격은 더 떨어진다. 우리의 비즈니스 가치는 다이아몬드처럼 희소성 있는 상품을 소유하는 데서 나온다. 그것은 바로 올바른 인성이다. 인성이 바탕이 되지 않은 부(富)와 명예는 사상누각이다. 인성이야말로 궁극적 경쟁력이다.

3-1. 절대 긍정은 운명을 바꾼다

나는 세계에서
가장 행복한 사나이다.

아내가 찻집을 경영해서
생활의 걱정이 없고
대학을 다녔으니
배움의 부족도 없고
시인이니
명예욕도 충분하고
예쁜 아내니
여자 생각도 없고
아이가 없으니
뒤를 걱정할 필요도 없고
집도 있으니
얼마나 편안한가
막걸리를 좋아하는데
아내가 다 사주니
무슨 불평이 있겠는가
더구나
하나님을 굳게 믿으니
이 우주에서

가장 강력한 분이

나의 백이시니

무슨 불행이 온단 말인가!

본인이 미래에 대한 막연한 불안, 현실에 대한 뭔가 모를 불만을 느낄 때면 늘 꺼내 읽어보는 천상병 시인의 『행복』이란 시다. 극빈과 고문 후유증이라는 고통의 생활 속에서도 절대 긍정의 천상병 시인이야말로 진정한 도인이었다.

술과 노름에 폭력을 일삼는 아버지 밑에 자란 두 아들이 있었다. 그들이 성인이 되었을 때 한 명은 의과대학의 교수가 되어 알코올 중독자들을 치료하는 훌륭한 일을 했고, 다른 아들은 아버지처럼 알코올 중독자로 폐인이 되었다. 똑같이 불행한 환경 속에서도 전혀 다른 인생을 살게 해주는 것은 바로 생각의 차이다. 같은 환경과 일도 어떻게 생각하는가에 따라 그것의 의미가 바뀌게 되고, 그에 따라 우리 인생의 결과도 완전히 달라진다.

노벨 화학상을 받은 독일의 프레더릭 빌헬름 오스트발트는 화학자이자 물리학자이면서 동시에 철학자기도 하다. 그는 '성공한 사람들은 어떤 공통점을 가지고 있을까?'라는 흥미로운 주제에 관해 연구한 적이 있다. 그의 연구 결과에 따르면 성공한 사람들은 모두 두 가지 공통점을 가지고 있었다고 한다.

첫 번째는 실패나 시련이나 위기 앞에서도 포기하거나 좌절하지 않는 절대 긍정의 사고를 가졌다는 것, 두 번째는 바로 '엄청난 다독가였다는 점이다.

우리의 인생을 결정짓는 것은 환경이나 조건이 아니라 바로 우리의 생각이다. 그리고 그 생각이 결국에는 우리의 감정도 좌우하게 된다. 눈앞의 상황이나 형편과 처지가 내일의 우리 인생을 결정짓는 것이 아니라 그것을 어떻게 인식하고 어떻게 받아들이느냐에 따라 내일의 우리의 모습이 결정된다.

생각의 전환, 발상의 전환을 통해 우리는 얼마든지 완전히 다른 삶을 살아갈 수 있다. 항상 인생의 밝은 면만 생각하는 플러스 발상이 습관이 된 사람들은 그 누구보다도 더 행복하고 즐거운 삶을 살 수 있게 된다.

세상은 바뀌지 않는다. 우리가 해야 할 일은 오직 자기 자신을 바꾸는 일이다. 많은 선각자들이 "자신을 바꾸면 세상이 바뀐다."라고 말한다. 이 말은 생각을 바꿔야 한다는 말이고, 생각이 바뀌면 습관이 바뀌게 되어 결국엔 운명까지 바뀌게 된다는 의미다.

지금보다 더 많은 부와 풍요가 깃들기를 바란다면 우리 스스로 내면에서부터 더욱 풍요로워져야 한다. 생각을 풍요와 성공과 성장에 초점을 맞추게 되면 우리는 더욱더 성장하고 부유해질 수 있다. 지금 현재 우리의 모습이 어떠하든 우리가 위대한 생각을 할 수 있다면, 우리의 미래는 지금과 전혀 다른 인생을 살아갈 수 있다.

호텔의 조찬모임에 참석하는 성공한 CEO들은 대부분 낙관론자들이다. 모든 분야에서 성공한 사람들의 공통점은 '실패나 시련이나 위기 앞에서도 포기하거나 좌절하지 않는 절대 긍정의 사고를 가졌다.'라는 점이다.

부자와 빈자의 운명을 타고난 사람은 없다. 다만 돈과 부의 과학을 잘 아느냐, 모르느냐에 따라 부자가 될 확률이 높고 낮아질 뿐이다. 돈과 부의 과학을 배우고 익히기 위한 출발은 절대 긍정의 마음이다. 운과 기회, 그리고 재물은 긍정적인 사람에게로 오기 때문이다.

마쓰시다 고노스케 회장은 언젠가 "내가 거둔 성공에서 노력에 의한 것은 1퍼센트에 지나지 않을 것입니다. 나머지 99퍼센트는 운이 좋아서 능력 있는 사원들을 만났고, 멋진 아이디어를 얻을 수 있었기 때문입니다."라며 운(運)의 중요성을 말했다.

부자가 되려면 운(運)이 좋아야 한다. 운이란 마음 상태와 공명한다. 유유상종이란 말도 있다. 상념, 생각이 중요하다. 생각은 말로 나타난다. 긍정 마인드, 긍정의 말이 중요하다. 빈털터리 고흐와 갑부 피카소의 차이점은 그들이 내뱉는 말에서 극명하게 드러난다. 불평이 많은 사람에게는 좋은 운이 오지 않는다. 강한 운을 가진 사람이란 '나는 강한 운을 가졌다.'라고 믿는 사람이다. 실패나 좌절을 겪은 인생이든 성공한 인생이든 무엇과도 바꿀 수 없는 한 번뿐인 당신의 인생이다. 실패와 좌절까지 끌어안을 수 있어야 한다. 이것이 강한 운을 끌어당기는 비결이다.

좋은 운의 흐름을 잡는다면 뿌린 것 이상의 결실을 거둔다. 바람처럼 순식간에 지나가는 타이밍을 포착할 수 있어야 한다. 마음이 흔들리면 볼 수 없다. 기회는 마음으로 잡는 것이다.

그 마음은 '평상심'과 '절대 긍정'이다. '평상심시도'라는 말처럼 평상심을 유지할 때 여유로움과 세상을 보는 안목이 생기며, 절대 긍정의 마음가짐이라야 절망 속에서도 희망을 꿈꿀 수 있기 때문이다.

관상학의 부상첩경(富相捷經)에서는 부자와 귀한 벼슬을 쥘 수 있는 형상에 대해 이렇게 썼다.

"전체 형체가 두텁고 편안하며, 기운이 막힌 곳 없이 원활하고, 눈빛이 봉황의 눈과 같이 힘이 있고 밝게 빛이 나며, 음성이 단전에서 나와 울림이 있고 눈썹 생김이 윤택하고 귀가 두텁게 생겼으며, 입술이 붉고 콧대가 견고하며 코의 끝인 준두가 도톰하고 힘 있게 뻗어 있으며, 양 코 옆의 광대뼈가 알맞게 감싸주고 걸음걸이와 서고 앉는 자세나 음식을 먹는 자세가 바르고 단정하면 부자가 된다."

부귀를 누릴 수 있는 이런 형상은 '절대 긍정'의 심상(心相)에서 발현된다는 사실을 명심해야 한다.

행복해지기 위해 어떠한 경우에도 지켜야 할 계율은 '절대 긍정'이다. 긍정적이지 못함은 계율을 어기는 파계(破戒)가 된다. 계를 잘 지키면 잠재의식이 감응하여 마음이 안정되고 깊어지면서 지혜와 환희심이 나오게 된다. 이 환희심이 소원을 성취하게 한다.

부자가 되려고 한다면 돈을 구하기 전에 먼저 마음을 바꾸어야 한다. 도(道)는 마음을 닦는 것이다. 그것은 그늘지고 어둡고 좁은 마음을 닦아서 밝고, 넓고, 원만하게, 긍정적으로 바꾸는 것, '절대 긍정'의 마음이다.

3-2. 성격과 성품이 부(富)를 좌우한다, 부의 과학은 성격과 성품에 있다

오스카 와일드는 "Success is science, if you have the conditions, you get the result(성공은 과학이야, 조건을 갖추면 결과를 얻지.)."라고 했다. 부(富)도 과학이다. 부자가 될 수 있는 조건을 갖추면 부자가 될 수 있다. 그 조건 중 가장 강력한 것은 성격과 성품이다.

부자가 되는 법칙이 있다기보다는 부자가 되는 성격과 성품이 있다는 게 더 맞는 말이다. 그렇다면 부자가 되는 성격으로 바꾸어야 하는데 이게 쉽지 않다. 소싯적에 개차반 성격은 대체로 나이가 들어도 개차반이다. "세 살 버릇 여든 간다."라는 말처럼 한 사람의 성격은 대부분 평생을 지배하기 때문이다.

결코 쉽지 않은 일이지만 성격과 성품을 바꾸면 운명이 바뀐다. 부자 DNA는 부자가 되는 성품을 말한다. (전) 대우그룹 김우중 회장은 빈손으로 우리나라 재벌순위 2위까지 달성한 신화적 인물이었다. 김 회장의 성품은 대표적인 부자 성품, 부의 의식이다. 그의 두드러진 두 가지 성품 중 하나는 '절대 긍정'이다. 그의 책, 『세계는 넓고 할 일은 많다』에 나오는 내용이다.

"나는 낙관론자에 해당한다. 세상을 살아오면서 어려운 일도 없지 않았으나, 그때마다 나는 낙관적인 생각을 버려 본 적이 없다. 잦은 해외여행 중 한 번은 비행기가 불시착한 사고도 있었고, 또 한 번은 이륙하는 비행기 안에서 불이 나는 소동을 겪기도 했다. 그러나 그때도 나는 이 사고로 죽을 것이라는 걱정은 하지 않았다. 그만큼 나는 낙관적이다. 위기(危機)를 위험한 기회로 풀이하는 내 나름의 해석도 알고 보면 타고난 낙관성에 기인한다. 사업은 어떤 의미에서 사업을 둘러싼 환경과의 피나는 싸움이다. 기업이 크면 싸움의 횟수도 많고 치러야 할 대가도 크기 마련이다. 만약 사업가가 비관론에 빠져들면 더 이상 발전하기 어렵다."

그의 또 다른 부자 성품은 도전정신, 결코 역경에 좌절하지 않는 불굴의 투혼에 있다. 아버지가 안 계신 상황에서 가족의 생계를 책임져야 했던 고달픈 시절, 신문 배달을 하면서 자연스럽게 터득한 세상과 일과 돈의 속성, 그리고 어려서부터 어쩔 수 없이 경험할 수밖에 없었던 뒷골목 경험까지…. 그 덕분에 김 회장은 고등학교(경기고) 시절 공부가 아닌 주먹으로 많은 시간을 보냈다고 고백한다.

상대가 누구든 간에 겁먹지 않고 맞짱 뜰 수 있는 담력이 있었다. 아무리 강한 상대라도 처음엔 얻어맞았지만 몇 번을 도전, 결국엔 상대를 굴복시키고 마는 깡의 소유자였다.

어디서 무슨 일을 하든지 간에 끝장을 보고 마는 정신, 깡은 부자의 특성이다. 치열한 경쟁 사회에서 개인이든 기업이든 상대와의 싸움은 필연적이다. 그런 측면에서 어릴 적 뒷골목 싸움 모습에서 그의 부자 DNA를 엿볼 수 있다.

부자의 멘탈은 해내고야 마는 정신이다. 본능적으로 살아남으려는, 절대로 중도에서 단념하지 않는, 칠전팔기의 정신으로, 쓰러져도 기어코 다시 일어나고야 만다. 그리고 자기에 대한 절대적인 신뢰, 즉 자신감(自信感)이 넘쳐난다. 사업이 망해도 다시 그것을 일으킬 수 있다는 자신감이다.

부와 성공은 강한 의지를 필요로 한다. 실패하더라도 절대 기가 꺾여서는 안 되고, 다소 기가 꺾이더라도 절대 의지가 꺾여서는 안 된다.

정주영 회장 역시 부의 의식으로 가득 찬 분이었다. 자동차를 만들어보자고 제안했는데, 지인들과 전문가들은 한결같이 기술도 자본도 없이 어떻게 자동차를 만들 수 있겠느냐고 했다. 그들을 보며 정주영 회장은 이렇게 말했다고 한다.

"자동차가 뭐 별겁니까? 철판에 바퀴 달고, 엔진 사다 끼우면 그게 자동차 아닙니까?"

이재운의 소설 『갑부』에 나오는 갑부 노인의 말이다. "사람들은 대개 남에게 뭘 부탁하는 것에 서툴지. 큰마음을 먹고 한번 부탁해도, 상대가 조금만 주저하면 바로 포기해버리곤 하거든, 그것 아주 못난 자세야."

성공 스토리의 필수 재료는 '좌절하지 않는다.'이다. 그들은 남보다 재능이 뛰어난 게 아니다. 자기보다 더 강한 놈이 때리면 처음엔 맞는다. 그러나 기죽지 않고 가서 때린다. 또 맞고 또 간다. 상대가 굴복할 때까지 간다. 그게 도전정신이다.

부자가 되는 데 가장 필요한 기질은 역경에 굴하지 않는 성격, 자기보다 센 놈한테 맞아도 결코 기죽지 않고 끝까지 달려드는 불굴의 투혼 정신이다. 부자가 되고 성공하고자 한다면 젊었을 땐 단점 많은 성격을 어떻게 하면 장점 많은 성격으로 바꿀까를 고민하고 실천해야 한다. 이게 가장 중요한 과제다.

성격이란 많은 부분에서 잠재의식, 더 깊게는 전생의 업보와 관련이 많다. 성격을 바꾼다는 것은 잠재의식을 바꾸는 것이다. 현재 의식 수준에서는 바뀌지 않는다. 그래서 바꾸기가 쉽지 않다. 하지만 좋은 성격으로 바꿔야 한다. 어떻게 바꿔야 할까?

끈기 없는 사람에게 '끈기를 가져.'라고 백번 말해도 인내력 있는 사람으로 변하지 않는다. 비록 현재 의식에서는 수긍해도 잠재의식 차원에서는 요지부동이다. 현재 의식보다 더 깊은 단계까지 움직여야 한다. 우선 자신의 성격을 관(觀)해야 한다. 때때로 자신의 성격을 알아차리고 가만히 바라보라. 그리고 바라는 성격으로 변화된 스스로의 모습을 명확한 그림으로 그려보라.

운명대로 팔자대로 산다는 말은 성격대로 인성대로 산다는 말이다. 소극적, 비관적, 조급한 성격은 부자가 되는 가장 큰 장애물이다. 쉽게 싫증 내고 끈기가 부족한 사람들은 우선 그 일을 즐길 줄 알아야 한다. 즐기려면 몰입을 경험해봐야 한다. 처음에는 그냥 열심히 해야 한다. 열심히 하다 보면 몰입할 수 있게 되고 즐길 수 있게 되고 잘하게 된다.

밀림의 제왕, 사자는 인간 세상의 갑부와 유사한 특질을 가지고 있다. 사자가 사냥하는 모습은 돈을 버는 것과 같다. 사자가 사냥할 때는 멀리서부터 달려오지 않는다. 풀밭을 조용히 기어서 목표물에 최대한 가깝게 접근한 뒤에 몸을 날려 한 방에 목표물을 쓰러뜨린다.

돈을 버는 것도 다르지 않다. 철저한 준비와 관찰을 통해 기회를 포착하게 되면 전광석화처럼 한 방에 처리해야 한다. 기회란 순식간에 사라져 버리기 때문이다.

행복한 부자가 되려면 극도의 스트레스 상황에서도 미소 지을 줄 아는 유여(有餘)한 사람이 되어야 한다. 편안한 상태에서는 누구라도 평정심을 유지할 수 있다. 그러나 극한의 상황에서 자신의 감정을 컨트롤 할 수 있어야 진짜 고수(高手)다. 극한의 상황에서도 미소 지을 수 있는 내공은 담력에서 나온다.

주먹 황제 김두한은 이렇게 말했다. "싸움에서 이기기 위해서는 세 가지를 반드시 갖춰야 한다. 첫째, 맷집이 좋아야 한다. 둘째, 몸이 날쌔야 한다. 셋째, 대담해야 한다." 싸움에 대한 그의 지론은 '싸움 잘하는 사람에게는 권투고 레슬링이고 당수고 유도의 고수고 상대가 안 된다. 아무리 힘이 세도 겁이 많으면 안 된다.'라는 것이다.

성공과 부는 담대함의 소산이다. 우리의 삶을 바꾸는 것은 우리가 알고 있는 지식이 아니다. 늘 꿈만 꾸는 사람들과 부자들의 차이는 알고 있는 지식을 가지고 어떤 행동을 하느냐에 달려 있다. 용기와 자신감으로 행동으로 옮겨야 한다.

미국 속담에 "수천 달러를 빌리면 은행이 당신을 소유하지만, 수천만 달러를 빌리면 당신이 은행을 소유한다."라는 말이 있다. 돈은 자기자본이든 빚이든 액수가 클수록 위력을 발휘하게 된다. 큰돈은 매너 좋은 사람이 아닌 배포가 큰 사람을 따르는 법이다.

돈에는 양심이 없으며 무심하다. 그래서 배짱 두둑한 조폭 두목이 횡재수를 맞기도 한다. 대체로 착하고 소심한 사람은 큰돈을 만지기 어렵다. 그들은 조그만 일에도 죄책감을 느끼며 마음의 상처를 입기 때문이다.

담력이 클수록 기회가 많다. 담력이 작은 쥐는 찬란한 태양을 보러 나오지 못한다. 인생은 운과 기회의 만남이라고 한다. 기회란 담력이 큰 사람에게는 기회가 되지만 담력이 작은 사람에게는 스쳐지나갈 뿐이다.

담력은 맷집에서 나온다. 복싱챔피언들의 주먹을 뒷받침하는 것은 맷집이다. 큰일을 하려면 아무리 두들겨 맞아도 다시 일어서는 맷집 없이는 불가능하다. 인생길에서 걷어 차이고 짓밟히는 일은 다반사로 일어나기 마련이다. 강한 맷집과 담력으로 맞서야 한다.

"카드를 들고 있을 때를 알아야 하고, 내려놓을 때를 알아야 하고, 그만둘 때를 알아야 하고, 달릴 때를 알아야 한다."

케니 로저스의 『더 갬블러(The gambler)』에 나오는 노랫말이다. 노름판의 모든 고수들이 알고 있는 철칙이다.

노름판 고수들의 핵심역량은 두 가지다. 우선 그들은 판세 분석이 정확하다. 하수들은 서두르고 자기 패만 본다. 노름판의 승패는 자기 손에 들린 '패'도 중요하지만, 상대의 '패'를 잘 읽는 사람이 돈을 딴다. 그런 판 읽기를 잘하는 사람은 사람 읽기의 고수들이다. 상대방의 표정과 말투, 행동 등을 통해 상대방이 목적하는 것을 읽어낸다. 고수들은 마지막에 패를 펴면 누가 이기겠다 지겠다라는 판단이 비교적 정확하다.

노름판의 또 다른 핵심역량은 진짜 '장땡'을 잡는 것이 아니라 '장땡'을 잡은 것처럼 보이게 하는 것이다. 진짜 '장땡'을 잡았을 때는 안 잡은 것처럼 보이게 해야 한다. 그래서 멘탈 게임이다. 이것은 담력에서 나온다.

결국, 노름판이든 시장바닥이든 한몫 잡기 위해서는 때를 알아야 하고 사람 읽기를 잘하고 배포가 커야 한다.

정법(正法)을 만나야 우리 인생이 바뀐다. 부자 되는 공부는 자신의 성격을 부의 의식에 적합하게 적용시키는 공부다. 포기를 잘하고 부정적, 비관적인 성격으로는 절대 부자가 되지 못한다. 먼저 내 성격의 단점을 고칠 수 있다고 절대적으로 믿어야 한다. 성격이 곧 운명이다. 성격의 단점을 개선할 수 있으면 운명이 바뀐다.

"생각을 조심하라, 말이 된다. 말을 조심하라, 습관이 된다. 습관을 조심하라, 성격이 된다. 성격을 조심하라, 운명이 된다. 우리가 생각하는 대로, 우리는 실현된다." 영화 「철의 여인」에서 마가렛 대처 전 영국 수상의 말이다.

우리의 성격이 운명이 된다. 성격은 생각에서 비롯되며 말과 행동을 통해 습관으로 업력(業力)으로 굳어진 것이다. 그래서 성격을 바꾸고 개선하기가 쉽지 않다. 운명을 바꾸는 게 어려운 이유다. 하지만 부자가 되고자 한다면 반드시 부자의 성격과 성품을 지녀야만 한다.

/

5부

/

得道, 돈을 통한
의식의 성장,
'부(富)의 도(道)'를 깨닫다

"자신 안에 지고의 능력이 있음을 의심치 않으면 우주의 힘이 당신을 통째 움직이기 시작한다. 그 힘은 당신 삶에 돈이란 형태로 들어올 수 있다.

돈에 대한 이중적 태도를 버려라. 오히려 돈은 당신이 목적을 이루는 것을 돕기 위해 당신 삶에 현실로 나타나는 물질이다.

그저 쌓아둘 목적으로 돈을 끌어들이는 것이라면, 또는 그 돈을 자신이 남보다 어떤 식으로 우월함을 내보이기 위해 사용한다면 당신은 영적인 존재가 될 수 없다. 자신의 참된 힘은 내면에서 나온다.

나는 내 삶에 들어오는 돈을 목적에 충실하기 위해 쓸 수 있는 에너지라고 생각한다. 돈은 축복이며 복되게 사용할 수 있다.

오로지 남들에게 우쭐대고 우위에 서기 위해 돈을 탐하면 늘 부족할 것이다."

– 웨인 다이어, 『기적을 만드는 당신』 중에서

먹고 사는 문제를 해결하는 공부가 진짜 공부다! 세속의 인간이란 자기 손으로 돈을 벌고, 밥을 벌어먹어 보아야 도(道)가 닦이고 성숙해진다. 세간 속에 도가 있다. 모든 사람들이 깨달음을 얻고자 절이나 수도원으로 들어간다면 어떻게 될까?

깨달음이란 이런저런 인위적인 수행법에 있지 않고 단지 일상생활 속에서 이웃 사람들과 즐겁게 어울리고 자신의 일에 최선을 다하며 남을 위해 봉사하는 가운데 저절로 이루어지는 것이다. 깨달음이란 어차피 세상 속에서 완성되는 것이란 사실을 알아야 한다.

우리는 자기가 하는 일을 통해서 세상에 공헌하고, 봉사함으로써 자신의 정체성과 존재 이유에 대한 깨달음을 얻어야 한다. 가수는 노래를 통해서, 셰프는 음식을 통해서, 비즈니스맨은 비즈니스를 통해서 깨달음을 얻어야 한다.

국밥집을 운영한다면 자신이 만든 국밥으로 사람들을 건강하고 행복하게 만들겠다는 마음이 있어야 한다. 무슨 일을 하든 먼저 자신의 일을 즐길 줄 알아야 하고 잘해야 한다. '달인'의 경지에 오를 때까지 도를 닦는 마음으로 정진해야 한다.

돈을 벌고자 하는 모든 '행위'를 '도(道)'를 닦는 방편으로 삼아라. 내가 살아가는 이 세상은 나의 영혼과 의식의 성장을 위한 훈련의 장(場)이다. 돈을 얼마나 버는지, 어떤 직업에 종사하는지에 대한 집착과 걸림 없이 그것을 통해 나의 성장을 도모하는 삶, 그것이 도(道)를 닦는 행위다.

김종의 교수는 책, 『깨달음』에서 "깨닫는다는 것은 스스로의 본성을 알아차리는 일이다. 본성을 깨닫게 되면 만물이 본래부터 공(空)이며, 모두가 본성의 그림자일 뿐임을 알게 된다. 그렇게 되면 마음이 하고자 하는 바에 따라도 '걸림이 없게(無碍)' 된다. 이를 두고 '미혹한 사람은 문자 속에서 구하고, 지혜로운 이는 마음을 깨닫는다.'고 한다."라고 말한다.

도(道)란 발로 걷는 길이라기보다는 내면의 세계를 파고들어 진리를 탐구하는 길, 즉 깨달음을 말한다.

도(道)의 또 다른 의미는 '깨어 있음'이다. 잠을 자지 않는 상태가 아니라 정신적으로, 영적으로 나태함에 빠지지 않는 상태, 알아차림의 상태를 의미한다. 도(道)를 구하기 위한 수단인 명상도 알아차림이다. 그래서 많은 선각자들은 '바로 지금 깨어있으라, 자각하라!'라고 주문한다.

사람들은 흔히 물 위를 걷거나 하늘을 나는 사람을 도인이라 생각하지만, 진정한 도인은 '지금 여기'가 얼마나 귀중한 것인가를 깨닫고, 주어진 시간에 주어진 일에 온 정신을 다 기울이며 온전하게 자신을 알아차리며 살아가는 사람을 말한다. 그들에게는 일상이 곧 깨달음이다. 일상 속에서 생로병사의 사슬에서 벗어나 걸림 없는 자유, 해탈을 경험하는 것이다. 도인이란 공중부양을 위해 깊은 산 속에 앉아 있는 사람이 아니라 자신의 삶을 사랑하고 감사하며 온전히 집중한다면 도인의 길을 걷고 있는 사람이다.

노자는 『도덕경』의 첫머리에서 "도가도비상도(道可道非常道) 명가명비상명(名可名非常名)" '도(道)를 도(道)라고 말해버리면 이미 도(道)가 아니며, 무엇이라고 이름을 붙일 수는 있지만 붙여진 이름은 그것과는 상관이 없다.'라며 도(道)에 대해 함부로 말하는 것을 경계한다.

도, 깨달음을 어렵게 생각할 필요는 없다. 구체적으로 말할 수도 없다. 복잡하고 급속한 변화를 겪는 현대인들에게 도란 논리적 이론이나 이념이 아니라 일상생활에서 찾아야 한다. 깊은 산 속이 아닌 세간 속에 있기 때문이다.

결국, 일상의 부대낌 속에서 자신의 마음을 닦는 것을 현대적 의미의 도(道)라고 볼 수 있다. 자신의 삶에 감사할 줄 알고 또 매 순간 자신에게 충실하고 지금 이 순간을 온전하게 느끼는 사람이 깨달은 사람이다. 그들은 어떤 상황에서도 편안하고 고요한 마음으로 주어진 일에 온 정성을 다 기울이는 사람들이다.

도(道)란 어려운 게 아니다. 사람의 도리(道理)를 다하는 것이다. 그것은 자신이 조금 더 가진 것에 대한 정신적 물질적 베풂과 이웃에 대한 봉사, 그리고 가족과 조직에 대한 공헌, 친절과 같은 것이다.

도는 우리의 마음속에 있다. 바른 마음을 가져야 바른 생각과 바른말, 바른 행동을 하게 된다. 일상에서 '내가 얼마만큼 올바르게 살아가는지'를 스스로 바라보면서 다스릴 수 있는 사람이 도인이다. 그래서 도는 우리의 일상생활 속에 있다.

스스로 마음이 곧고 즐겁고 평온하고 걸림 없는 밝은 모습, 이것이 주위 사람들을 안락하게 한다. 도를 닦는 것은 자신의 마음을 다스리는 작업이다. 그늘지고 어둡고 좁은 마음을 닦아서 밝고 넓고 원만하게 바꾸는 것이다.

우리가 처한 외부 환경이 행복을 결정하는 것은 아니다. 로또 복권에 당첨되거나 멋진 연인이 생기면 행복해질 거라 생각하지만, 그 행복은 오래 가지 않는다. 만족스럽게 사느냐, 불만족스럽게 사느냐를 결정짓는 것은 삶을 대하는 태도에 달려 있다.

많이 가지면 많이 누리는 듯 보이지만, 넘칠 정도로 풍족함에도 여전히 불만족스러우며 비참하게 생각하는 사람도 많다. 심지어 마음껏 부를 누림에도 갈등과 절망 속에 파묻혀 스스로 목숨을 끊는 이도 있다. 반대로 현실은 빈천하지만, 대단히 만족한 삶을 누리는 사람도 있다. 마음가짐의 차이다.

고통과 고난을 대하는 내면의 태도가 달라진다면 어떤 고통이든 약화시킬 수 있다. 그것이 마음을 닦는 법, 도(道)가 필요한 이유다. 그것은 명상이나 묵상, 기도가 될 수도 있다. 중요한 것은 자신을 관찰하는 내공을 길러야 한다는 것이다. 그것은 객관적 관점에서 자신의 생각과 감각의 흐름을 오롯이 알아차리고 그저 바라보는 마음 상태다.

인생의 본질은 '체험을 통한 의식의 성장'이라는 어느 수행자의 말이 생각난다. 그 체험에는 '돈'을 통한 경제활동이 큰 비중을 차지한다. 돈을 벌고 쓰는 경제행위는 우리의 삶을 유지시켜 줄 뿐만 아니라 다른 사람들과 다양하고 밀접한 관계를 맺게 한다. 살아가며 돈을 기피하는 것은 불가능하며, 의식의 성장을 위해서도 바람직하지 않다. 경제활동을 우리의 의식성장을 위한 훌륭한 훈련과정으로 받아들여야 한다.

돈과 도, 깨달음은 서로 다르지 않을 뿐 아니라 상충되지도 않는다. 버나드 글래스맨 선사가 주석하는 뉴욕의 젠피스메이커오더에서는 깨달음과 돈 버는 일이 하나로 통일돼 있다. 이곳 그레이스톤 베이커리에서 일하는 사람들은 빵과 과자를 굽는 일이 곧 수행이라고 생각한다. 그들은 '음식은 몸을 살리고 수행은 마음을 살린다. 그러니 음식에 자신의 수행을 다 담아 깨달은 마음으로 음식을 만들 때 그 음식은 먹는 사람의 마음에 영향을 미친다.'라고 믿는다.

자신의 일을 통해 정당한 방법으로 돈을 많이 벌려고 최선을 다하는 것 역시 그 자체로서 나쁠 것은 전혀 없으며, 오히려 바람직한 삶의 모습이다. 무엇인가에 몰입해 열심히 일한다는 것은 우리에게 주어진 삶의 순간순간에 집중하는 것이고 이는 곧 체험을 통한 의식성장으로 이어진다. 하지만 사리사욕에 사로잡혀 돈에 집착하거나 무리하게 돈과 물질을 추구한다면 도에서 멀어지게 된다.

경제적 관점에서의 도란 '물질적 풍요와 번영을 다 함께 추구하는 것'이며, 빈부 격차와 소비의 불균형을 최소화하기 위한 이타행이다. 부자가 굶주린 이웃을 모른 체하고 돈을 물 쓰듯 한다면 그의 이기심만 자라고 의식은 성장하지 못할 것이다. 자신이 가진 돈을 과시욕이나 자만심이 아닌 진심 어린 마음으로 이웃과 나누어 사용할 때, 그 돈은 배고픈 사람에게 밥이 되고 아픈 사람에게 약이 되는 깨달은 돈이며, 그 돈을 사용하는 사람에게는 커다란 의식의 성장을 이룰 수 있게 만든다.

타인에 대한 베풂은 '오른손이 한 일을 왼손이 모르는 상태'에서 행할 때 진정한 의식의 성장을 이룰 수 있다. 진실로 남을 돕는 사람은 티 내지 않는다. 오히려 남이 알까 두려워한다. 남을 도울 때는 불쌍하다는 생각을 하지 말아야 한다. 존중하는 마음으로 해야 한다.

가난해서 남의 도움을 받는 경우, 베푸는 사람에 대하여 진정으로 감사함을 느낀다면 이 또한 자신의 의식성장을 도울 것이다. 언젠가 자신도 베풂을 실천할 것이기 때문이다. 얻어먹는 마음으로 걸식하면 궁한 의식이나 얻어먹는 마음을 내려놓으면 주는 사람에게 부의 의식을 갖게 해주고 복을 짓게 하는 것이다.

부자냐 아니냐에 관계없이 누구나 자신의 경제행위를 통해 의식을 성장시킬 수 있다. 돈은 그것이 아무리 필요할지라도 우리 인간의 본질일 수는 없다. 외적 조건에 불과할 뿐이다. 거기에 매달리는 순간, 갈등과 고통, 두려움이 생겨나게 된다. 대신 우리의 삶을 수행으로 받아들이게 되면 돈의 부족으로 느끼는 고통은 크게 줄어들고, 돈이 없는 것에 대한 두려움에서 벗어나게 될 것이다.

우리들에게 도(道)란 말이 낯설지만, 자신에게 보람과 의미 있는 일이 곧 천직이자 도 닦는 수련이다. 도 닦는다는 마음가짐으로 자신의 일에 몰입하는 것, 그 일을 통해 세상에 도움이 되고, 번 돈으로 의미 있는 일을 하는 것, 그리고 적은 돈으로도 심신의 충만함을 느낄 수 있다면 그것이 도(道)가 아닐까?

돈을 말하며 도를 말하는 것은 돈과 재물을 등한시하라는 게 아니다. 오히려 물질적 삶을 철저히 제대로 살기 위한 모색이다. 궁극적으로 항상 깨어 있는 아름다운 부자, 행복한 부자가 되기 위한 노력이다. 돈을 통해 도를 닦으려면 먼저 열심히 경제활동을 해야 한다. 제 앞가림도 못 하면서 어찌 혼탁한 세상의 등불이 될 수 있겠는가?

부자가 되기 위해서는 돈을 사랑하기 이전에 '경천애인(敬天愛人)' 하늘을 공경하고 사람을 사랑하는 마음을 가져야 한다. 더불어 자신의 삶을 송두리째 던질 수 있는 일을 발견했다면 그 일이 최고의 도(道)일 수 있다. 그 길은 끝이 없는 길이고 내가 걷다가 그 위에서 죽어도 한이 없을 것이다. 그 길 위에 있음이 최상의 도(道)요, 행복이기에.

1. 안심입명(安心立命)

아무것에 의해서도 흐트러지지 않는 완전히 평안함에 달한 마음의 상태를 안심입명(安心立命)이라고 한다. 그리스어로는 아파테이아(apatheia)라 하고, 불교에서는 니르바나(涅槃, 열반)라고 한다. 자신의 천명을 깨달아 편안하고 한치의 불안도 없는 경지를 말한다.

미국의 유명한 목사인 단 카스터의 『The Miracle Of Mind Power(정신력의 기적)』에 다음과 같은 글이 있다.

"세계에서 제일 가는 부자였던 자동차 왕 포드는 만일 그가 갑자기 모든 재산과 사업을 잃어버리는 일이 있다고 가정한다면 어떻게 하겠느냐는 질문에 대해 이렇게 대답했습니다. '나는 모든 사람들이 근본적으로 필요한 물건이 무엇인가를 새로 생각해 내서 그 필요에 대해서 누구보다도 값싸고 한결 효과적인 것을 공급하여 5년 이내에는 다시 몇천만 달러의 대부호가 되어 보이겠습니다.'"

헨리 포드는 부(富)의 속성을 꿰차고 돈을 버는 방법에 도통했다. 진정한 갑부는 돈이 많다고 자랑하지도 않으며, 돈이 없는 사람을 업신여기지도 않으며, 돈이 사라지는 것에 대해 두려워하지도 않는다. 돈에 대한 집착이나 분별심이 사라진, 돈에 대해 해탈한 사람이다. 포드는 물욕에서 벗어나 '풍요로움'에 대한 깨달음을 얻은 안심입명의 경지에 도달한 것이다.

우리는 돈이 있어야만 행복하다고 생각한다. 늘 돈이 없어질까 노심초사한다. 그래서 악마는 돈을 이용해 돈에 휘둘리는, 돈에 대해 맹목적인 사랑을 하는 사람들을 지배하고자 할 것이다. 돈에 대한 이러한 감정은 영적인 측면에서 치명적이다. 돈에 대한 휘둘림은 진정한 마음의 평화나 도(道)의 길로 나아가지 못하게 막기 때문이다.

우리가 정말 원하는 것은 무엇일까? 부와 성공은 최종 목적지가 아니다. 그것은 과정에 불과하다. 정말 원하는 것, 최종 목적지는 행복이다.

삶에서 부정적인 의식들을 바꾸지 않는 한 우리는 항상 제자리에 머물러 있게 될 뿐이다. 미래는 없다. 지금 여기에서 행복하지 않으면 미래에도 행복할 수 없다. 미래에 행복하려고 하지 말고 지금 여기에서 행복하려고 해야 한다.

어둠이란 빛이 없는 상태이지 실재(實在)하지 않는다. 가난도 마찬가지다. 실재(實在)한다고 믿어선 안 된다. 우리의 마음이 '가난'이란 것에 얽매 있는 한 극복되지 않는다. 지금 경제적으로 문제가 있다고 생각한다면 돈에 대한 자신의 믿음을 면밀히 살펴보라. 가난을 낳게 한 원인이 된, 마음속에 감추어져 있을지도 모를 선입견과 믿음들을 스스로 찾아야 한다.

스스로의 마음이 두려움이나 근심, 패배의식과 가난, 결핍에 찌든 생각들로 가득 차 있다면, 누가 그런 사람에게 매력을 느끼겠는가? 이런 의식은 결코 부와 성공을 끌어들이지 못한다. 병든 의식과 부정적 믿음은 실패를 가져오게 되며, 가는 곳곳에서 병과 굶주림을 만나게 된다.

깊은 무의식 속에 도사리고 있을지 모를 부에 대한 거부감과 두려움을 없애야 한다. 그리고 가난이란 실체가 없는 것이라고 굳게 믿고 곤궁한 마음을 벗어버려야 한다.

부자의 길은 먼저 풍요와 번영의 의식에서 시작한다. 우리의 생각이 우리의 현실을 만든다는 사실을 결코 잊지 말라. 만약 많은 돈을 갖기를 원한다면 풍요로움을 만끽하면서 많은 돈을 가지고 기뻐하는 자신의 모습이 이루어진 그림을 생생하게 그려보는 것에서부터 시작해야 한다.

중요한 것은 원하는 것이 이미 이루어졌음을 깨닫는 것이다. 원하는 것을 얻는 방법은 원하는 것이 무엇인지 분명히 아는 것, 그리고 그것을 성취할 수 있다는 확고한 자신감을 갖는 것이다. 중요한 것은 생생한 감사의 느낌을 만끽하는 것이다. 감사는 실현에 대한 확신의 표현이다.

불교에서는 '나는 부처다.'라는 깨달음이 먼저다. 그 깨달음 이후에 수도하는 게 바른 순서라고 가르친다. 마찬가지로 우선 '나는 부자다. 우주의 무한한 풍요로움과 연결되어 있다.'라는 깨달음이 먼저다.

참된 진리는 간단명료하다. 누구나 자신이 원하는 바를 이룰 수 있게 도와주는 놀랍고도 단순한 비밀은 바로 이것이다. 생각을 바꾸면 삶 또한 바뀐다. '나는 왜 이렇게 궁상맞고 가난한가?'라는 생각을 '나는 부자다.'라는 생각으로 바꿔야 한다.

"나에게 있어 성공이란 다른 사람보다 높은 점수를 내는 것이 아니라 자신이 최선을 다했다는 사실을 알 때 느낄 수 있는 자기만족을 통한 마음의 평화입니다." 존 우든의 말이다. 부도 마찬가지다. 재산을 얼마나 모았는지가 아니라 중요한 것은 자신의 분야에서 최선을 다한 뒤의 만족감과 마음의 평화다. 그것이 성공이며 행복이다.

단지 잘 먹고 잘살려고 이 세상에 태어난 것은 아니다. 돈이 목적이 아니다. 중요한 것은 가슴 뛰는 삶이다. 가슴 뛰는 삶을 살아야 한다. 삶의 목적은 의미를 남기는 데 있다. 나로 인해 세상이 조금 더 나아지는 데 있다. 결국, 남을 위해 살았던 일만이 의미로 남는다.

우리는 재물이 많을수록 행복도 더 커질 거라고 믿어 왔다. 하지만 외부로부터 얻은 행복이 모두 허망하고 참된 행복이 아니라는 사실을 깨달아야 한다. 행복의 보고(寶庫)는 우리의 마음속에 있다. 행복해지기 위해서는 마음의 주인이 되어 감정을 컨트롤할 수 있어야 한다. 그래서 동서고금의 선각자들은 한결같이 최상의 행복인 지복(至福)의 열쇠는 욕망의 조절에 있다고 말한다.

돈이란 악취를 풍기는 똥이란 말이 있다. 아름다움은 쇠똥이나 돈에도, 빈천함과 고난 속에도 존재한다. 평온하고 편안한 마음의 상태를 지닌 사람만이 볼 수 있다. 돈 속에 깃든 아름다움을 볼 줄 알고 찾을 수 있어야 돈의 지혜가 생기게 되고, 돈에 의한 상처를 아물게 할 수 있다.

인류의 위대한 스승, 마더 테레사는 캘커타에서 길가에 널브러진 쇠똥 속에서 자라는 꽃을 발견했다. 그녀는 그 꽃에서 생명을 보았고, 누추한 길거리에도 아름다움이 존재한다는 사실을 깨달았다.

더러운 똥 속에서도 꽃은 피어난다. 행복은 물질이 아닌 정신적 가치다. 재물에 휘둘리지 않아야 한다. 행복은 우리 삶의 과정이며 최종 종착지다. 행복이란 이것저것 따지고 계산하며 얻는 것이 아니라 절대 긍정, 감사의 마음을 지닌 자들에게 자신도 모르는 사이에 스며드는 기쁨과 안락함의 느낌이다.

진정한 힘은 돈이나 권력이 아니라 깊은 내면의 평화, 안심입명(安

心立命)에서 나온다.

1–1. 천명을 알고 그 길을 가라

"20년간 백만장자들을 연구하면서 내린 결론은 만약 우리가 한 가지 주요한 결정을 정확히 내리기만 한다면, 우리는 경제적으로 성공할 수 있다는 것이다. 만약 자기에게 딱 맞는 천직을 선택할 수 있을 정도로 창의적인 사람이라면 당신은 성공할 수 있다. 그것도 아주 크게 성공할 수 있다. 그런 일에는 경쟁자도 없고 당신은 아주 높은 수익을 올릴 수 있다."

토머스 J. 스탠리가 쓴 『부자들의 선택』이란 책에 나오는 글이다.

팔다리가 없이 태어난 오스트레일리아의 닉 부이치치 이야기다. 어느 날 그는 학교에서 심한 놀림을 받고 들어와 거울을 바라보고 생각했다. '나는 왜 이런 모습으로 태어났을까?'에 대한 답이 떠올랐다. 그것은 '이런 몸으로 태어난 것은 사람들에게 희망과 용기를 주라는 신의 선물이다.'였다. 그는 이렇게 말한다.

"온 세상 사람들이 저를 비웃고 손가락질하더라도 저는 전혀 흔들리지 않아요. 왜냐하면, 그 모든 게 각자의 배역이니까요."

인생에서 자신의 배역을 기꺼이 받아들이는 사람들은 남과 비교하지 않는다. 사람들은 삶에서 저마다 맡은 배역이 다르기 때문이다.

우리가 이 땅에 태어난 것은 나름대로 맡은 배역이 있기 때문이다. 배역을 받아들이지 못하면 방황할 수밖에 없다. 하지만 배역을 겸허하게, 감사히 받아들이면 남과 비교하지 않고 열심히 연기할 수 있다. 힘든 배역이 끝나면 다음 연극에서는 쉬운 배역이 기다리기 때문이다.

자신이 가진 것을 사회에 기여하고 봉사하며 사는 삶이 의미 있고 행복한 삶이다. 예술가는 예술적 재능을 통해서, 부자는 자신이 가진 재산을 통해서 세상에 기여할 때 천명을 다하는 것이며 진정 의미 있는 삶이 된다.

2021년 9월 18일 매일경제신문에 실린 김원일 소전문화재단 이사장(47)의 이야기다.

"외환위기 파고를 넘고 있던 2000년, 26세의 한 청년이 회사를 창업한다. 몸집이 걷잡을 수 없이 커진 회사는 2011년 코스닥에 상장(2011년 상장 시 시가총액 1조1천억 원)된다. 청년은 최대주주였고 상장 당일 이 청년의 보유 주식 가치는 4000억 원이었다. 세상은 이 청년을 여기까지만 기억한다. 그러나 그는 3년 뒤 대표직을 사임하고 공식 석상에서 자취를 감춘다. 그는 손에 돈이 아니라 책을 쥐고 다른 길을 가고 있다. 그는 상장 즈음에 날 깊이 돌아봤고, 문득 궁금해졌다. '사업을 계속하는 건 내게 어떤 의미일까?' 젊은 나이에 창업했지만 개인적으론 열심히 돈 벌려 했던 직장인들 마음과 다르지 않았다. 빠르게 달려온 시간을 되돌아보니 '내가 너무 불행하다.'라고 느꼈다. '나'를 발견하고 싶었다."

부(富)란 자신이 진정으로 하고 싶은 일을 하기 위한 수단에 지나지 않음을 보여준다. 진짜 행복은 부(富)에 있지 않다. 자신에게 주어진 하늘의 명령, 천명(天命)을 알고 그것을 실천하는 데 있다.

자본주의 사회를 살아가는 우리들에게 득도(得道)는 입산수도가 아니라 자신의 천명(天命)을 알고 그 길을 가는 것이다. 하지만 대부분의 사람들은 태어날 때부터 자신의 사명이나 천명이 주어졌다고 믿지 않으며, 또한 주어졌다고 해도 그것이 무엇인지 찾을 수 없다고 말한다. 하지만 하늘은 우리 각자가 이 세상에서 가야 할 길, 이루어야 할 역할, 즉 천명을 부여한다.

우리가 천명을 의식하지 못하는 이유는 천명이란 신(神), 무의식의 영역이기 때문이다. 이제부터 찾겠다고 해서 바로 찾아지지도 않는다. 대부분은 자신의 분야에서 수십 년을 몰두하다가 어느 순간 그 일이 자신의 천명이라고 깨닫기도 한다. 이처럼 오랫동안 반복해왔던 일이 어느 순간 천명으로 받아들이기도 한다.

천명을 찾기 위해 너무 고심할 필요가 없다. 자신이 좋아하는 일, 자연스럽게 인연으로 이어지는 일 등이 천명으로 인식되는 경우가 많다. 억지가 아니라 자연스럽게 마주하게 되고 오래도록 실행할 수 있는 길이 천명이 된다. 또한, 온갖 어려움 속에서도 포기하지 않고 계속하는 일도 자신의 천명이다. 하늘이 자신에게 준 사명이므로 어떤 장애와 난관이 있어도 극복해내고야 만다.

우리는 무한한 능력을 가지고 있다. 하지만 대부분은 잠들어 있다. 자신의 천명을 깨닫게 되면 그 잠재능력은 개발되기 시작한다.

스티브 잡스의 2005년 스탠포드 대학 졸업식 연설의 일부다.

"좋아하는 것을 찾아야 합니다. 연애뿐만 아니라 일에 있어서도 마찬가지입니다. 일은 삶에서 큰 부분을 차지하므로 진정 만족스러운 삶을 살기 위해서는 스스로 훌륭하다고 생각하는 일을 해야만 합니다. 또 훌륭한 일을 하기 위해서는 그 일을 좋아해야 합니다. 아직 그런 일을 발견하지 못했다면 계속 찾으십시오. 안주해서는 안 됩니다. 좋아하는 일을 발견하는 것도 마음의 문제인지라 그것을 발견하는 순간 단번에 알 수 있습니다. 다른 좋은 관계가 모두 그렇듯이 시간이 지나면 지날수록 더 좋아집니다. 그러므로 그런 일을 발견할 때까지 계속 찾으십시오. 안주하지 마십시오."

인생의 목적이나 성공의 의미는 돈 많은 부자가 아니라 행복에 있다. 자기가 하는 일에서 행복을 느끼는 사람이 가장 행복한 사람이다. 그것은 자신의 일을 자신의 사명으로 받아들일 때 가능하다. 사명을 가진 일은 머리가 아니라 가슴이 시키는 일이다. 그래서 지치는 법이 없어 결코 포기하지 않는다. 그 일이 자신의 천명이다.

하늘을 감동시킬 때 행복하다. 물질적 행복에 목숨 걸지 마라, 사명에 목숨 걸어야 한다. 그것이 인생의 마지막 날에도 후회하지 않을 하늘을 감동시키는 일이다. 당신의 천명(Mission)은 무엇인가?

삶의 궁극적 질문, 즉 천명을 찾는 질문을 화두처럼 간직해야 한다. "내가 가진 재능은 무엇이며 좋아하는 것은 무엇인가? 내가 정말로 원하는 것은 무엇인가? 지금 나는 진정 행복한가?"

먼저 좋아하는 것을 찾거나 지금 하는 일을 좋아해야 한다. 인생을 바꾸는 두 가지 비결은 '새벽 기도와 새벽 독서'이다. 또한, 이 두 가지는 삶의 궁극적 질문에 대한 답을 찾는 비결이기도 하다. 자신에게 부여된 우주의 명령을 깨닫기 위한 새벽 기도와 새벽 묵상이 필요하다.

"死生有命 富貴在天(사생유명 부귀재천)"

'죽고 사는 것은 운명에 달려 있고, 부귀는 하늘에 달려 있다.'란 뜻으로 『논어』의 「안연편」에 나오는 말이다. 비슷한 의미로 '謀事在人 成事在天(모사재인 성사재천)'이란 말이 있다. 일을 만드는 것은 인간의 노력에 있지만, 그 일을 성사시키는 것은 하늘에 달려 있다는 말이다.

하지만 이 말을 단지 숙명론으로만 받아들여 자포자기해서는 안 된다. 최선의 방법은 하나다. 盡人事待天命(진인사대천명), 즉 인간으로서 할 수 있는 최선의 노력을 다 한 다음 하늘의 명을 기다리는 것이다. 수명은 내가 어찌할 수 없다. 지금 하고 있는 일, 지금 만나는 사람, 지금 여기에 최선을 다하고 나머지는 하늘의 명을 기다리는 것이다.

천명을 못 찾았는가? 그렇다면 여태껏 해온 일을 천명이라 생각하라. 같은 일을 하더라도 하늘의 뜻이라고 생각하는 것과 어쩌다 하게 된 일이라고 생각하는 것은 엄청난 차이가 있다. 그 일을 대하는 태도가 달라져 삶이 달라지게 된다. 우리가 할 수 있는 것은 오직, 盡人事待天命(진인사대천명)이다. 설사 그 일이 천명이 아닐지라도 최선의 노력을 다했다면 하늘도 용서할 것이다.

인생은 분명 부귀보다 더 소중한 것이 있다. 가난하면 가난한 대로 만족하고 부자라면 부자로서 나누어 가질 수 있어야 한다. 그것이 하늘의 뜻이다. 초연한 자세가 필요하다. 누구에게나 자신만의 재능은 있다. 또한, 무슨 일을 하든 그 일에 대한 자신만의 의미와 보

람은 있다. 진정한 열정은 자신 안에 분명한 삶의 목적, 천명을 깨달
았을 때 나온다.

2. 불이(不二)의 철학을 깨달아야 한다

　　　　　　　불이(不二), 현실 세계는 여러 가지 사물이 서로 대립되어 존재하는 것처럼 보여도, 사실은 모두 고정되고 독립된 어떤 실체가 있는 것이 아니고, 근본은 하나라는 것이 불이(不二)다.

　불교의 공(空) 사상을 다른 말로 불이(不二) 사상이라 한다. '불이'는 다르지 않다는 것이다. 불이(不二)는 반야심경에서 잘 나타난다. 우리 인식의 관념을 색(色)이라 하면 색즉시공(色卽是空)인데 이것은 텅 비어 있다는 것이다. 왜냐하면, 조건으로 이뤄져 드러났기 때문이다. 텅 비어 있다는 것은 '있다, 없다'를 벗어난 언어다. 이 허공이 없는 것이 아니고 삼라만상이 다 들어있듯 텅 비어 있지만, 조건이 이뤄지면 드러난다. 이것을 공즉시색(空卽是色)이라 한다. 색공(色空)이 불이(不二)다. 이것을 하나로 드러낸 것이 공(空)이다. 양자물리학에서는 우주는 '하나의 거대한 일종의 홀로그램'이라고 한다.

　김상운은 그의 저서 『왓칭 2』에서 "진심으로 현실을 바꾸고자 한다면 근원적인 진실을 이해해야 한다. 내 몸을 포함한 우주 만물은 죄다 생각이 만들어낸 허상이라는 사실이다. 하지만 우리 두뇌는 끊임없이 생각을 하기 때문에 자꾸만 허상에 속아 넘어간다. 그래서 아인슈타인도 '현실은 허상이다. 단지 대단히 끈덕진 허상일 뿐이다.'라고 했다. 우주는 무수히 많은 생각들이 만들어낸 무수한 허상으로 가득하다."라며 공(空)의 진리를 말한다.

있는 것이 없는 것이요, 없는 것이 있는 것이다. 이러한 공(空)의 진리는 우리 육체에서도 보여준다. 우리 몸을 구성하고 있는 모든 원자들은 허공과 같아서 우리 몸은 사실 빈 것들의 모임이라고 할 수 있다. 가짜를 진짜로 보는 착각에 빠져 있다. 그것을 알고 있는 것은 우리의 의식(意識: Awareness)이다. 의식의 세계가 우리의 생명과 모든 것의 근원이자 절대 진리다.

불이(不二)의 가르침은 불교의 대승, 최상승의 가르침이다. 번뇌와 깨달음이 둘이 아니듯, 돈과 도(道) 역시 둘이 아니다. 세상사 실패와 성공은 둘이 아니며, 부와 빈곤 또한 둘이 아니다. 이것이 불이(不二) 철학이다. 가난한 자가 부자가 되고 실패에서 성공으로 가는 길은 불이(不二)의 원리를 깨닫는 데 있다.

먼저 '나는 실패자다, 가난하다.'라는 의식을 버려야 한다. 번뇌란 생사에서 벗어나 깨달음으로 가는 길이듯, 지금 겪는 실패와 빈곤은 성공과 풍요로움을 향해 가는 길이라고 생각해야 한다. 즉, '실패와 성공, 부와 빈곤은 다르지 않다.'라는 불이(不二)의 진리를 받아들여야 한다. 그렇지 못하면 실패와 가난의 강 건너편에 있는 성공과 부(富)의 땅으로 갈 수 없다.

불이의 핵심은 마음을 떼어 놓는 것이다. 우리는 과거의 안 좋은 감정이나 기억을 놓지 못하고 알게 모르게 그것들에 마음을 꽉 붙여 놓는다. 그래서 트라우마, 공황장애와 같은 것에서 벗어나는 것이 쉽지 않다.

모든 수도의 방법들이 알고 보면 '마음을 떼어 놓는 것'이다. 3천 배를 하는 것도 허상에 대한 집착을 내려놓기 위한 것이며, 성경에도 "항상 기뻐하라, 쉬지 말고 기도하라, 범사에 감사하라."의 의미도 불평 불만, 근심 걱정을 향한 마음을 떼놓고 감사의 마음으로 향하라는 가르침이다.

금강경에는 '실무유법(實無有法)'의 가르침이 많다. '有'로 이루어진 세상은 없다는 의미다. 불교에서는 '有'를 대신해 '相', '色', 등을 언급하는 데 모두 '有'를 의미한다. 현세에서 부딪히는 모든 어려움, 난제들은 참, 사실(Fact)이 아니라 분별이 만들어낸 허상이다. 착각이다. 모든 어려움이나 난제, 더 나아가 생각까지도 실상이 아닌 허상, 착각으로 알고 그것에서 마음을 떼어 놓으라는 것이다.

건강한 사회인이 되고 성공하고 부자가 되려면 불이(不二)의 원리를 활용할 줄 알아야 한다. 그것은 실패나 빈곤, 병과 같은 것에 붙은 당신의 마음을 떼어 놓는 것이다. 떼어 놓는 순간, 성공과 풍요, 건강으로 가게 된다.

부자가 되고 싶다면 바라는 마음, 궁한 마음을 없애야 한다. 넉넉한 마음, 주는 마음, 부자 마음을 가져야 한다. 그래서 도인들은 '티나지 않는 일'을 바라는 마음 없이 묵묵히 열심히 하는 것이 최상의 공덕이라고 했다. 바라는 마음, 궁한 마음은 거지 마음이다. 어떻게 '먹고 살까?'를 걱정하는 마음 역시 거지 마음이다. 거지 마음을 없애야 부티가 나게 되고 부자의 모습으로 변해간다.

유대 신비주의 교과서인 비교(秘教)의 『조하(Zohar)』에서는 "자선을 많이 베푸는 사람이 더욱 부자가 되는 이유는 하나님의 축복이 그에게 임할 수 있는 통로를 열었기 때문이다."라고 말한다. 돈을 기부하면 기부하는 사람의 부가 증가한다는 것이다. 이는 곧 '주는 것이 받는 것'이라는 불이(不二)의 원리와도 일치한다.

나는 왜 가난할까? 만성적인 가난을 벗어날 수 있는 방법은 무엇일까? 핵심은 빈궁한 마음을 부자 마음으로 바꾸는 것에 있다. 가난과 부가 둘이 아니듯, 주는 것과 받는 것이 둘이 아니다. 주는 것이 받는 것이다. 주는 마음은 복 짓는 마음이다. 주는 마음을 가지면 궁한 마음이 사라지게 된다.

인간사 모든 난관과 고통은 내일의 기쁨과 즐거움을 전제로 겪어야 하는 것일 수 있다. 어떤 위기도 새로운 기회의 싹을 내포하고 있듯, 불행도 행복의 시작이 되는 법이다. 즉, 행복과 불행, 성공과 실패는 둘이 아니다. 별개가 아니란 뜻이다. 그것이 불이(不二)의 원리다.

3. 부(富)의 도(道)

"당신이 의사이든 선생님이든 혹은 성직자이든 상관없이 다른 사람의 삶을 성장시켜줄 수 있고 그들이 그것을 깨닫게 할 수 있다면, 그들은 당신에게 끌릴 것이며, 당신은 부자가 될 것입니다. (중략) 삶의 성장법칙은 만유인력의 법칙만큼이나 수학적으로 확실합니다. 부자학은 명확한 과학입니다. (중략) 무엇을 원하는지 마음속에 명확하게 그림을 그리고 신념과 목적의식을 갖고 행동하세요. 매일매일 할 수 있는 일은 뭐든 다하고, 어떤 일을 할 때든 완벽하게 성공적인 방식으로 해나가며, 부자가 되겠다는 신념을 모든 일에 불어 넣으세요."

– 월레스 D. 와틀스, 『부자학 실천서』 중에서

부자가 되는 것은 마음의 과학이다. 물이 100도가 되면 수증기가 되듯이 부자가 될 수 있는 조건을 갖출 때 부자가 될 수 있다. 부자가 되기 위해서 해야 할 기초작업은 부의 의식을 잠재의식에 각인시키는 일이다. 이를 위해 먼저 우리의 내부에 무한한 잠재력이 있다는 사실을 알아야 한다. 이 사실을 자각할 때 부자가 될 수 있는 조건이 갖추어지는 것이다.

우리가 상상하는 것은 곧 현실이 된다. 아인슈타인은 "상상력은 지식보다 중요하다."라고 강조한다. 괴테는 "꿈꿀 수 있는 것은 무엇이든 이룰 수 있다."라고 했다.

고국 티베트에서 쫓겨난 달라이 라마는 망명길에 오르면서 이렇게 기도했다고 한다. "무탈하게 여행을 떠났다가 무탈하게 돌아오는 내가 보인다."

본격적인 부(富)의 의식을 내면화하는 과정에서 중요한 것은, 행복한 부자가 된 모습을 선명하게 상상하고 그 기쁨을 생생히 느껴보는 것이다.

우리는 스스로의 믿음과 기대에 따라 우리의 현실을 창조한다. 만약 삶의 어느 부분인가가 마음에 들지 않는다면 자신의 믿음과 기대치를 면밀하게 살펴봐야 한다. 삶이란 스스로가 품은 생각들의 복제품이기 때문이다. 긍정적인 생각을 품으면 긍정적인 일들이 나타나게 되고, 부정적 생각이나 상상은 부정적인 일들로 나타나게 된다. 종종 염려했던 일이 현실화되는 이유다.

항상 창조적이고 긍정적 생각으로 가득 채워야 한다. 마음이 과거의 실패와 가난했던 나쁜 기억들에 붙어 있으면 발전된 미래로 한 발짝도 나갈 수 없다. 이미 이루어졌다고 믿고 감사해야 한다.

두려움이나 분노 같은 부정적인 생각들을 억누르려고 해선 안 된다. 대신에 그것들을 가만히 바라보고 흘려보내는 데 집중하라. 그리고 긍정적인 느낌이 그 자리를 차지하고 있는 모습을 상상하라.

눈앞의 희로애락에 일희일비하지 말고 평온한 마음을 유지할 수 있을 때 반전의 기회가 오는 것이다.

고요한 마음을 유지할 수 있다면 우리는 언제나 내부의 무한한 에너지를 꺼내어 쓸 수 있다. 나를 비울수록 자신의 깊은 내면에 가까워진다. '비움'은 '내려놓음'이다. 모든 것을 내려놓음으로써 모든 것과 하나가 되며, 우주의 무한 에너지에 접속된다.

만약 우리의 마음이 두려움이나 근심, 의기소침, 나약함과 질병, 가난과 결핍에 찌든 생각들로 어지럽혀져 있다면, 누가 우리에게 매력을 느끼겠는가?

명심하라! 가난과 결핍으로 찌든 생각은 번영을 끌어들이지 못한다. 병든 생각은 건강한 의식을 낳지 못한다. '나는 실패자'라는 믿음은 실패를 그대의 삶으로 초대하는 것이다. 의기소침함에 너무 깊이 빠져들게 되면 가는 곳곳에서 병과 굶주림을 만나게 된다.

그러나 자신이 처한 가난의 원인과 의미를 잘 알고 그 가난을 흔쾌히 받아들인 사람은 돈에 휘둘리지 않는다. 그렇게 스스로가 받아들인 가난은 절제와 인내, 그리고 마음의 평안을 가져다준다. 가난 속에서도 넉넉한 충만감을 누릴 수 있다면 그가 진정한 부자다. 물질적인 풍요는 사람을 유혹하고 정신을 황폐하게 하기도 한다. 행복의 비결은 물질적 풍요나 부족함에 휘둘리지 않고 여여하게 바라볼 수 있는 여유로움과 넉넉한 마음에 있다.

"성인은 자기를 위해 쌓아 놓지 않는다. 본래 남을 위하여 모두 주면 도리어 있는 것이 더욱 나아지고, 남을 위하여 모두 베풀다 보면 도리어 점점 더 많게 된다. 하늘의 도는 오직 만물을 이롭게만 하고 피해를 입히지 않으며 성인의 도는 오직 남을 위하여 베풀기만 하고 다투지 않는다." 노자 도덕경에 나오는 글이다.

지금의 자본주의체제는 건강한가? 가진 자가 더 가져가는 게임이거나, 주머니가 비어 있는 이들에게 배려가 없는 게임이 되어가고 있지는 않은가? 그렇다면 미래가 없다. 이것을 막아주는 역할을 하는 자가 부의 원리를 터득한 해탈한 자산가들이다.

돈에 쪼들리는 날들을 견뎌내게 해주는 것은 선의지(善意志), 즉 우리 내부의 선량함과 미래에 대한 희망이다. 그것이 도(道)를 향한 마음이다. 감사함과 선의지가 없는 부와 행운은 순식간에 사라져 버린다. 힘을 가졌을 때 힘이 없는 자들을 헤아려야 하듯이 부를 이뤘을 때 가난한 자들을 헤아려야 한다.

부의 본질은 베풂이다. 성경의 "가진 사람은 더 받을 것이요 가지지 못한 사람은 그 가진 것마저 빼앗길 것이다."라는 말은 부의 법칙을 말한다. 여기서 가진 사람이란 재산을 가진 사람이 아니라 '베푸는 마음'을 가진 사람을 말한다. 부의 법칙은 두 가지다. 하나는 '나눌수록 커진다.'라는 것이며, 다른 하나는 '나에게서 나간 것이 다시 나에게로 돌아온다.'라는 것이다.

명리학에서는 부자는 식신생재(食神生財)의 사주라고 한다. 식신(食神)이란 남에게 음식을 먹이며 흐뭇해하는 기질을 말한다. 대어를 낚으려면 미리 떡밥을 많이 뿌려놓아야 한다. 재운을 만드는 힘도 마찬가지다. 미리 넉넉하게 많이 베풀어 놓아야 한다. 주변에 인심을 많이 베풀면 언젠가 돈은 저절로 들어오게 된다.

진정한 부자란 행복한 부자를 말한다. 그는 손에 쥔 돈이 많아서가 아니라 베푼 것이 많아서 행복한 사람이다. 진짜 부자들은 '베푼 만큼, 그 이상으로 채워진다.'라는 사실을 잘 안다. 기부는 이 세상의 은행이 아니라 하늘의 금고에 저금하는 것이다.

우리의 올바른 목표는 단지 부자가 되라는 것이 아니라 부자가 될 바르고 명확한 이유를 가지려는 데 두어야 한다. 건강, 풍요, 자유, 의미, 여가, 자선 등 삶의 좋은 것들을 갖는 것은 부자가 될 올바르고 행복한 이유를 갖는 것이다. 이러한 것들이 없는 데 부자가 된다는 것은 망상이다.

진정한 부의 도(道)란 욕망의 허망함을 깨닫고, 그 욕망의 절제를 통해 스스로 만족하는 자족(自足)에 있다. 이를 깨달은 자는 자신의 부귀영화를 누리기 위해서가 아닌 수많은 사람을 살리기 위한 수단으로서 천금(千金)을 추구하는 법이다.

지족자부(知足者富), 만족을 알면 부자다. 누구에게도 아무것도 바라지 말며 받으려 하지 말고 오직 주려고만 하라. 물질만이 아니라 마음을 주라는 말이다. 행복은 사치와 환락, 소유에 있지 않다. 무욕과 베풂, 착한 마음, 담담함에서 온다. 부의 도(道)는 여기서 비롯된다.

3-1. 부(富)와 양자물리학

"실험자가 미립자를 입자라고 생각하고 바라보면 입자의 모습이 나타나고, 물결로 생각하고 바라보면 물결의 모습이 나타나는 현상을 양자 물리학자들은 '관찰자 효과(observe effect)'라고 부른다. 이것이 만물을 창조하는 우주의 가장 핵심적인 원리다. 다시 말해 미립자는 눈에 안 보이는 물결로 우주에 존재하다가 내가 어떤 의도를 품고 바라보는 바로 그 순간, 돌연 눈에 보이는 현실로 모습을 드러내는 것이다. 그래서 양자 물리학자 울프 박사는 관찰자 효과를 '신이 부리는 요술(God's *trick)'이라고 부르고, 미립자들이 가득한 우주 공간을 '신의 마음(Mind of God)'이라고 일컫는다."*

- 김상운의 『왓칭』에서

양자물리학은 물리적 세계의 토대를 이루는 극소 세계에서 일어나는 일들을 연구하는 학문이다. 양자란 '전자기 에너지의 불연속적인 최소 단위의 물리량'이다. 물질을 줄이고 또 줄여나갈 때 최소 단위의 것이 곧 '양자'이다. 양자 물리학자들은 우리 눈에는 견고해 보이는 세계가 실은 전혀 견고하지 않다는 사실을 밝혀냈다.

양자 차원 이전의 순수의식의 차원, 즉 생명의 근원적 차원에서는 어떠한 파장도 모양도 물질도 없는 오직 텅 빈, 진공(眞空)의 상태이다. 반야심경에서 말하는 색즉시공 공즉시색(色卽是空 空卽是色)의 이치다. 이런 의식의 차원에서 볼 때 현상계의 육체란 우리의 생각이 만들어낸 환영(幻影), 홀로그램(hologram, 3차원의 입체영상 사진)에 불과할 뿐이다. 따라서 우리의 몸이란 우리의 생각이 지어낸 현상이므로 당연히 생각의 영향을 받게 된다.

물리학자들은 우주가 양자들로 가득 차 있고 서로 연결되어 있다는 사실을 발견했다. 양자란 에너지 형태를 띤, 물질을 이루는 최소 단위다. 1944년 양자물리학의 아버지로 불리는 독일의 막스 플랑크는 '우주 만물은 에너지를 통해 모든 것이 연결되어 있다.'라는 이론을 내놓았다. 우리 눈에 텅 빈 것처럼 보이지만 허공과 우주는 양자로 채워져 있다.

눈에 보이지 않는 세계를 규명한 학문, 양자물리학의 진정한 힘은 생각의 힘을 밝혀낸 데 있다. 우리가 양자물리학에 주목해야 하는 이유는 그 양자로 우리와 세상이 만들어졌고, 양자를 통해 온 우주가 연결되어 있기 때문이다.

1초 전의 우리 몸과 1초 후의 우리 몸은 그 실질이 다르다. 위의 점막은 1주일 사이에 완전히 새로운 조직으로 교체된다. 근육은 3개월 주기로 새것으로 바뀌며, 단단한 머리뼈도 약 3개월 후에는 새로운 세포들로 교체된다. 3개월 전의 내 몸과 지금의 내 몸은 완전히 다르다는 말이다. 인간의 육체는 한순간도 그대로 고정되어 머물러 있지 않고 끊임없이 변화한다는 점에서 사실은 실존적으로 존재한다고 볼 수 없다.

이러한 몸에 긴밀하게 영향을 미치고 있는 것이 우리의 생각이다. 얼핏 보면 우리의 몸이란 것이 수많은 감각기관들이 모여 있는 생물체로 여겨지지만, 이것은 단지 자신이 그렇게 생각하고 굳게 믿기 때문에 그렇게 보이는 것이다. 우리는 어떤 생각이 오랜 기간 고착되면 그것이 고정관념화되어 꼭 사실처럼 보이게 되고, 마침내는 고정불변의 현실이 되고 만다. 우리 몸의 세포를 잘게 부수어 공간적으로 분석해 들어가 양자(量子)의 차원에서 볼 때는 에너지만 진동하는 텅 빈 공간일 뿐이므로 물질적으로 실존한다고 볼 수가 없다.

심신일여(心身一如)란 말처럼 우리 몸이란 우리의 생각을 그대로 반영한다. 비단 몸뿐만 아니라 부와 가난을 포함한 우리의 인생 자체가 생각의 반영이란 사실을 명심해야 한다.

'나쁜 일이 닥쳐오는 것은 자기 자신이 불러들인 것이다.'라는 춘추좌전의 말을 곰곰이 생각해보아야 한다. 우리는 자신의 인생이 빈궁하거나 불행한 사건이 생기면, 그 일이 자신의 생각이 만들어낸 결과일 수도 있다는 사실을 믿으려 하지 않는다. 하지만 자신의 생각을 잘 바라보면 부정적 사고방식과 긍정적 사고방식이 싸우고 있는 것을 발견할 수 있다. 말로는 행복해지고 싶다면서도 불행해질 수밖에 없는 이유들을 간직하고 있는 것이다.

양자물리학의 관점에서 성공의 원리는 '긍정적인 생각과 꿈을 계속 상상하면 자기 내면의 우주에 영향을 미치고, 결국 그 꿈을 현실화할 물리적 변화가 나타난다.'이다.

이것은 자기계발 전문가들의 공통된 주장인 '꿈을 반드시 이룬다고 믿고 자신이 원하고 소망하는 것에 집중하라.'와 일맥상통한다.

매사에 감사하는 마음을 가지면 감사할 일을 더 만들게 된다. 이것은 내가 현재 집중하는 생각이 바로 현실이 되는 에너지가 되기 때문이다. 따라서 "○○을 이루게 해주십시오."라고 하기보다는 이미 를 이룬 것처럼 "○○을 이루게 해주셔서 감사합니다."라고 말하는 것이 소망 달성의 비결이다.

양자물리학의 핵심은 '우주는 양자로 가득 채워져 서로 연결되어 있고, 이것을 변화시키는 것은 인간의 마음이다. 우리의 생각에너지는 자신과 우주를 구성하는 양자에 영향을 미치고 곧 현실화하는 동력이 된다.'이다. 물질을 만드는 것이 곧 인간의 마음이며, 모든 문제를 해결하는 근원적인 힘이란 바로 자신의 생각이라는 것이다.

양자물리학 실험들은 의식이 우주의 가장 기본적인 입자에 영향을 준다는 사실을 입증했다. 그리고 이러한 의식의 원천은 바로 우리 자신이다. 영화관에서 스크린에 움직이는 이미지를 투영할 때, 관객들은 자신이 보고 있는 영화가 환상이란 것을 안다. 마치 사실인 듯 착각을 빚어내는 것이다. 양자 물리학자들은 우리의 세계 역시 이와 마찬가지라고 믿는다.

양자물리학에서의 '관찰자 효과'란 게 있다. 입자들이 관찰자의 생각을 백 퍼센트 반영해 자신의 움직임을 결정한다는 것이다. 그래서 관찰자가 어떤 의도를 품고 바라보느냐에 따라 입자가 되기도 하고, 파동이 되기도 한다. 먼저 마음이 움직이면 에너지가 움직이고, 이 에너지는 창조에 필요한 입자들을 끌어오며, 이 입자들이 뭉치고 모여서 애초의 생각이나 꿈이 구체적인 물질이나 현실로 나타나게 된다.

이 혁명적 발견은 곧 우리가 우주에 영향을 미치며, 우주의 힘을 무한히 이용할 수 있음을 말해 준다. 모든 현상계는 결국 보이지 않는 마음의 작용이며, 눈에 보이지 않는 세계가 보이는 세계를 창조한다는 것이다.

3-2. 부(富)를 지배하는 무의식의 세계

"마음은 95%의 무의식 프로그램과 5%의 현재 의식으로 이루어져 있다. 우리가 잠재의식이라고 부르는 것은 사실 무의식 프로그램이다. 무의식 프로그램은 습관과도 같다. 의도하지 않아도 바로 작동하는 것이 무의식 프로그램이다. 무의식 프로그램은 감정 없는 데이터와도 같다. 컴퓨터에 저장된 프로그램처럼 버튼이 눌러지면 작동하는 것이 무의식 프로그램이다."

– 클래스캐이의 『마스터』 중에서

우리의 의식에는 현재의식과 잠재의식(무의식)이 있다. 그리고 잠재의식보다 더 깊은 곳에 우주의 섭리이자 최고의 지혜인 신성(神性), 불성(佛性)이라 불리는 '본성(本性)'이 있다.

우리 모두는 잠재의식을 세상살이에 적용할 수 있다면 무능한 사람이 탁월한 능력자로, 무지한 사람이 지혜로운 사람으로, 가난한 사람이 부자로 변할 수 있다. 더 깊은 곳의 본성(本性)을 본 자가 깨달은 자이며 부처다.

"인간의 생애는 무의식의 자기실현의 역사이다. 무의식에 있는 모든 것은 삶의 사건이 되고 밖의 현상으로 나타난다." 칼 융의 말이다. 그는 "무의식이 정하는 삶의 방향이 운명이다."라며 우리 안에 운명이 있음을 강조한다.

세월이 흐를수록 '세상은 무대이고 인생은 연극이다.'라는 말이 가슴에 와 닿는다. 이 말을 되새길 때는 늘 '내 인생연극의 대본은 누가 쓴 것일까?'라는 의문이 생긴다. 신(神)이 쓴 것일까?

만약 신(神)이 썼다면 자신의 운명을 개척하려는 도전정신은 의미가 없게 되고 현실에 안주하게 된다. 이런 삶은 결코 신(神)이 바라는 인간의 모습이 아닐 것이다. 또한, 그런 인간들만 사는 세상이라면 신대륙을 개척하고 극지를 정복하려는 사람은 없었을 것이다. 하물며 누가 우주를 개척하려는 꿈을 꾸고 시도하려고 하겠는가?

결국, 인생은 '우리 스스로 자신의 무대를 선택하고 창조한다.'라는 말에 전적으로 동의한다. 부모도 내가 선택하고, 살면서 부딪히는 사건들도 내가 장치해 놓은 것이다. 그 무대에서 배우로서 역할을 맡고 있으며, 각자 내면(영혼 또는 무의식)의 안내에 따라 연극에 열중하고 있다. 우리의 본성이 그 연극을 통해 우리의 영혼을 완성하고자 하는 의도를 가진 것이다.

결국, 인생이라는 연극의 각본은 내가 쓴 것이다. 곤란과 어려움을 창조하는 것도 바로 나 자신이다. 나를 둘러싼 모든 물질적 형상을 지어낸 것도 깊은 내면의 무의식이다. 느낌이나 생각, 심상화의 강렬함이 자신의 삶에서 나타나는 물질화를 결정짓는 중요한 요소다. 이것을 깨닫게 될 때라야 비로소 스스로 자신의 운명을 바꿀 수 있게 된다.

이것이 화엄경 4구게인 '일체유심조(一切唯心造)'의 원리다. 내면의 심리적 상태는 외부에 투사되어 눈에 보이는 물리적 현실로 나타나게 된다는 원리다. 이 세상은 자기가 원하는 대로 일어난다. 우리 모두는 자신의 물리적인 현실을 스스로 창조한다. 삶에서 일어나는 모든 영광과 모든 괴로움도, 따지고 보면 모두 우리 스스로가 창조한 것이다.

우리의 현재 의식 속에 품고 있는 생각과 신념이 우리가 원하는 것을 끌어당기는 데 중요한 역할을 한다. 하지만 더 중요한 것은 우리의 무의식에 내재한 신념체계이다. 이것이 우리의 의식적 노력보다 훨씬 강력해 모든 습관과 행동을 지배한다. 이 사실을 명심하라. 만약 자신이 원하는 새로운 창조를 원한다면 무의식에 새로운 상(相)을 명령해야만 한다.

무의식에 명령할 때는 원하는 결과에만 초점을 맞추어야 한다. 우리의 무의식은 절대 포기를 모른다. 무의식의 영역은 무한대다. 무의식은 기쁨과 고통, 행복과 슬픔, 선과 악을 구별하지 않는다. 무의식은 우리가 생각하는 방식에 따라 움직이는 충실한 하인이다. 하인을 부릴 줄 알아야 한다.

우리의 생각이 무의식에 내리는 명령이 된다. 현실이란 우리가 생각하는 것을 보여주는 한 편의 영화와 같다. 각본도 내가 쓰고 영화의 주인공도 나다. 각본을 다르게 쓴다는 것은 생각하는 방식을 바꾼다는 것이고, 이것은 현실의 모습도, 우리의 인생도 바꿀 수 있다는 것이다.

"무의식을 의식화할 때까지 그것은 여러분의 삶을 질질 끌고 갈 것이며, 여러분은 그것을 운명이라 부를 것이다."라는 칼 융의 이 말은 무의식이 우리 인생을 결정하게 되며, 이를 운명이라고 말한 것이다. 즉 우리의 무의식이 우리의 팔자란 의미다.

무의식에는 한 인간의 다양한 기억과 생각들이 지워지지 않고 평생 흔적을 남긴다. 엄청난 양의 정보가 평생 누적되어 있다. 그래서 무의식은 업(業)의 흔적이라고도 말한다.

성공한 사람은 성공의 원(願)을 세웠기 때문이고 병과 실패도 알게 모르게 자기가 원했기 때문이다. 명문대학을 나왔다면 명문대 졸업이란 원(願)을 전생이든 현생이든 자신의 무의식 속에 깊이 세웠기 때문이다. 부자들이 돈을 많이 번 것은 과거 어느 때 자신의 마음에 돈을 벌만 한 인(因)을 깊이 새겼기 때문이다.

인간의 무의식은 우리가 상상하는 모든 것들이 이루어지게 할 수 있을 만큼 강력하다. 무의식의 힘을 긍정적으로 이용할 줄 안다면 우리는 행운도 불러올 수 있다.

우리의 무의식은 무한한 능력을 지니고 있다. 우리는 잠을 잘 때 심장에게 '계속 뛰어.'라고 명령하거나 의식하지 않는다. 이런 식으로 일일이 생각하지 않아도 무의식이 알아서 해준다. 습관적으로 행하는 일들은 모두 무의식이 주관한다.

결국, 팔자를 바꾸려면 우리의 무의식을 변화시켜야 한다. 현재 의식에서 어떤 목표를 설정하고 그것을 반복해서 되새기면 무의식에 각인된다. 그런 연후에 현재 의식은 무의식에 입력된 대로 실행하게 되는 것이다.

우리는 명상이나 기도가 잘 되기 위해 무의식을 이용한다. 소원을 미리 무의식에 주문하는 것이다. 성공과 부의 비결도 무의식에 반복적으로 주문할 때 부를 이루는 시스템이 가동되는 것이다.

마이크로소프트 빌 게이츠 회장이 세계 최고의 갑부로 만든 이유를 알 수 있는 그의 말이다. "나는 매일 자신에게 두 가지 말을 반복합니다. 그 하나는 '왠지 오늘은 나에게 좋은 일이 생길 것 같다.'이고 다른 하나는 '나는 무엇이든 할 수 있다.'입니다."

좋은 느낌과 무한한 자신감을 스스로에게 매일 반복적으로 무의식에 입력시키는 이 말은 그를 무한능력자로 만들어 주는 기도문이다. 당신은 스스로에게 하는 말이 있는가? 그 말은 무엇인가? 그 말이 당신의 무의식에게 하는 명령어다. 자신도 모르게 부정적, 비관적인 말은 하지 않는가?

"매일 아침 잠자리에서 일어나면 '내가 벌어들인 돈의 일부는 무조건 저축한다. 나를 위해서!' 이렇게 중얼거려라. 잠자리에 들기 전에도 그렇게 중얼거려라. 그 말이 자네의 가슴속에 새겨질 때까지 그렇게 중얼거려라. 이 교훈을 절대 잊지 마라. 아니, 머릿속을 이 생각만으로 채워라. 돈이 한 푼씩 늘어날 때마다 그만큼 기쁨도 늘어나고, 가슴이 뿌듯해질 것이다. 삶의 새로운 활기를 되찾게 된다."

조지 S. 클레이슨의 『바빌론 부자들의 돈 버는 지혜』에 나오는 내용이다. 매일 잠자리에 들기 전에, 그리고 잠자리에서 일어나면 자신에게 하는 말이 무의식을 작동시키는 명령문이 된다. 부자가 되고 싶다면 심플한 내용의 명령어를 만들어라. 그리고 그것을 무의식에 각인시켜라. 한두 번이 아니라 지속적, 습관적이어야 각인이 된다.

간절히 원하지 않는다면 우리의 무의식에 각인되기 어렵다. 일단 무의식에 각인되면 목표달성을 위한 자동프로그램이 작동되기 시작한다. 무의식에 목표를 달성한 것으로 입력하면 무의식은 그대로 수용한다. 우리가 알아야 할 중요한 사실은 무의식은 선과 악. 사실과 허구를 구별하지 못하며 상상을 현실로 여기기 때문이다.

효과적으로 무의식에 각인시키는 최고의 방법은 감정, 느낌을 만끽하는 것이다. 목표 달성에 대한 감사함에 흠뻑 취하는 것은 아주 좋은 방법이다. 자신의 염원을 일상의 현실로 만드는 비결은 그 염원이 이미 이루어졌고, 기도는 이미 응답을 받았다고 느끼는 것이다. 목표를 이루는 어려움에 대해 걱정하지 말고 이미 목표를 이루었다고 생각하고 그 기쁨을 만끽하는 것이다. 이것이 우리의 무의식이 작동하는 비결이다.

"나는 희망을 밤이나 낮이나 품어둔다. 그러기에 그 희망은 현실로 이어지는 것이다." 스티븐 스필버그 감독의 말이다. 그는 무의식의 위대함을 잘 알았을 뿐 아니라 효과적으로 활용하는 방법까지 알고 있었다.

소원이 있다면 감정과 느낌의 차원에서 표현되어야 한다. 그 일이 성취되었을 때의 짜릿짜릿한 감정까지 느껴야 한다. 잠자리에 들기 전과 아침에 일어날 때 자신의 확언과 목표를 말하라. 하루 중에도 잠깐씩 규칙적으로 반복하는 습관을 들여라.

희망과 목표가 아주 뚜렷하게 각인되어 지워지지 않을 정도가 되면 우리의 무의식은 목표달성을 위해 전력 질주하게 된다. 고도의 집중력과 상상력, 그리고 끈기가 요구된다. '오매불망'이란 말처럼 꿈속에서도 잊지 않을 정도로 간절하게 끈기 있게 각인될 때 무의식은 우리를 위해 헌신하게 된다. 이의 유용한 도구가 심상화(心想化)와 기도다.

목표를 이루어주는 심상화(心想化)와 소원성취 기도의 핵심은 '느낌(feeling)'에 있다. 단순한 생각이 아니라 자신이 이루고자 하는 것을 한 폭의 그림으로 그릴 수 있어야 한다. 그리고 그것이 이루어진

장면을 기필코 상상하며, 기쁨의 감정에 밤이나 낮이나 흠뻑 젖어있
어야 한다.

우리의 무의식은 느낌과 이미지를 정보로 받아들인다. 무엇보다
긍정적인 느낌을 자주 불러일으키는 것이 중요하다. 우리가 체험하
고자 하는 것을 먼저 느끼면 그것은 현실이 되는 원리다. 원하는 것
이 있다면 그것을 오감으로 생생하게 느낄 수 있어야 한다.

몸과 마음이 이완된 수면 직전과 직후의 편안한 상태가 알파파 상
태이다. 이 상태에서 심상화와 확언의 방법을 많이 이용한다. 확언
은 우주 지성에 보내는 마법의 주문이다. 생각을 끊고 알파파, 세타
파 상태에 머물 때 우주 지성과 만나게 되고 "유레카!"라고 외치게
되는 것이다.

세타파 상태에서는 내가 진정으로 구하고 있는 답을 찾게 되고 그
것을 아이디어, 통찰력의 형태로 우리에게 인식시킨다. 하지만 보통
사람들은 세타파 상태에선 잠에 빠져들게 마련이다. 불교의 선에서
는 세타파 상태에서도 화두에 집중할 수 있는 상태를 오매일여라고
한다. 일념으로 화두에 집중해서 다른 생각이 없는 상태로 깨어 있
음을 말한다.

돈은 선악을 가리지 않는다. 인간의 무의식도 마찬가지다. 세상사
내 마음대로 되지 않는 이유는 바로 의식이 아닌 무의식이 우리의
삶을 지배하기 때문이다. 무의식은 옳고 그름의 잣대가 없으며 양심
이란 것도 없다.

부자가 되려면 무의식이란 슈퍼컴퓨터의 작동법을 잘 알고 활용할
수 있어야 한다.

3-3. 일체유심조(一切唯心造)

"만약 삼세의 모든 부처님을 알려고 하거든 응당 법계의 성품을 관찰하라. 모든 것은 마음이 만들어내는 것이다(若人欲了知 三世一切佛 應觀法界性 一切唯心造)."

『화엄경』4구게로 알려진 이 말은 불교의 근본 대의를 명시해 놓은 말이다. 마음 밖에는 아무것도 존재할 수가 없다는 것이다. 마음이 만법의 근본이라는 말은 초기 경전인 『법구경』에서부터 밝히고 있다. 현상계의 삼라만상이 모두 마음에 의해서 나타났다는 것이다.

당나라로 가던 원효대사는 새벽에 목이 말라 그릇에 담긴 물을 달게 마시고 잠이 들었다. 다음 날 아침 자신이 잠든 동굴이 무덤이고 마신 물은 해골에 고인 물이라는 것을 알게 된다. 토악질하던 그는 문득 모든 것은 마음에서 비롯된다는 '일체유심조(一切唯心造)'의 진리를 깨닫고 당나라 유학을 포기하게 된다.

한밤중에는 '너무나 맛있는 물이다.'라는 느낌과 감각으로 자신의 뇌가 받아들였지만, 다음 날 아침에는 '그 물은 썩은 물이다.'라는 것을 눈으로 보고 뇌가 받아들인 것이다. 원효대사의 이 이야기는 '모든 상황의 좋고 나쁨을 결정하는 것은 우리의 마음(心)이다.'라는 것을 보여준다.

부처님께서는 화엄경에서 "심여공화사(心如工畵師) 능화제세간(能畵諸世間) 오온실종생(五蘊實從生) 무법이부조(無法而不造)"라고 했다. 세상에 존재하는 사람과 사물 모두 우리의 마음이 만들고 그리며, 길흉화복은 물론 천지 만물도 우리의 마음이 그려낸 허상이며,

이 세상에 존재하는 모든 것이 우리의 마음이 그려내지 않은 것이 하나도 없다는 말이다. 이 세상에 존재하는 모든 것이 자기 마음의 그림자라고 알고 세상을 살아간다면 그런 사람에게는 어려운 일은 하나도 없게 된다.

잠언 4장 23절의 "모든 지킬 만한 것 중에 더욱 네 마음을 지켜라, 생명의 근원이 이에서 남이니라."라고 말했다. 이는 일체의 모든 것은 오로지 마음이 지어내는 것임을 뜻하는 불교 화엄경의 핵심사상, '일체유심조'와 일치한다.

"우리가 현실에서 부딪히는 모든 상황이 실은 자기 자신에게서 나왔다는 사실을 깨닫지 않고서는 '내가 내 삶의 환경을 선택했다는 것'과 '삶의 환경이 나의 정신적 활동과 밀접하게 연관되어 있다.'라는 주장에 반발합니다. 모든 현실은 우리 내부에서 생겨나는 것이지 결코 밖에서 생겨나는 것이 아니라는 사실을 굳게 믿어야 합니다."

1930년대에 '끌어당김의 법칙'을 강연했던 네빌 고다드의 책, 『상상의 힘』에 나오는 글이다. 그의 강의의 핵심은 상상이 현실을 창조한다는 것으로 화엄경의 일체유심조와 일맥상통한다.

잠언이든 불교의 화엄경이든 인생의 모든 문제가 마음에서 비롯되므로 마음을 잘 지키고 다스리라고 가르친다.

육체적 질병이나 사업 실패로 인한 고통은 마음의 문제가 해결되거나 치유되지 않으면 증상은 다시 드러나게 된다. 근원을 치유하지 않으면 완전하게 치유하지 못한 것이다. 무엇보다 마음을 잘 간수해야 한다. 일상에서 절대 긍정과 범사에 감사하는 마음이 습관화되어야 한다.

나의 생각이 현실이 된다. 그것이 일체유심조의 원리다. 내가 믿는 바가 현실화되는 것이다. 가난하다는 생각을 버려라. 가난을 해결하기 위해서는 나의 의식을 부와 풍요로움으로 모으고 '부자가 될 수 있다.'라는 신념의 파장을 보내면 믿는 대로 경험할 수 있게 된다.

병과 가난으로 고통받는가? 그렇다면 자신을 큰 산과 같이 강건하고 모든 것을 가진 부자라고 생각하라. 더 이상 병과 가난의 두려움에 떠는 소인이 아니라 모든 것을 품은 큰 산이라고 생각하라. 그렇게 상상하면 어느덧 큰 산이 되어 있을 것이다.

심신일여(心身一如)라는 말은 마음이 육체를 지배한다는 의미다. 건강이란 보약이나 식이요법, 운동 같은 것으로만 좋아지지 않는다. 근본적으로는 마음을 다스려야 한다. 인간이란 굶으면 죽는다고 생각하면 죽고, 체내에 쌓인 독이 빠져서 오히려 건강해진다고 생각하면 죽는 것이 아니라 단식이 되어 병이 낫게 된다.

돈과 부도 마찬가지다. 부의 원천은 '생각'에 있다. 절약과 저축, 재테크만으로는 한계가 있다. 좋은 신념과 부와 풍요로움의 의식과 같은 마음 다스리기를 통해서 더 큰 재물이 모이게 된다.

예를 들어 빨리 돈을 벌어 '대궐 같은 집을 사고 멋진 빨간 스포츠카를 사야 할 텐데.'라고 생각한다면 지금 하고 있는 일이 너무 수입이 적고 힘들기만 할 것이다. 그런데 생각을 바꾸어 '지금 하고 있는 일이 너무 재미있는데 돈까지 벌게 해주니 정말 기분이 좋고 행복하다.'라는 생각으로 일한다면 능률이 오르게 되고 새로운 아이디어까지 나오게 되어 수입은 자연히 늘게 될 것이다.

성경에도 "항상 기뻐하라, 쉬지 말고 기도하라, 범사에 감사하라,

이것이 그리스도 예수 안에서 너희를 향하신 하나님의 뜻이니라."라고 가르친다. 돈도 마찬가지다. 돈을 벌거나 쓸 때도 항상 감사하고 좋은 마음을 지녀야 한다. 내 호주머니에서 나가는 돈이 다른 사람들의 행복에 기여할 것이란 감사와 선한 마음으로 흠뻑 취해서 돈을 사용해야 한다.

세상의 일은 모두 '자기가 믿는 대로 경험하기'이다. 세상만사는 우리들 각 개인이 '믿는 대로 경험하기'의 원리를 따른다. 이것은 정치, 경제, 종교, 철학 등 모든 분야의 탁월한 리더들의 신념체계였다.

우리는 원하는 결과를 얻으려면 그것이 이미 현실로 나타난 것처럼 행동해야 한다는 사실을 진지하게 받아들여야 한다. 막연한 희망에서 이미 현실이 된 모습을 정식으로 받아들일 때 무언의 자신감이 묻어 나오게 되며, 그 모습을 다른 사람들은 감지하게 된다. 성공하고자 한다면 아직 이루어지지 않은 일을 마치 이미 확정된 일인 것처럼 분명히 볼 수 있어야 한다.

호텔왕 힐튼은 매일매일 호텔왕이 되는 상상을 진이 빠질 때까지 했다고 한다. 우리의 무의식은 현실과 상상을 구분하지 못한다. 내가 진정으로 원하고 열망하는 일이 완벽하게 이루어진 모습을 한 폭의 그림으로 상상할 수 있을 때 현실이 된다.

천재지변과 같은 절체절명의 위기는 내 마음 밖의 일로써 내가 어떻게 할 수 없는 일이다. 극복이 어렵다. 하지만 그로 인한 두려움과 공포심은 내 마음속의 일이므로 극복 가능하다.

인생은 생생한 꿈이다. 깨고 나면 고통도 사라지고 아무것도 아니다. 절체절명의 위기도 내 마음이 만든 허상이며 착각이다. 위기를 두려워하는 내 마음이 나를 죽이는 것이다. 위기상황이 나를 죽이는 게 아니다. 일체의 모든 것이 착각인 줄 알아야 한다. 일체유심조의 원리에 의해 절체절명의 위기까지 극복 가능하게 된다.

내 운명은 내가 정한 것이 아니다. 나의 잠재의식이 정한 것이다. '부모를 누구로 선택하고 재산은 얼마나 모으고 언제 쫄딱 망할 것인지'라는 인생연극의 각본은 스스로가 쓴 것이다. 바꾸고 싶다면 자신이 바꾸면 된다. 병에 걸리는 것도 알게 모르게 스스로 병들겠다고 마음을 먹고 무의식에 입력시킨 결과이다. 병도 고난도 내가 정한 것이니 즐길 줄 알면 도인이다. 가난도 배울 게 많다. 그래서 도인은 가난에서 벗어나려 하지 않는다.

일체 현상계는 마음이 먼저다. 마음에서 이루어진 다음 현실화된다. 그래서 우리의 생각이 무서운 것이다. 마음만 먹으면, 원(願) 세운 대로 된다. 노력 이전에 내 마음이 불러온 것이다. 강력하게 잠재의식에 입력시키면 바라는 대로 이룬다. 이것이 일체유심조의 원리다.

3-4. 부(富)의 법칙은 인과의 법칙이며 베풂의 법칙이다

"우리는 자신이 받은 현금가치보다 더 큰 사용가치를 돌려주어야만 합니다. 그래야만 매번 거래할 때마다 생명은 더욱 풍성해지고 만나는 사람마다 성장한다는 느낌을 받을 수 있도록 앞서가는 생각을 갖고 있어야만 합니다. 이와 같은 내용을 실천하는 사람은 남녀를 불문하고 부

자가 될 수 있으며, 그들이 갖게 되는 부는 그들이 얼마나 명확한 비전을 갖고 있었으며, 그들의 목적의식이 얼마나 변하지 않았으며, 그들의 감사가 얼마나 깊었는지에 정확히 비례합니다."

– 월러스 워틀스, 『부자학 실천서』 중에서

석가모니는 "사람의 마음은 그가 자주 생각하는 것을 향해 움직인다."라고 말했다. 사람은 자기가 생각하는 대로 된다는 의미다. 원인이 있어야 결과가 된다. 무슨 일이든 마음먹은 대로 이루어지기 위해서는 어떤 생각을 마음속에서 자주 떠올려야 한다.

이를테면 돈을 대할 때마다 이 돈을 갖게 될 사람의 행복을 기원해보라. 반복을 통해 그것이 습관이 되며 돈을 대할 때마다 본능적으로 모든 사람들이 행복하길 바라는 마음이 될 것이다. 이 습관이 반복될수록 행복 DNA가 형성되어 자신이 먼저 행복한 사람이 되며, 나를 대하는 사람들은 나에게 이끌리게 될 것이다.

돈의 세계 역시 인과응보의 세계다. 원인이 있어야 결과가 있다. 어떤 생각과 목표를 가지고, 어떤 행동을 하느냐에 따라서 부의 규모가 달라지고 삶의 질이 바뀌는 것이다.

법정 스님은 "나 자신이 행복해지고 싶다면 먼저 남을 행복하게 해주어야 합니다. 이것이 업(業)의 율동이고 메아리입니다."라고 했다. 인과의 법칙은 한치의 예외도 없다. 정확히 다 돌려받는다. 우리는 지금도 자신이 뿌린 것을 거두며 살고 있다. 부자가 되려면 부(富)의 인(因)을 뿌려야 한다. 그것은 남을 부유하게 하는 것이다.

세상에 도움을 주고 보탬이 될 때 복을 받고, 이와 반대되는 행동을 하면 벌을 받는다. 그것이 인과의 법칙이다. 뿌리는 대로 거두는 법이다. 우리가 다른 사람들에게 행복과 성공이 오게 하는 행위는 자신의 행복과 성공의 씨앗이 되기 때문이다. 부자가 되려면 부의 씨앗을 뿌리는 법을 배워야 한다. 스스로의 생각과 말, 그리고 행위가 부의 씨앗이다.

가난은 궁한 생각에서 비롯되며 부는 풍요로운 생각에서 비롯된다. 생각은 씨앗이며, 현상이 결과다. 생각을 바꾸면 삶이 바뀌게 된다. 제임스 앨런은 『위대한 생각의 힘』에서 인과의 법칙을 이렇게 표현하고 있다.

"식물이 씨앗 없이는 생겨날 수 없으며 씨앗에서부터 싹을 틔우듯이, 인간의 모든 행위는 생각의 보이지 않는 씨앗 없이는 밖으로 표출될 수 없다. 의도적인 행동뿐 아니라 무의식적이고 우발적인 행동역시 생각에서 비롯된다."

디펙 초프라는 『성공을 부르는 일곱 가지 영적 법칙』에서 모든 관계는 주고받음의 관계이며, 더 많이 줄수록 더 많이 받는다며, 주는 행위 자체에서 기쁨을 느껴야 한다며 베풂의 법칙에 대해 다음과 같이 말하고 있다.

"기쁨을 원한다면 사람들에게 기쁨을 주고 사랑을 원한다면 사랑을 주고, 관심과 존중을 받고 싶다면 관심과 존중을 주는 법을 배우면 됩니다. 물질적인 풍요를 원한다면 사람들이 물질적으로 풍요로워지도록 도우십시오. 사실 원하는 것을 얻는 가장 쉬운 방법은 사람들이 원하는 것을 얻도록 돕는 것입니다."

밥(길고양이)을 만나기 전 제임스 보엔은 마약중독에서 벗어나려

애쓰는, 길거리 연주자로 하루하루 사람들이 던져주는 동전에 기대어 살고 있었다. 어느 날 자신이 살고 있는 노숙자시설에서 상처 입은 고양이를 만나게 되고 몇 푼 안 되는 자신의 전 재산을 털어 고양이를 치료해 주었다. 이때부터 신기한 일이 벌어진다. 고양이는 그를 떠나지 않고 쫓아와 거리 공연까지 따라다녔다. 고양이 때문에 사람들이 그의 공연을 주목하게 되고 수입도 늘어났다. 이어 그는『내 어깨 위 고양이, 밥』이란 책을 출간해 베스트셀러가 되고 영화로도 만들어져 흥행에 성공하게 된다.

제임스 보엔은 너무나 고달픈 삶이었지만 자신에게 가장 소중한 돈을 고양이 치료에 베풀었는데 그 인(因)이 인생역전의 기회가 되었던 것이다. 베풂, 대가를 바라지 않는 순수한 베풂이 인생의 터닝포인트가 되었음을 보여주는 이야기다.

대가를 바라지 않는 베풂이 가장 값어치 있다. 이것은 불교에서 말하는 '무주상보시'다. 집착 없이 내가 무엇을 누구에게 베풀었다는 자만심 없이 온전한 자비심으로 베풀어주는 것으로 그 복은 한량없는 무량복덕(無量福德)이 된다. 기독교에서 말하는 "오른손이 하는 일을 왼손이 모르게 하라."이다.

세상에 당신의 마음과 노력을 '베풂'이란 행위로 표현할 때 세상은 응답한다. 현재 내가 처한 상황에서 누군가에게 도움이 될 수 있을 만한 것을 찾아라. 그것이 재물이든 봉사든 따뜻한 한마디 말이든 그 무엇이라도 좋다.

베풂을 실천해보라. 그로 인해 우리 내부의 풍요 에너지가 차오르게 되고 인생이 멋지게 변화될 것이다. 부자를 만드는 근본은 베풀고자 하는 마음, 즉 '부의 의식'에 있다.

"구하라, 그러면 주어질 것이다."라는 성경의 가르침도 대부분의 사람들에게는 와 닿지 않는다. 구해도 주어지지 않기 때문이다. 왜 그럴까? 그것은 받을 준비가 되어 있지 않기 때문이다. '받을 준비'란 항상 남을 위해 무엇이든 주는 마음 상태다. 자신에게 무엇인가 주어지기를 바란다면 자신에게 속한 무엇인가를 다른 사람의 이익이 되도록 주지 않으면 안 된다. 이것이 우주의 법칙이다. 베풀어야 베풀어진다.

이 세상에 본디 나의 것이란 없다. 모든 것은 나와 세상을 위하여 잠시 빌려 쓰는 것이기 때문에 목적을 달성했다면 다시 되돌려주는 것이 당연하다. 죽도록 열심히 살았는데도 매사가 풀리지 않는다면 먼저 자신을 되돌아봐야 한다.

석가모니는 인색과 탐욕은 가난의 문이요, 나눔의 보시는 부의 문이며 행복의 문이라고 했다. 탐욕으로 돈을 소유하면 돈이 주인이 되고 탐욕을 버리고 보시하면 사람이 돈의 주인이 된다.

여유가 있을 때 베풀겠다는 사람에게는 결코 여유가 생기지 않는다. 물질이든 정신이든 베풀 기회가 있을 때 언제나 베푸는 사람에게 여유가 생기는 법이다.

3-5. 부의 안목, 보이지 않는 운(運)의 흐름을 보는 힘!

손정의 회장은 알리바바의 마윈 회장을 처음 만난 자리에서 거액을 투자하기로 한 이유에 관해 책, 『손정의 300년 왕국의 야망』에서 이렇게 말한다.

"만나서 5분 만에 출자를 결정했습니다. 눈에서 엄청난 카리스마가 느껴졌습니다. 동물적인 감각으로 냄새를 맡았다고나 할까요? 이 사람이 100명의 부하들에게 물에 뛰어들라 하면 모두 뛰어들겠구나, 아니 불 속으로 뛰어들라 해도 따를 사람이 있겠구나 싶었습니다. 그가 발산하는 어마어마한 힘은 결코 회계 지식이나 수학 지식에서 나오는 그런 것이 아니었습니다.

손 회장의 안목이 그가 투자한 200만 달러(25억 정도)를 나중에 10조엔, 우리 돈으로 환산하면 110조 원 가까운 엄청난 가치로 돌아오게 한 것이었다.

"오동잎 하나 떨어져 천하에 가을을 알린다."라는 투자 격언이 있다. 미세한 변화에도 큰 흐름을 읽을 수 있어야 한다. 변화무쌍한 세상의 흐름을 정확히 간파하는 능력이 통찰력이며 안목이다.

안목이란 대추 한 알에서 우주를 보고, 도토리 속에서 거대한 참나무를 보는 눈이다. '기회를 잡아 이익을 취하라.'라는 말은 누구에게나 적용되는 말이지만, 세상을 보는 안목이 부족한 사람에게는 해당되지 않는다.

시기와 형세를 파악하는 능력이 부족하여 시대의 조류에 정신없이 휩쓸려 버리면 재운은 오지 않는다. 세상을 살다 보면 누구에게나 세 번의 기회는 온다고 한다. 하늘에서 내린 절호의 기회란 것을 만나게 된다는 것이다. 이 기회를 간파해 이용하는 자에게 돈은 흘러 들어간다. 부(富)는 트랜드를 읽는 안목에 달렸다. 시대 트랜드를 잘 읽지 못하는 사람에게는 돈의 흐름이 보이지 않는다.

1900년대 초 마차로 붐비던 런던 거리에서 어느 날부터 자동차가 한 대 두 대 등장했다. 누군가는 저 자동차에 미래가 있다고 생각하고 자동차 관련 비즈니스에 뛰어들었지만, 다른 누군가는 그저 그렇게 생각하며 흘려보냈던 것이다.

중산층이나 일반서민들은 IMF 구제금융위기나 2008년 글로벌 금융위기와 같은 시기를 지나면서 재산이 쪼그라드는 삶을 살게 되었지만, 부자나 고액자산가 중 상당수는 위기의 파도를 이용해서 사업이나 투자로 오히려 자산을 크게 늘렸다.

위기는 언제나 반전의 기회를 감추고 있으며, 큰 불행이야말로 그 이상의 행운이 시작되는 징조이다. 마찬가지로 큰 행복 뒤에도 늘 불운의 그림자가 드리워져 있음을 의식하고 조심하는 태도가 필요하다.

2020년 코로나 바이러스 팬데믹도 마찬가지다. 위기를 지나면서 부익부 빈익빈은 심화되었다. 게임의 룰이 바뀌게 될 때는 과거의 습관을 버리고 생각을 바꿔야 한다. 내공을 쌓고 준비해온 자들에게 안목과 통찰력이란 필살기가 생기게 되고, 그것은 더없이 좋은 기회를 가져다준다.

과거에는 더 많은 정보와 지식을 통해 얻은 지혜로 부를 획득했다. 지금은 빅데이터, 인공지능의 시대다. 통찰력과 상상력, 창의력을 통해서 얻은 지혜가 부를 불러들이는 시대다. 마음속 깊이 내재된 선입견, 고정관념을 제거할 때 본연의 지혜가 드러나게 된다.

부의 안목은 다른 관점으로 보는 눈이다. 같은 것을 보고 남과 다르게 생각하는 것에서 인생과 부의 기회가 나온다. 같은 일이라도 어떻게 생각하느냐에 따라 상황은 180도 달라진다. 부를 거머쥐고 싶다면 다른 사람과 다르게 생각할 줄 알아야 하고, 다른 사람이 하지 않는 것을 해야 하고, 다른 사람보다 한발 앞서야 한다. 큰 기회는 항상 대수롭지 않아 보이는 '우연'이라는 탈을 쓰고 우리에게 나타난다. 그것을 볼 수 있는 안목이 있어야 한다.

거대한 부를 이룬 사람들은 시대의 흐름을 보는 안목이 탁월하다. 시대의 흐름은 구체적인 모습으로 나타나지 않고 징후, 조짐으로 보인다. 들판의 벼가 자라는 모습과 같다. 하루하루 보면 비슷하지만 봄, 여름이 지나고 가을이 되면 고개를 숙이고 있다. 이러한 조짐, 흐름은 예민한 사람만이 감지할 수 있다. 남다른 통찰력을 갖추어야 보인다. 이는 어느 정도 타고난 자질과 탁월한 동물적 감각이 있어야 한다.

2009년 승객 155명을 태운 여객기가 이륙 1분 만에 달려든 새떼들과 충돌, 절체절명의 순간을 맞았다. 기장은 은퇴를 앞둔 40년 베테랑 조종사 설리 슬렌버거였다. 같은 시각 관제탑에선 테터보로 공항으로 회항할 것을 명령했지만, 기장은 "불가능하다. 허드슨 강에 착륙하겠다."라고 응답한다. 그리고 여객기는 허드슨 강에 안전하게 착륙, 승객 전원을 구조했다. 청문회에서 조사전문가들은 조종사의 무모함을 지적했지만, 만약 매뉴얼대로 테터보로 공항으로 회항했다면 뉴욕 도심 한가운데로 추락했을 것이다. "어떻게 그런 결정을 내릴 수 있었는가?"라는 질문에 기장은 이렇게 말한다.

"정확히 42년, 나의 비행기 조종 경험에 비춰 봤을 때 당시 상황에서는 허드슨 강에 착륙하는 것밖에는 다른 수가 없었다. 그것은 데이터나 논리가 아니라 직감이었다."

「설리, 허드슨 강의 기적」이란 영화로도 만들어진 이 이야기를 통해 한 사람의 직관적 판단이 수많은 사람의 생명을 구할 수 있음을 우리에게 보여준다.

직관력의 국어사전적 해설은 판단이나 추리 따위의 사유 작용을 거치지 아니하고 대상을 직접적으로 파악할 수 있는 능력으로 메시지를 받는 것처럼 순식간에 선택할 수 있는 지혜가 내려오는 것이라고 말한다.

아마존의 제프 베조스는 이렇게 말했다. "내가 그동안 사업과 삶에서 내린 최고의 결정은 모두 마음과 직관, 그리고 배짱을 따른 것이다. 분석에 의한 게 아니었다. 분석으로 결정을 내릴 수 있을 때는 그렇게 해야겠지만, 인생에서 가장 중요한 결정은 언제나 본능, 직감, 경험, 마음에 따라 이루어지는 것 같다."

1980년대, 대규모 간척사업을 추진하던 정주영 회장은 물막이 공사에 어마어마한 공사비와 공사 기간으로 고심하다 문득 폐유조선을 이용하겠다는 기상천외한 발상을 실행에 옮겨 공사비 280억 원을 절감하며 단 9개월 만에 성공하게 된다.

이런 창조적인 감각은 육감을 넘어선 제7의 감각인 직관력이다. 이것은 우리 모두에게 오랫동안 고민하고 있던 난제를 한순간에 해결해 주는 필살기다.

우리를 부자로 만들어 주는 지식은 경제금융 지식이지만, 이보다 더 중요한 것은 세상과 돈의 흐름에 대한 통찰력이다. 이것은 눈에 보이지 않는다. 경험의 눈을 갖추고 지혜의 눈으로 볼 때 읽히는 것이다. 이것을 통찰력이라고 한다. 통찰력은 예리한 관찰력으로 사물을 꿰뚫어 봄을 뜻하는 말이다.

생각이 차이를 만든다. 위기와 큰 변화에 직면하게 되면 침착하고 냉정하게 깊게 생각한 다음 행동해야 한다. 세상의 큰 흐름이 바뀔 때는 우리에게 익숙했던 모든 것이 달라지기 때문에 통찰력이 매우 중요하다.

세상의 규칙이 변하는 방향을 알아보는 안목이 바로 통찰력이다. 통찰력은 하루아침에 그냥 생기는 것이 아니다. 수년간의 지속적이고 집중적인 관심과 노력이 기반이 되어야 한다. 통찰력을 갖기 위해 우선 필요한 것은 광범위하면서도 전문적인 지식이다. 그런 지식에 관찰력과 영감이 결합될 때, 비로소 행운의 기회를 포착해낼 수 있다.

인공지능 시대, 상상력과 통찰력, 직관력이 답이다. 세상의 변화와 흐름을 인식하는 것이 부(富)를 거머쥘 수 있는 필수조건이다. 부자가 되려면 타인과 경쟁하는 것이 아니라 남들이 하지 않는 것, 남들이 생각도 못 한 것을 새롭게 만들고 구축해야 한다.

해가 지기 전이 가장 밝듯이, 대박이 터질 때도 징조가 있고, 폭망할 때도 조짐이 있다. 하지만 징조란 약하고 희미해서 보통사람은 보고도 대수롭지 않게 그냥 넘어갈 뿐이다.

기회는 누구에게나 평등하게 주어진다. 부와 기회의 밀물과 썰물은 항상 겹치게 되어 있다. 겸허한 자세로 세밀하게 볼 줄 아는 안목을 가진 자만이 기회를 포착할 수 있는 법이다.

돈과 기회는 우리를 기다려주지 않는다. 남들이 생각하지 못하는 것을 생각할 줄 알고, 보지 못하는 것을 볼 줄 알며, 행하지 못하는 것을 실행에 옮기는 것이 바로 큰 부(富)를 이루는 비결이다.

부자가 되려면 기회를 포착하는 능력이 핵심이다. 어떤 일이든 자기 분야에서 최고가 된다면 부자가 되는 것은 시간문제다. 이를 위해서는 시대의 트랜드를 읽을 수 있어야 한다. 자신이 뛰어든 분야의 흐름과 국가의 경제정책 흐름을 파악하고 읽을 수 있어야 한다.

깊이 생각하고 멀리 내다볼 줄 아는 안목과 과감한 행동이야말로 부자가 되기 위해 갖춰야 할 가장 중요한 자질이다. 세상의 흐름과 기회를 보는 눈이 부의 안목이다.

6부

保任, 깨친 후에도
게을리하지 않아야 한다

가진 게 거의 없어도 모두 내어주는 사람들이 있다.

삶의 풍족함을 믿는 그들의 금고는 절대로 비어 있지 않다.

즐거운 마음으로 베푸는 사람들이 있다.

그리고 그들에게는 그 즐거움이 보답이다.

남에게 주는 것을 괴로워하는 사람들도 있다.

그 고통은 그들에게만 시련이다.

남에게 베풀면서도 아까워하지 않는 사람들이 있다.

즐거움을 구하지 않으며 자신이 한 덕행에 우쭐하지 않는다.

그들의 베풂은 저 너머 계곡에서

대기에 향기를 내뿜는 양 떼들 같다.

이들의 손을 통해 하나님은 말씀하신다.

그들의 눈 뒤에서 세상을 향해 미소 지으신다.

― 칼릴 지브란

　　　보림(保任)은 선불교에서 깨달아 부처가 된 이후의 수행을 말하며 보호임지(保護任持)의 준말이다. 보림은 깨친 후에도 게을리하지 않는 수행을 하여 완전히 자기 것으로 만드는 것을 말한다. 깨달은 뒤에 다지고 살피고 굳히는 자문자답(自問自答)의 시간을 통해 더욱 갈고 닦아야 한다.

깨달음에는 반드시 보림(保任)이 뒤따라야 하듯 부를 이룬 뒤에는 반드시 베풂이 뒤따라야 한다.

나치 치하 실존했던 쉰들러라는 오스트리아인이 유대인 수용소의 유대인을 살리기 위해 노력한 이야기를 담은 영화가 「쉰들러 리스트」다. 주인공 쉰들러는 독일군과 협력하여 군용 물품 제작으로 막대한 부를 쌓는데, 자신의 공장에 유대인들을 고용해서 그들을 보호하고 살려준다. 전쟁이 끝난 뒤 쉰들러에 의해 목숨을 건진 이들은 금니들을 모아 반지를 만들고 그 반지에 유대인의 경전인 『탈무드』의 격언을 새겨주었다.

"한 사람을 구함은 세상을 구함이라."

마더 테레사 수녀는 "가난은 하느님이 만드신 것이 아니다. 가난은 당신과 내가 만들어낸 것이다. 가난은 함께 나누지 않은 우리의 책임이다."라고 했으며, 마하트마 간디는 "우리가 무엇이든 함께 나누면, 신은 우리에게 다시 되돌려줍니다."라고 말했다.

13세기의 위대한 신학자, 토마스 아퀴나스는 "가장 고결한 삶은 자신이 행동의 주체가 되는 삶이다. 언제나 다른 것들에 끌려다니는 삶은 죽은 것이다."라는 말로써 최고의 삶, 자유로운 삶을 살아야 한다고 가르친다.

진정한 부자는 지갑이 비어도 개의치 않는 사람이다. 돈뿐만 아니라 모든 것들에 끌려다니지 않는 사람이야말로 진정한 부자, 해탈한 자산가이다.

비록 가혹한 가난에도 '인간다움(humanitas)'을 잃지 않고 물같이 바람같이 여여(如如)하게 살 수 있다면 고결한 사람이다. 비록 재물이 풍족하지 않아도 '인간다움(humanitas)'을 통해 지성과 예의를 지켜 고결한 정신적 가치를 지향하는 삶을 추구해야 한다.

인생은 많은 재물과 향락에 있지 않다. 비록 많은 돈을 가지고 있지만, 돈으로 살 수 있는 것보다는 돈으로도 살 수 없는 도(道)를 추구하는 사람이 해탈한 자산가다. 그들은 진정한 도(道)란 우리의 일상 속에 있다는 것을 잘 안다.

그들이 추구하는 것은 돈으로도 살 수 없는 도(道), 즉 인생의 의미와 목적, 자선과 자비, 영성, 자아실현 등이다. 진정한 행복은 돈이 아니라 돈으로도 살 수 없는 도(道)를 닦고 행하는 곳에 있다.

1. 해탈한 자산가를 꿈꾸며

오늘 아침을 다소 행복하다고 생각하는 것은
한 잔의 커피와 갑 속의 두둑한 담배,
해장을 하고도 버스값이 남았다는 것

오늘 아침을 다소 서럽다고 생각하는 것은
잔돈 몇 푼에 조금도 부족이 없어도
내일 아침 일도 걱정해야 하기 때문이다

가난은 내 직업이지만
비쳐오는 이 햇빛에 떳떳할 수가 있는 것은
이 햇빛에도 예금통장은 없을 테니까

나의 과거와 미래
내 사랑하는 아들딸들아
내 무덤가 무성한 풀섶으로 때론 와서
"괴로웠음 그런대로 산 인생, 여기 잠들다."라고 씽씽 바람 불어라.

서울대 상대를 수료한 천재 시인 천상병의 「나의 가난은」이란 시다. 1967년 간첩 조작 사건인 동백림 사건에 연루되어 모진 고문 후유증 속에 극빈의 삶을 살았지만, 하루치 막걸리와 담배만 있으면 스스로 '세계에서 가장 행복한 사나이'라고 외쳤다. 평생을 극빈하고 불우하였으나, 결코 굴복하거나 비굴하지 않았다. 해맑게 웃는 그의 사진을 볼 때면 늘 정신적 무한부자, 해탈한 자산가의 모습을 본다.

칸트는 "가진 것으로 부자가 되는 것은 아니고 가지지 않고도 품위 있게 사는 방법을 알면 부자가 된다."고 말했다. 부귀와 곤궁에 초연했던 위대한 영혼, 간디는 "나는 재산은 없지만, 세상에서 제일 부자라고 생각한다. 나의 삶은 여유 있고 편안한 삶이다. 나는 가난한 탁발수도승이다."라고 말했다.

『파이어족이 온다』의 저자, 스콧 라킨스는 그의 책에서 이렇게 말한다.

"경제적 자유는 돈을 벌든 안 벌든 당신이 진짜 원하는 것을 추구할 수 있는 자유와 융통성을 갖는 것이다. 파이어는 남은 평생을 해변에서 칵테일이나 마시며 보내자고 주장하는 것이 아니다. 어딘가를 꿈꾸며 책상 앞에 앉아 퇴근 시간만 기다리지 말고 당신의 인생에 주어진 시간을 소중하게 쓰자는 것이다. (중략) 월급에 의지하지 않아도 된다면 그때는 어떤 선택을 내릴 수 있을까? 파이어는 최종적으로 당신에게 '자유'를 제안한다. (중략) 파이어의 일반적인 계획은 수입의 50~70퍼센트를 수수료가 적은 주식이나 인덱스 펀드에 투자해서 대략 10년 안에 수동적 소득이 발생하는 시스템을 만들어 빨리 은퇴하라는 것이다."

조기에 충분한 소득을 확보해 조기 은퇴를 목표로 하는 파이어족이 추구하는 것은 자유다. 하지만 한 번뿐인 우리의 인생, 자유롭게만 살다 가기엔 뭔가 부족하다. 이 세상에 태어난 이유가 자유롭게 살다 가는 것만은 아니다. 의미 있는 삶이어야 한다. 나로 인해 세상이 조금이라도 더 발전하고 살기 좋아졌다는 보람을 느낄 수 있어야 한다.

철학자 임마누엘 칸트는 "행복의 개념은 아주 불명확한 것이어서, 모두 행복을 얻고자 하면서도 정작 자신이 원하고 의도하는 게 무엇인지 그 누구도 명확하고 일관되게 말할 수 없다."라고 말했다. 행복이란 신기루와 같은 개념이다. 돈에 의존할 수도, 아닐 수도 있다.

"많은 사람들이 무엇이 진정한 행복인지에 대해 잘못된 생각을 가지고 있다. 행복은 자기만족에 의해서가 아니라, 가치 있는 목적에 충실함으로써 이루어진다." 헬렌 켈러의 말이다.

우리 모두의 진짜 목표는 행복이다. 성공하고 부자가 되는 것도 행복하기 위해서다. 행복이 최종 목적지이며, 행복을 위한 모든 것들은 목적지에 도달하기 위한 여정일 뿐이다. 성공이란 자신이 바라고 좋아하는 것들을 소유하는 것이고 행복은 그것들을 소유하고 쓰는 과정에서 느끼는 좋은 기분, 감정이다.

"우리가 번 돈이 생계를 꾸리고, 우리가 베푼 돈이 인생을 꾸린다." 윈스턴 처칠의 말이다. 돈과 재물이 풍부할수록 더 행복해질 것으로 생각하지만, 항상 그렇지는 않다. 기쁨은 순간이다. 정말 원했던 것을 얻었을 때의 기쁨은 고작 며칠에 불과하다. 우리는 자신의 소망이 멋진 차, 뷰가 탁월한 대궐 같은 집, 넘치는 은행 잔고 등이라고 믿지만, 궁극적으로 바라는 것은 이런 물질들이 우리에게 주는 좋은 기분, 감정이다.

중요한 것은 행복이란 '주어지는 게 아니라 나의 내면에서 찾아내는 것'이며 욕망 충족에서 오는 것이 아니라 더 이상 아무것도 바라지 않는 상태이다. 욕망은 끝이 없어 만족을 모른다. 내가 가지지 못한 것에 대한 집착으로 내 손에 있는 아흔아홉보다 남의 손에 있는 하나를 더 탐낸다. 만족을 알아야 하고 나의 재능을 알아야 한다. 그래서 내가 가진 것을 사용해 세상에 기여할 때 최고로 행복해질 수 있다.

인간이란 절대적 결핍에서 벗어나면 '왜 누구는 나보다 비싼 차를 몰고 나보다 훨씬 좋은 집에서 사는 것인가?'라는 상대적 결핍에 시달린다. 우리는 자신이 가진 것을 보지 못하고 남과 나를 비교해 부족하거나 갖지 못한 것만을 바라보며 불행을 키우고 내 안의 행복을 놓치며 산다. 행복이란 내 안에서 찾지 못하면 그 어느 곳에서도 찾을 수 없다.

이 세상에 돈은 얼마든지 있다. 이 우주가 다 내 것인데, 차고 넘치는 돈이야 말해 뭐할까? 이 세상의 모든 돈을 다 가질 필요가 있을까? 돈이란 내가 쓸 만큼만 있으면 된다. 많은 사람들이 온갖 고생을 감수하며 노력해 돈을 번다. 그래서 어떤 이는 많은 돈을 벌고 나서 재앙을 겪기도 한다. 극도의 스트레스로 인해 병을 얻거나 가족과 헤어지거나 심지어 목숨을 잃는 경우도 있다. 돈 벌고 골병 들면 뭐하나? 재앙 없이 마음 편하고 돈을 벌려고 발버둥 치지 않는 지족의 마음을 가진 자야말로 진짜 부자다.

의학 박사 전홍준 씨가 쓴 『완전한 몸, 완전한 마음, 완전한 생명』

이란 책에 소개된 일본 초밥 업계에서 크게 성공한 기업가, 야마기마 쓰라는 사람의 이야기다.

"그는 조그만 초밥집을 차렸으나, 한번 다녀간 사람은 두 번 다시 오지 않았다. 팔려고 만들어 놓은 초밥을 늘 자기가 먹어야 했다. 어느 날 문득 이런 생각이 떠올랐다. '먹어도 먹어도 질리지 않는 초밥을 만들 수는 없을까?' 그러나 그것은 그저 생각뿐이었다. 달리 어디서 기술을 배울 처지도 못되었고, 소질이 없었기 때문이다. 그래서 그는 하는 수 없이 초밥을 만들면서 '먹어도 먹어도 물리지 않는 초밥이 되십시오. 이 초밥을 먹는 손님이 큰 행복감을 느끼게 하소서!'라는 기원을 초밥에 보냈다. 정말 절실한 심정으로 보냈다. 그런데 놀라운 일이 벌어지기 시작했다. 손님이 끊이지 않고 밀려오는 것이었다."

초밥의 재료와 기술이 달라진 것도 아니고 오로지 혼신의 정성을 담긴 초밥 하나가 큰 성공을 가져다주었다. 세상에 성공하고 부자가 되는 것은 지식이 많고 학벌이 좋아야 하는 것은 아니다. 다른 사람을 행복하고 기쁘게 해주는 마음, 진실한 마음이 큰 성공의 에너지를 만들어 준다.

자신의 일에서 먹고 사는 것을 넘어서는 의미를 찾을 수 있을 때 삶의 보람이 찾아온다. 행복한 부자, 해탈한 자산가가 되기 위해서는 '나의 일이 어떤 의미가 있는가?'라는 질문에서부터 출발해야 한다.

얼마의 재산을 가지면 좋을까? 많은 사람들은 남들이 부러워할 정도는 아니지만, 돈으로 스트레스 받지 않고 남을 도와가며 살아갈 수 있을 정도라면 충분하다고들 말한다. 하지만 해탈한 자산가의 입장은 다르다. 우선 그들에게는 얼마의 재산을 가지면 좋을까?'라는 질문보다는 '얼마의 재산을 남기고 가면 좋을까?'를 물어봐야 한다.

돈이란 정직한 방법으로 최대한 많이 벌면 벌수록 좋다. 그리고 의미 있게 폼 나게 잘 쓰면 된다. 자신으로 인해 이 세상이 더 잘 사는 세상이 되는 데 쓰면 된다. 움켜쥐고 있거나 자식들에게 물려주는 것은 무의미하다. 자식들에게 물려줘야 할 것은 재산이 아니다. 재산을 물려주게 되면 재산과 정신 둘 다 위험해진다. 진짜 물려줘야 할 것은 올바른 정신이다. 정신이 올바르다면 재물과 복은 더불어 따라오게 된다.

해탈한 자산가는 이 세상에 내 것이라고는 아무것도 없으며 오직 베풀 수만 있다는 사실, 아니 베푸는 것이 아니라 원래 제자리로 되돌려 놓는 것임을 잘 알고 있다. 그래서 그들은 이재(理財)에 밝고 집중하지만, 결코 집착하지는 않는다. 집착하지 않는다는 것은 사리사욕을 초월했으며, 돈에 대한 균형 감각을 지녔다는 의미다.

베풀면 베풀어지는 법이다. 베푸는 행위를 통해 마치 물질적인 보상을 얻은 것과 같은 좋은 기분을 느낄 수 있다. 나눌수록 더 큰 기쁨을 얻는다. 또한, 역경 속에서도 불굴의 자세로 열정을 유지할 수 있어야 하고 많은 돈을 벌어도 교만하지 않으며, 더 숭고한 목표를 향해 매진할 수 있어야 진정한 부자, 해탈한 자산가라 할 수 있다.

그들은 재물에 집착하는 마음을 내려놓은 그래서 매사에 초연한 부동심의 소유자다. 이것이 그들에게 세상의 본질을 꿰뚫어 볼 수 있는 통찰력과 기회 포착능력을 만들어 주어 큰 부를 이루게 해주는 것이다.

부(富)를 이루는 방법을 깨닫고 실천하는 일은 세간의 일이지만 동시에 도(道) 닦는 일이기도 하다. 도(道)를 닦는 이는 세상을 살아가면서 속세의 성공이나 부에 목표를 두는 것이 아니라 마음 닦는 데에다 목표를 둔다. 욕심을 비우고 비워 더 이상 비울 수 없는 상태가 도(道)의 자리다.

'爲學日益 爲道日損 損之又損 以至於無爲(위학일익 위도일손 손지우손 이지어무위)' 학문을 하는 것은 날로 쌓아가는 것이고, 도를 닦는 것은 날로 덜어내는 것이다. 덜어내고 또 덜어내어 무위에 이른다. 도덕경 48장에 나오는 구절이다.

배움은 날마다 채우는 것이고 도를 닦는 것은 날마다 비우는 것이다. 채우고 쌓는 것은 끝이 없으나, 비움은 반드시 끝이 있다. 나의 아상(我相)을 비우고, 내가 이룬 부와 성공은 나날이 나누고 비워가는 것이 채우고 쌓는 것보다 위대하다.

해탈한 자산가란 돈이 목표가 아니라 돈에 대한 욕심을 비워 돈에 대한 해탈이 목표다. 속인들은 부(富)를 쌓아가는 것에 최고의 가치를 두지만, 해탈한 자산가는 '돈에 대한 욕심에서 벗어날 때 돈 버는 방법을 깨닫게 된다.'라는 사실을 잘 안다. 그가 추구하는 최고의 가치는 하나하나 비워서 나중에는 더 이상 비울 것이 없는 상태에 도달하는 것이다. 이를 실천하는 자가 해탈한 자산가이다.

1-1. 진정한 부자, 아름다운 부자가 세상을 구한다

"재물을 하늘에 쌓아두어라. 거기서는 좀먹거나 녹슬어 못 쓰게 되는 일은 없고 도둑이 뚫고 들어와 훔쳐가지도 못한다."

– 신약성서, 마태복음 6:19~21

사마천은 『화식열전』에서 "군자가 부유해지면 덕을 즐겨 행하지만, 소인이 부유해지면 그 힘을 휘두르려고만 한다."라며 인간 됨됨이가 올바르지 못한 인간에게 재물은 오히려 독이 되기 쉽다고 경고한다. "일 년만 머물 곳이라면 곡식을 심고, 십 년을 머물 곳에서는 나무를 심고, 백 년을 살 곳이면 덕을 심으라."고 강조한다. 결국, 성숙한 인간관계를 가져야 재물의 가치도 늘어나고 재물의 주인인 사람의 품격도 높아진다는 의미다.

인간이란 빈곤의 상태를 벗어나면 생존 그 이상의 욕구, 즉 정신적 여유를 찾고 싶어 한다. 자칫 물질적 부가 영혼의 허기진 배를 채우지 못하고 도리어 정신적 공허함을 느끼게 한다.

"우리들 인간이 갖는 의미란 모두 다른 사람의 생(生)에 공헌하는 일 속에 그 본질이 있다는 것을 깨닫지 못한다면, 우리는 항상 오류를 범하게 된다." 정신의학자 알프레드 아들러의 말이다. 우리가 하는 모든 일의 밑바탕엔 항상 인류에 대한 공헌이 있어야 한다는 것이 동서고금의 성인, 현자들의 가르침이다.

사회 구성원으로서 지켜야 할 도리는 사회에 대한 공헌이다. 그 도리를 저버리면 당장에는 폐해를 인식하지 못하지만, 어느 순간 자신은 물론 주변까지 오염시키게 된다. 하지만 도리를 지키는 자들의 삶은 자신도 모르게 주위를 밝게 비추는 등불이 된다.

"밤잠도 못 자면서 바느질하고 손 찔러가며, 아이들이 사달라는 것도 참고 평생 일군 재산을 기부한 구두수선공 김병록(61) 씨. 그는 최근 경기 파주시 광탄면 마장리 일대 3만3000㎡(공시지가 ㎡당 7,330원)를 신종 코로나바이러스 확산으로 어려움을 겪고 있는 사람들을 도와 달라며 파주시에 기부했다. 이 땅은 김씨가 11살 때부터 50년 가까이 구두를 닦고 수선하며 모은 재산으로 6년 전 매입했다. 노후에 오갈 곳 없는 이웃들과 함께 어울려 농사를 짓고 살겠다는 계획도 세웠던 땅이다. 김씨는 현재 서울 상암동에 10㎡(3평) 크기의 구두 점포를 임대해 아내 권점득(59, 여) 씨와 구두수선점을 운영한다. 작은딸(30), 다운증후군을 앓는 1급 지적 장애인 아들(27)과 고양 행신동의 66㎡(20평)짜리 아파트에서 살고 있다." (출처: 뉴시스, 2020. 3. 12.)

돈이라고 다 같은 돈이 아니다. 똑같은 액수라도 생존을 위해 더위와 추위를 무릅쓰고 평생 한푼 두푼 모은 돈일수록 가치가 커진다. 이들 부부가 내놓은 땅은 빌 게이츠가 코로나 퇴치금으로 내놓은 1억 달러보다 더 가치 있다. 이들이야말로 자본주의 사회를 밝히는 해탈한 자산가이자 도인들이다.

수전노를 부자라고 존경하지 않는다. 재물을 모으고 쓰는 과정에서 많은 사람들에게 존경받을 수 있어야 부자다. 부자가 되는 것도 어렵지만, 존경받는 부자가 되는 것은 더 어렵다. 부(富)가 자신과 가족만의 안녕을 위할 때 사회 전체는 물론 자신도 위험해진다. 사회 전체를 위해 나누고 베풀 때 존경은 물론 세상은 풍요로워진다.

가난한 자의 가난은 그들의 불행일 수 있지만, 부자의 도덕적 결함은 사회적 죄악이 된다. 너그러움, 넉넉함이란 많은 재물의 소유에서 비롯되는 자질이 아니다. 넉넉하고 너그러움은 본질적으로 삶을 대하는 태도의 문제다. 누구나 돈을 벌 수 있지만, 아무나 나눔을 실천하진 못한다. 돈으로 넉넉함을 흉내 낸다고 졸부를 존경하는 사람은 없다. 나눔의 도리를 알아야 한다. 나눔을 모르는 부는 오래 가지 못한다. 부의 영속을 바란다면 먼저 도리를 깨쳐야 하고 도덕을 닦아야 한다.

많이 소유한 자는 적게 소유한 자들을 돌볼 의무가 있다. 앤드류 카네기는 이런 말을 했다. "차고 넘치는 부는 그 소유자에게 맡겨진 성스러운 재물이다. 그는 이 재물을 평생 사회의 안녕을 위해 사용할 의무가 있다."

평소 인간으로서 지켜야 할 도리를 지키면서, 사회에 대한 책임의식을 가지고 열심히 돈 버는 사람들도 많다. 그들은 물질적 부와 함께 자신의 정신세계까지 풍요롭게 하는 삶을 지속할 수 있다. 돈독이 올라 거짓으로, 사리사욕을 채우기 위해서 모은 재물은 결국에는 모래 위에 세운 집처럼 허망하게 무너져 내리기 마련이다.

진정한 부자의 반열에 오르려면 물질적 재산만으로는 부족하다. 이보다 중요한 재산은 지속적 봉사나 기부와 같은 베풂 재산이다. 베풂이란 물질적 양적 개념이라기보다는 의식의 차원이다. 받는 기쁨보다는 주는 기쁨이 더 크다는 것을 아는 후한 인심, 풍요의 의식이다.

절대적 베풂의 크기가 아니라 가진 것은 적지만 몸에 익은 검약을 통한 지속적 베풂과 봉사를 실천하는 자, 티 나지 않는 일에 대가를 바라지 않고 열중하는 사람이 진정한 부자다.

물질적 베풂 뿐만 아니라 일상에서 친절과 미소, 칭찬과 격려의 말 등 '무재칠시(無財七施)'의 비물질적 베풂이야말로 부자로 만들어 주는 부의 의식이다.

돈이 적다고 가난한 사람이 되는 것은 아니다. 웃음과 친절, 긍정과 사랑의 말을 잃어버린 사람이 가장 가난한 사람이다. 부자와 빈자를 가르는 것은 재물이 아니라 의식의 문제다. 재산이 적더라도 스스로 부자라고 생각하면 부자다. 티베트에서는 '충분히 갖고 있다고 느끼는 사람'을 부자로 보고 있다. 재산이 적어도 부자인 사람들이 많다. 사치와 궁핍이 아닌 검소한 생활을 하면 돈이 부족해도 언젠가는 부자가 될 수 있다.

우리 인생의 목적은 부자가 아니라 행복한 삶이다. 행복한 삶을 결정하는 것은 각자의 가치관, 신념체계이다. 행복이란 각자의 가치관을 바탕으로 느끼는 좋은 기분이다. 인생의 궁극적 목적인 행복은 나만이 아닌 천지 만물과의 조화로운 화목에 있다.

행복은 원하는 것을 소유하게 되거나 원하는 일을 이루었을 때 느끼는 기쁜 감정이고, 도를 통한 깨달음이나 해탈은 나를 비롯한 모든 것들에 대한 집착의 끈을 놓아버렸을 때의 걸림이 없는 홀가분한 대자유의 느낌이다.

미국 시사 주간지 〈타임〉이 '20세기 100대 사상가' 중 한 명으로 선정한 엘리자베스 퀴블러 로스는 말한다. "행복은 무슨 일이 일어나는가가 아니라, 일어난 일을 어떻게 해석하고 인식하느냐에 달렸다."

물이 반 정도 찬 컵을 보며 반 컵밖에 없다고 생각하는 것과 반 컵이나 있다고 생각하는 것의 차이가 행복과 불행을 가른다. 결국, 행복을 결정하는 것은 스스로의 '생각'에 있다. 부정적이고 비관적으로 생각하면 불행해지고 긍정적이고 낙관적으로 생각하면 행복해진다. 불행을 원한다면 부정적으로 생각하면 되고, 행복을 원한다면 긍정적으로 생각하면 된다.

외부가 아닌 내면의 변화를 통해 행복을 발견해야 한다. 많은 사람들이 행복의 조건들을 외부에서 찾으려 한다. 더 많이 가지고 자신이 세운 큰 목표를 이루면 행복해지리라 생각한다. 그러나 그것들을 다 이루어도 행복은 순식간에 사라지고 만다. 10억을 가지면 100억을 갖고 싶다. 그러면서 우리는 늘 부족하다고 느끼는 궁한 마음 상태에 머물러 있다. 끊임없이 더 많이 소유해야 한다는 강박증에 시달리면서 몸과 마음은 병들어간다.

부의 기쁨은 넘치는 소비, 화려한 소비에 있지 않다. 심신의학자 디펙 초프라는 "행복한 생각이 행복한 부자를 만들고, 건강한 생각은 건강한 부자를 만든다."라고 했다. 우리가 깨달아야 할 것은 '재물은 살아있는 동안 빌려 쓰다가 죽을 때는 다 되돌려주고 가는 것'이란 단순한 사실이다.

소크라테스는 행복의 비결은 더 많은 것을 추구하는 것이 아니라 더 적은 것으로 행복해지는 능력을 키우는 데 있다고 했다. 그것은 지족(知足)에 있다. 만족할 줄 알아야 한다.

일본의 작가 다카키 유코는 『즐거운 돈』에서 돈의 부족으로 고달파하는 사람들에게 일리 있는 대안을 제시한다.

"사람들 머리에 늘 붙어 다니는 걱정거리 가운데 가장 밀도가 높고 쉽게 풀리지 않는 것이 돈 문제다. 나는 지금 돈에 대해 거의 걱정하지 않는다. 돈 문제는 간단하다. 자기가 가진 돈의 범위 내에서 생활하는 것이다. 사고 싶은 물건이 있는데 돈이 없다면 깨끗이 포기하고 가진 것만으로 사는 것이다. 그리고 미래에 대해 걱정하지 않는 것이다. 우리의 선조들은 그런 물건이 없어도 잘만 살았다."

걱정하면 걱정하는 일이 현실화된다. 그것이 무한력을 지닌 잠재의식의 장난이다. 이상하게 들릴지 모르지만 돈 걱정을 완전히 놓아버릴 때 돈은 들어온다.

끝없이 더 많은 것을 소유하려는 탐욕적 성공주의에 빠져 스스로 심신을 괴롭힌다면 행복한 부자가 되는 법을 배워야 한다. 나와 남을 사랑하고 천지 만물과 화목할 때, 마음의 평화와 기쁨을 찾는 길, 그것이 바로 행복한 부자로 가는 길이다.

품격 있는 아름다운 부자가 오래 간다. 그들은 절대 긍정의 자세로 세상을 대하며 사람과의 관계를 중시한다. 그리고 자신의 부로 인해 세상이 지금보다 더 나아지길 바란다.

별처럼 빛나는 삶, 영원히 빛나는 삶은 '나눔'에 있다. 나 자신과 내 가족만 챙기는 일은 동물들도 다 한다. 인간으로서 최고의 삶, 명품 삶은 나눔과 봉사이다. 먼저 베풀어라, 베풀면 베풂을 당한다. 비단 고객뿐만 아니라 모든 사람들에게 베푸는 마음이 당신을 믿게 한다. 마더 테레사 수녀처럼 그것은 은연중에 드러나는 진정한 부(富)의 카리스마다. 아름다운 부자가 세상을 구한다.

1-2. 따뜻한 자본주의, 건강한 자본주의

"구제를 좋아하는 자는 풍족하여질 것이요, 남을 윤택하게 하는 자는 자기도 윤택하여지리라."

– 잠언 11:25

사마천은 인간이 부를 추구하는 것을 불변의 진리로 파악했으며, 그것은 결국 객관적 경제규율의 '자연의 효험' 혹은 '도(道)'에 부합된다고 천명했다. 2천여 년 전에 이미 그는 정당한 부의 추구 활동은 마땅히 어떠한 속박도 받지 않아야 하며, 모름지기 국가란 인간의 영리 추구활동에 있어 사람들로 하여금 '자기 재능에 따라 역량을 극대화하여 자기의 욕망을 만족시킬 수 있도록' 장려해야 한다고 주장한 탁월한 경제학자였다.

중세 개혁자 칼뱅(Jean Calvin)의 프랑스에서는 카톨릭 신앙이 강해서 루터의 종교개혁이 잘 받아들여지지 않았다. 칼뱅은 루터의 사상을 더욱 발전시키면서 교회의 개혁과 기존 정치권을 위협했다. 후에 그는 제네바의 시정을 장악하고 신권정치를 펼치며 거대한 칼뱅 교단을 이끌며, 금욕적 프로테스탄트 교리가 자리를 잡게 된다. 그는 부르주아 상공업자들을 위해서 돈을 모으고 이익을 추구하는 것이 천박하다고 여겼던 기존 교리와 달리 '모든 직업은 신에게 부여받은 것이고 거기에 정진함으로써 얻은 이익은 신에게서 받은 은혜'라고 해 이익추구, 직업 소명을 주장했다. 칼뱅 이후 근대적인 금융자본이 발전하게 된다.

『프로테스탄티즘의 윤리와 자본주의 정신』을 쓴 독일의 사상가 막스 베버는 "일상의 근로에 전념하는 것이 프로테스탄트에게는 종교적인 의무를 다하는 것이고 일을 통해 얻는 보수는 신의 은혜이다. 근로와 절약으로 쌓은 돈이 자본이 되고 이를 기반으로 근대 자본주의가 발전해나갔다."라고 주장한다.

또한, 그는 칼뱅이 영리 추구와 재산 축적을 인정한 것이 자본주의 정신의 기반이 되었고 유럽의 근대화를 지탱했고, 또 자본주의 사회가 발전하는 원리가 되었다고 말한다.

철학자 니체는 "정당한 소유는 인간을 자유롭게 하지만, 지나친 소유는 소유 자체가 주인이 되어 소유자를 노예로 만든다."라고 했다.

"사람을 기쁘게 하고 봉사를 하면 돈은 저절로 들어옵니다." 봉사와 기부가 부자의 비밀임을 깨달은 어느 갑부의 말이다. 해탈한 자산가였던 석유왕 록펠러는 다음과 같이 말했다.

"나는 돈 버는 능력을 신으로부터 부여받은 재능이라고 믿고 있다. 이런 선물을 받은 나로서는 돈을 벌고 다시 불려서 얻은 돈을 양심이 시키는 대로 사람들에게 도움이 되도록 쓰는 것이 나의 의무라고 믿는다. 나는 금고를 맡은 청지기다. 따라서 이 돈을 하나님의 뜻대로 사용하는 권리밖에 없다."

홍콩의 거부 리자청의 좌우명은 논어에 나오는 "불의이부차귀 어야여부운(不義而富且貴 於我如浮雲)"이라고 한다. "의롭지 못하면서 부하고 귀한 것은 나에게는 뜬구름과 같다."라는 공자님의 말씀이다. 이 좌우명을 가슴에 새긴 그는 기부가 일상이 되었다.

"대행(大幸)은 적선(積善)의 결과이고 대불행(大不幸)은 적악(積惡)의 결과이다." 주역의 대가들이 항상 하는 말이다.

세상엔 부자도 있고 가난한 자도 있다. 그 둘 사이의 틈이 벌어질수록 갈등은 깊어지고 이해와 사랑, 그리고 평화의 틈은 점점 멀어지게 된다. 이를 극복할 수 있는 길은 먼저 부자가 가진 재산을 나눔으로써 부의 도(道)를 행할 때, 세상을 살리는 큰 힘이 되며 인류의 평화는 더욱 공고히 유지될 것이다.

동서고금을 막론하고 탐욕은 버리고 만족을 아는 자는 모두의 존경과 사랑의 대상이었다. 여유가 있으면 베풀겠다는 사람들이 많다. 하지만 그들에겐 여유가 잘 생기지 않는 법이다. 기회가 있을 때마다 언제나 베푸는 사람들에게 여유가 생기는 게 세상의 이치다.

부자들이 명심해야 할 것은 자신의 안락에만 몰두하느라 가난한 이웃들을 소홀히 하는 일이 있어서는 안 된다는 사실이다.

부자들이 경제적 약자를 기억하지 않으면 이들의 절망감, 박탈감을 가중시킨다. 부와 성공은 승자를 축하하는 데서 그쳐선 안 되고, 패자의 고통을 함께 기억하고 나눌 수 있을 때 부와 성공은 빛나는 법이다.

돈이 누구에게 가느냐에 따라 돈의 가치는 천양지차가 난다. 세상 사람들을 구제하는 데 쓰일지, 사람들을 해치는 일에 쓰일지, 아니면 자신의 배를 불리는 데만 쓰일지는 누구의 손에 들어가느냐에 따라 결정된다.

자신이 맡은 일에 정성을 다하는 사람은 세상을 따뜻하게 만드는 사람이다. 또한, 그들은 자신의 일을 통해 자신의 신을 섬긴다. 이웃에게 봉사하고자 하는 고결한 동기를 가지고 마음을 다 바쳐 행하는 일은 모두 자신이 섬기는 신(神)에게 올리는 경건한 의식이다. 그들은 자신의 일을 통해 자신의 신을 섬긴다.

"지옥이 텅 비기 전까지는 결코 성불하지 않으리라!"라는 지장보살의 염원처럼 자신에게 들어온 돈으로 세상 사람들을 다 구제하지는 못해도 그 돈이 세상을 밝히는 조그만 불씨라도 돼야 한다.

철학자 김형석 교수는 책 『백 년을 살아보니』에서 어느 정도의 재산을 갖고 사는 것이 좋을까? 에 대한 해답은 그의 '인격의 수준'만큼 재산을 갖는 것이 원칙이라며 이렇게 말한다.

"내가 항상 가족들이나 제자들에게 권하는 충고는 '경제는 중산층에 머물면서 정신적으로는 상위층에 속하는 사람이 행복하며, 사회에도 기여하게 된다.'라는 것이다. 그런 생활을 하는 사람들이 행복을 더 많이 누리도록 되어 있다. 그렇다면 사람은 어느 정도의 재산을 갖고 사는 것이 좋을까? 그에 대한 해답은 어렵지 않다. 그의 인격의 수준만큼 재산을 갖는 것이 원칙이다. 인격의 성장이 70이라면 70의 재물을 소유하면 된다. 분에 넘치는 재산을 갖게 되면 인격의 손실을 받게 되며, 지지 않아야 할 짐을 지고 사는 것 같은 고통과 불행을 겪는다."

"Cool heads but warm heart(냉철한 머리, 따뜻한 가슴)" 이 말은 『경제학 원리』를 쓴 알프레드 마샬(Alfred Marshall)의 명언으로 경제학자가 갖추어야 할 덕목으로 알려져 있지만 부자가 갖추어야 할 덕목이기도 하다. 돈과 경제현상에 대해서는 냉철한 판단을 해야 하지만, 가난한 이들을 외면하지 않는 따뜻한 마음을 지녀야 한다는 의미다.

남과 경쟁하고 싸워서 이길 때야 돈을 얻을 수 있는 자본주의는 건강하지 못하다. 건강한 자본주의가 되기 위해서는 경쟁은 올바르게, 남을 해치는 일 없이 합법적이어야 한다.

돈에 대한 욕망은 '선한 욕망'이어야 하고, 돈을 벌 때는 '정의로운 이익'인가를 따져봐야 한다. 그렇게 해서 번 돈을 좀 더 유용하고 의미 있는 방식으로 다른 사람들과 나눌 때 자본주의는 건강하게 발전할 수 있다.

따뜻하고 건강한 자본주의를 위한 최선의 방법은 지금 세상을 움직이는 자본을 관용과 이해로 바라보면서 각자가 자신의 정직함을 회복하고 정직한 모습의 본보기를 세상에 보여주는 것이다. 그리고 이기심으로부터 생긴 욕망을 줄여야 한다.

일본 자본주의의 아버지로 불리는 시부사와 에이치는 "잘 벌어서 잘 씀으로써 사회를 활발하게 만들고, 경제를 발전시키는 일을 하는 사람은 꼭 명심해야 할 것이 있다. 그것은 진실로 이재에 뛰어난 사람은 돈을 잘 버는 것과 동시에 돈을 잘 써야 한다는 사실이다."라고 했다.

재산을 모으기만 하는 '돈의 노예'가 되어서는 안 된다. 돈이 돌고 돌아 시장을 활발하게 만들어야 사회 전체가 발전하기 때문이다. 돈을 중요하게 다뤄야 하지만 동시에 잘 쓰는 것도 잊어선 안 된다.

많이 가진 자들은 없는 사람들을 좀 더 보살펴야 하고, 가난한 이들은 자신감을 갖고 모든 노력을 다할 때 따뜻하고 건강한 자본주의가 뿌리내릴 수 있다.

1-3. 무주상보시(無住相布施)

"흔히 베푼다는 표현을 쓰고 있는데, 그것은 잘못된 말인 것 같다. 원천적으로 자기 것이란 있을 수 없으므로 나누어 가지는 것이다. 이 우주의 선물을, 우리에게 잠시 맡겨진 그 선물을 함께 나누어 가지는 것이지, 결코 베푸는 것이 아님을 우리는 알아야 한다. 이 세상에 나올 때 무엇 하나 가지고 나온 사람 있던가? 또한, 살 만큼 살다가 인연이 다해 이 세상을 하직할 때, 자기 것이라고 해서 무엇 하나 가지고 가는 사람을 보았는가? 물질적으로 여유가 있는 부자만 나누어 가질 수 있는 것은 아니다. 가난한 사람도 얼마든지 나눌 수 있다. 나누어 가지는 것이 어찌 물건만이겠는가, 부드러운 말 한마디, 따뜻한 눈길, 함께 걱정하고 기뻐하는 것도 나누어 가짐이다. 그러니 많이 차지하고 있다고 해서 부자가 아니라, 많이 나누어 가질 수 있는 사람이야말로 진정한 부자다."

법정 스님의 『스스로 행복하라』에 나오는 글이다. "가진 것이 많든 적든, 나눌 줄 아는 사람이 진정 행복한 부자, 아름다운 부자이며 진정한 부자다. 우연히 마주친 만남에도 따뜻한 미소를 줄 수 있어야 한다. 행운이란 우연을 가장해, 언제나 웃는 얼굴로 들어온다는 사실을 명심해야 한다."

테레사 수녀는 이렇게 말한다. "우리가 무엇을 줄 때는 예수님께 드리는 것입니다. 그분은 헐벗고 굶주린 사람으로, 오갈 데 없는 사람으로 우리에게 나타나 하나님께 대한 사람을 베풀 수 있도록 해주십니다. 다른 사람을 통하지 않고서 우리가 어떻게 하나님을 사랑할 수 있겠습니까? 예수님께서는 우리에게 행동으로 하나님을 사랑할 기회를 주셨습니다. 우리가 살고 있는 도시에서 돈을 구걸하며 다가서는 가난한 사람의 모습으로 말입니다. 이런 가난한 사람들에게 도움을 줄 기회를 얻었다는 점에 우리는 깊이 감사해야 합니다."

성경에 이르기를, 재물을 땅에 쌓아두지 말고 하늘에 쌓아두라고 했다. 하늘에 쌓는다는 것은 불교에서 말하는 보시(布施)다. 성경에도 '너는 구제할 때에 오른손이 하는 일을 왼손이 모르게 하라.'라고 한다. 마태복음 6장 3절에는 오른손이 하는 일을 왼손이 모르게 하라고 한다. 부처님은 내가 내 것을 누구에게 주었다는 생각조차도 버리는 것을 의미하는 무주상보시(無住相布施)를 주장한다.

웨인 다이어는 "기억하라. 넓은 의미에서 당신은 이 세상을 살아가는 동안 아무것도 소유할 수 없다. 오직 베풀 수 있을 뿐이다. 살아가면서 무한한 풍요와 부를 누리려면 이점을 알아가야 한다. 베풂이 풍요를 얻는 열쇠다."라며 베풀면 베풂을 당한다는 진리를 말하고 있다. 베풂에도 불이(不二)의 진리는 통한다. 조그만 베풂에서부터 시작하라. 조그만 선행과 큰 선행은 둘이 아니다.

봉사와 헌신, 그리고 무주상보시(無住相布施)는 깨닫기 위한 영성(靈性) 수행으로서는 최상의 방법이다.

영국의 시인, 알렉산더 포프는 "예전보다 더 영악해진 사탄은 인간을 가난한 자가 아니라 부자로 만들어서 유혹한다."라고 했다. 이 말은 부자들의 탐욕심에 대한 경고이다.

돈이 아니라 성취에 집중해야 한다. 정말로 성취하고 싶은 것은 무엇인가? 부자가 되는 것에만 초점을 맞추어선 안 된다. 오직 부자가 되는 것에만 집중되어 있다면 탐욕에 감염되고 말 것이다. 탐욕을 없애는 방법은 도움이 필요한 사람에게 관대하게 베푸는 것이다. 베풂은 탐욕의 백신이자 해독제이다.

"원래 의술을 잘 아시니까, 일 년에도 수천 원을 버셨지만, 그 돈을 한 푼도 내게 주시지 아니하고 전부 학교에 기부하시면서, '너는 너대로 살아라, 나는 나 할 일이 있으니까.' 하십니다." (동아일보 1920년 5월 4일 자)

1919년 남대문역에서 새로 부임하는 사이토 마코토 3대 조선 총독에 폭탄을 던진 강우규 의사가 사형 선고를 받은 뒤 아들이 옥중의 아버지에 대해 인터뷰한 내용의 한 대목이다. 강 의사는 1855년 평남 덕천군에서 빈농의 자식으로 태어나 조실부모하고 누나의 집에서 자랐다. 생계를 위해 한의학을 배운 뒤, 함남 홍원군에서 아들과 잡화상을 운영하며 상당한 재산을 모았다.

강 의사의 삶은 '노블레스 오블리주'의 전형을 보여준다. 땀 흘려 일하며 부가가치를 창출하여 사회의 성장과 번영에 기여하면서 쌓아 올린 부는 자랑스러운 훈장과 같은 것이다. 세금까지 많이 낸 그들이야말로 진정한 국가유공자이다. 부를 쌓아가면서 노력하는 과정 그 자체가 커다란 기쁨이며 비할 수 없는 행복이다. 어쩌면 재물은 일하는 기쁨과 성취감에 뒤따르는 부산물일 수 있다.

삶의 의미는 눈물 젖은 빵을 먹어보는 것이나 하고 싶은 일을 원도 없이 하는 것보다는 베풂에 있다. 인생이란 한순간이다. 자신이 가진 것을 세상에 나누는 데에 그 의미가 있다. 땀 흘려 번 돈을 어려운 이웃을 위해 선뜻 내놓는 그들이 진정한 영웅이며 도인이다.

소득 격차가 크게 벌어질수록 분노가 싹튼다. 그 분노를 잠재우는 게 부자들의 기부행위(philanthropy)다. 강철왕 카네기는 전 재산을 사회에 환원했고, 석유왕 록펠러도 거액의 재산을 내놓으면서 자신의 롤모델은 카네기라고 했다. 그 후 많은 갑부들이 줄줄이 따라 했다.

2021년 대한민국은 거액기부 원년으로 기억될 것이다. 이건희 회장, 카카오 김범수 의장, 우아한 형제들의 김봉진 대표의 통 큰 기부가 이어진 해다.

자신의 재산 절반을 사회에 환원하기로 한 김범수 의장은 자신의 롤모델이 빌게이츠라고 한다. 그는 "'자기가 태어나기 전보다 세상을 조금이라도 살기 좋은 곳으로 만들어 놓고 떠나는 것, 자신이 한때 이곳에 살았음으로인해 단 한 사람의 인생이라도 행복해지는 것, 이것이 진정한 성공이다.'라는 랄프 왈도 에머슨의 시 구절이 내 철학을 고스란히 담고 있다."라고 밝힌 바 있다.

중국 춘추전국시대 월나라 왕 구천의 책사인 범려는 후대에 상성(商聖, 성인의 반열에 오른 상인) 도주공으로 불릴 만큼 대표적인 상인으로 꼽히며 오늘날 경제인의 원조로 불린다. 그는 구천(勾踐)을 도와 나라를 다시 일으켜 세웠으나, 어떤 보상도 받지 않고 빈손으로 제나라로 떠났다. 제나라에서 큰돈을 벌자 재상으로 초대되었지만, 그는 가산을 모두 나눠주고 재상에서 물러나 또 빈손으로 떠난다. 그리고 도(陶)나라로 갔다. 여기서도 장사에 성공하여 세 번째로 거액의 부(富)를 쌓았지만, 세 번 다 흩어버리고 떠나가 버렸다.

삼취삼산(三聚三散)이라는 고사성어는 대부호가 된 범려가 세 번 이나 재산을 사람들에게 베푼 것에서 유래한다. 범려는 "오랫동안 높은 지위와 명예를 누리는 것은 상서롭지 못한 것이고 불행의 원인이 된다."라는 말을 남기고 제(齊)나라 재상을 사임했다. 훗날 그는 벌어들인 수만 금의 돈을 가난한 사람들에게 모두 나누어주고 재물과 명예와 권력에서 벗어나 복사꽃 피는 무릉산에 은거하면서 조용한 여생을 보냈다고 한다.

사마천은 『사기』 「화식열전」 편에서도 그 첫 번째 인물로 범려를 선정하여 칭송하면서 높이 평가하였다. 그의 인생은 '이루었으면 떠나라.' 그리고 '얻은 부를 통해 덕을 행하라.'이었다. 이러한 삶이 그를 수천 년의 중국역사에서 가장 덕망 높은 상인으로 길이 남게 했다.

'공수신퇴 천지도(功遂身退 天之道)' 공을 이루었으면 몸은 물러나는 것이 하늘의 이치라는 노자 도덕경 문구다. 하늘의 이치와 자연의 법칙을 이해하는 것이야말로 큰 부자가 되는 길이다. 부를 이루었으면 부에서 물러나는 것이 하늘의 이치라고 했다.

은혜는 '갚을 수 없는 사람에게 베풀어라.'라는 말이 있다. 보답을 기대할 수 없는 일에 베푸는 것, 티 나지 않는 일에 열심히 하는 마음은 무주상보시에 가깝다. 이 마음이 도(道)를 닦는 마음이며 도(道) 공부다.

우리가 축적한 부는 혼자 잘났다고 이루어진 게 아니다. 농부 혼자서 아무리 열심히 해도 풍작을 기대할 수 없다. 쌀을 수확하기 위해서는 농기구를 만드는 사람, 농약과 비료를 만드는 사람, 그리고 그 쌀을 사주는 사람들의 도움이 있어야 한다. 어디 그뿐인가? 태풍과 가뭄이 없어야 하고 적당한 양의 비와 바람, 햇빛이 없다면 단 한 톨도 수확할 수 없다. 쌀 한 톨 속에도 우주의 베풂이 있어야 가능한 법이다. 이 세상의 모든 부는 자신의 노력이기도 하지만 사회가 발전하는 과정에서 혜택을 받았기에 가능하였음을 알아야 한다.

비록 내가 모은 돈과 재산이라 하더라도 그것은 세상으로부터 얻은 것이니 세상과 공생 공영하는 곳에 쓰여야 한다. 무슨 일이든 나 혼자의 힘으로 되는 것은 없다. 지금 이룬 성공과 부도 나 혼자의 힘으로 되는 것이 아니라 우주의 도움과 보살핌이 있어야 하고, 이웃과 대중의 힘이 함께 한 것이다.

마하트마 간디는 "인간은 이웃의 행복을 위해 얼마나 노력했는가에 따라 위대해진다."라고 했다. 그것은 재물이 많아야만 할 수 있는 것은 아니다.

재물이 없는 자가 할 수 있는 보시행도 있다. 그것을 무재칠시라 한다. 누군가가 석가모니를 찾아와 "저는 하는 일마다 제대로 되는 일이 없으니 무슨 이유입니까?" 석가모니가 대답했다. "네가 남에게 베풀지 않기 때문이다." 그러자 그는 "아무것도 가진 게 없기 때문에 남에게 줄 것이 없습니다."라고 대답하자 석가모니는 다시 이렇게 말한다.

"그렇지 않다. 재물이 없더라도 줄 수 있는 게 일곱 가지가 있으니

라. 첫째는 화안시, 얼굴에 화색을 띠고 부드럽고 정다운 얼굴로 남을 대하는 것, 둘째는 언시, 말로써 남에게 얼마든지 베풀 수 있으니 공손하고 아름다운 말이며, 셋째는 심시, 착하고 어질고 따뜻한 마음으로 사람을 대하는 것이며, 넷째는 안시, 호의를 담은 눈으로 사람을 보는 것처럼 눈으로 베푸는 것이고, 다섯째는 신시, 즉 몸으로 때우는 것인데 짐을 들어준다거나 하는 것이 바로 신시이다. 여섯째는 자리를 내주어 양보하는 좌시요. 일곱째는 굳이 묻지 않고 상대의 속을 헤아려 알아서 도와주는 찰시이다. 네가 이 일곱 가지를 몸소 행하여 습관이 붙으면 너에게 행운이 따르리라."

명심하라! 행운을 잡기 위한 가장 믿을 만한 방법은 무재칠시(無財七施)를 습관화하는 것이다. 부처님께서 거짓말을 하셨겠는가?

1-4. 가정은 우주의 중심이다. 가화만사성

김훈의 『너는 어느 쪽이냐고 묻는 말들에 대하여』 중에 이런 글이 있다.

"사내의 한 생애가 무엇인고 하니, 일언이폐지해서, 돈을 벌어 오는 것이다. (중략) 돈 없이도 혼자서 고상하게 잘난 척하면서 살 수 있다고 생각하지 말아라. 아마 그럴 수도 있겠지만, 그러지 말아라. 추악하고 안쓰럽고 남세스럽다. (중략) 돈과 밥의 지엄함을 알라. 그것을 알면 사내의 삶에 가장 중요한 부분을 아는 것이고 이걸 모르면 영원한 미성년자다. 그러니 돈을 벌어라."

"가정은 우주의 중심이다." 빌 게이츠가 한 말이다. 인간은 사회적 동물이다. 사회형성의 최소 기본단위가 가정이다. 리더가 리더 역할을 다하지 못하면 조직이 위험에 처하듯, 가장이 가장의 역할을 못하면 가정 해체의 위기에 봉착하게 된다. 가정이 우주의 중심이고 행복의 중심이다.

소설 상도에 나오는 석숭 스님의 말이다. "무릇 재화란 멀리서 구하는 것이 아니라 가까이에 있는 것이며, 성공 또한 먼 곳에 있는 것이 아니라 자기 곁에 있는 것이다. 너는 가장 가까운 곳에 복과 재화가 가득하다는 것을 알고 있다. 그리고 무엇보다 '가정의 화합이 모든 일을 이룬다(가화만사성 家和萬事成).'는 옛말을 실천하고 있으니 이 또한 복이 있을 징조가 아니고 무엇이겠느냐?"

인간이 동물과 다른 점 가운데 하나는 돈 걱정을 한다는 것이다. 탈무드에서는 '자신의 힘으로 생활할 수 있는 자는 하늘을 두려워하는 종교가보다도 위대하다.'라고 한다. 자신의 손으로 생계를 유지하는 사람은 위대하다는 의미다. 유대교에서는 '사람이 존경할 만한 가치가 있느냐, 없느냐는 그가 자신의 힘으로 생활할 수 있느냐, 없느냐에 따라 좌우된다.'라고 말한다. 가족을 위한 밥벌이의 고귀함, 자신과 세상을 위한 노동의 신성함을 의미한다. 스스로 밥벌이를 해보지 않으면 돈의 가치를 알지 못한다.

조선 시대 이재운(1721~1782)이 쓴 『해동화식전』은 1750년 전후에 사마천의 『사기』, 「화식열전」을 벤치마킹해서 쓴 것으로 추정된다. 이 책에서 이재운은 당시 사회상으로 볼 땐 파격적인 경제사상을 가지고 있었으며, 부자예찬론을 펼쳤다.

그는 '부자는 나쁘고 빈자는 착하다.'라는 조선사회의 통념을 배격하고 오히려 '부는 미덕이고 가난은 악덕'이라고 단언하며 "사대부의 목표인 수신제가(修身齊家) 역시 부가 없으면 할 수 없고, 부는 생업 활동으로 얻어지는 것이다."라면서 "진정 뛰어난 선비는 계획을 세워 부유한 집안을 만든 뒤 인품도, 학문도 사회적인 명망도 얻으려 시도했다."라고 주장했다.

"신문팔이를 하며 가족들의 생계를 꾸려 가던 피난 시절에 나는 행복이 무엇인가를 경험한 적이 있다. 신문을 다 팔고 밤늦게 들어가면 어머니와 동생들은 나와 함께 밥을 먹기 위해 나를 기다렸다. 하지만 신문이 잘 팔리지 않는 날은 밤늦게 집에 돌아와 보면 어김없이 동생들이 자고 있었다. 밥이 딱 한 그릇밖에 없으니 굶고 자는 것이었다. 어머니는 '우리는 먼저 먹었다. 어서 먹어라.'라고 했지만, 형 몫의 밥 한 그릇을 위해 허기진 배를 안고 억지로 잠을 청한 동생들의 모습에 왈칵 눈물이 쏟아질 것만 같았다. '나는 밖에서 오뎅이랑 사 먹었더니 배가 불러요, 어머니랑 동생들이나 드세요.' 어머니와 나는 서로가 서로에게 거짓말을 하고 있다는 사실을 너무나 분명하게 알고 있었지만, 그 순간 우리의 가슴으로 차오르던 뜨겁고 뭉클한 기쁨을 어떻게 설명할 수 있겠는가? 행복이란 거창한 것도, 무지개처럼 손에 잡을 수 없는 것도 아니다. 지금 생각해보면 내 생애 가운데 그때가 가장 행복했던 것이 아닌가 싶다. 그때 우리는 가난했지만 부자였다. 가진 것이 없었지만 자꾸만 주려고 했다. 진정한 의미에서 부자는 많이 가지고 있는 사람이 아니라 많이 주는 사람이다. 줄 수 있는 사람은 그런 여유가 있는 사람은 그가 가지고 있는 재산이 많고 적음과는 상관없이 부자인 것이다."

대우그룹의 (고) 김우중 회장이 『세계는 넓고 할 일은 많다』에서 어린 시절을 회고한 글이다. 비록 가진 것이 없었지만, 자꾸 주려고 하는 마음이 무진장 보고(無盡藏 寶庫)이며 부의 의식이다. 세끼 밥을 제대로 해결하지 못했던 가난이지만 뜨거운 가족 간의 사랑이 넘치고, 가족 간 한마음을 가진 가정이 우주의 중심이고 행복의 중심이다.

참된 성공이란 무엇일까? 『좋은 기업을 넘어 위대한 기업으로』를 쓴 짐 콜린스는 "성공이란 세월이 흘러갈수록 가족과 주변 사람들이 나를 점점 더 좋아하는 것이다." 워렌 버핏은 "성공이란 사랑 받고 싶었던 사람들에게 사랑을 받는 것이다."라고 했다. 우리 삶에서 가장 중요한 것은 가족 간의 사랑임을 말해주고 있다.

가정이 무너지면 부도 함께 무너진다. 로스차일드 집안이 부의 대물림을 할 수 있었던 비결은 초대 마이어가 유서로 남긴, 아들만이 계승하며, 딸과 사위는 경영에 참여해서는 안 된다는 것 등이 담겨 있는 가훈에 있다. 이 가훈이 로스차일드 일가의 견고한 결속력과 부를 지탱하게 한 원천이었다.

큰돈을 벌고 그 재산이 자손만대에 대물림되는 이치를 가훈으로 삼고 있는 집안이 바로 경주 최 부잣집이다. 그 가훈을 살펴보면, "첫째, 과거를 보되 진사 이상을 하지 말라, 둘째, 재산은 만 석 이상 모으지 말라, 셋째, 과객(過客)은 후하게 대접하라, 넷째, 흉년기에는 남의 논밭을 매입하지 말라, 다섯째, 최 씨 가문 며느리들은 시집온 3년 동안은 무명옷을 입어라, 여섯째, 사방 1백 리 안에 굶어 죽는 사람이 없게 하라."이다.

부자로 인해 가난한 사람의 가슴에 한(恨)이 맺히면 그 한으로 인해 부자들이 해를 당할 수 있다. 가훈을 통해 그 화를 미리 예방한 것이다. 시집온 며느리들에게 3년 동안 무명옷을 입으라고 하여 안주인들로 하여금 절약과 검약 정신을 갖게 했다. 만약 안살림을 맡은 여자가 사치하고 낭비한다면 그 부를 건강하게 오래 지탱할 수 없음은 자명한 일이다.

우리는 부(富)란 의지와 노력, 그리고 소망만으로 얻어지는 것이 아니라는 것을 경험적으로 알고 있다. 그래서 "큰 부자는 하늘이 내리고 작은 부자는 근면에서 온다."라는 말을 당연하게 받아들이며 작은 부에 위안하고 있는지 모른다.

큰 부를 이루어 그 부가 자손만대로 대물림되기를 바란다면, 경주 최부잣집의 가훈 속에 그 해답이 있을 듯하다. 그뿐만 아니라 우주의 중심인 가정이 화목하고 재정적 안정을 유지하고자 한다면 가족 모두가 지켜야 할 가훈이 필요하다.

아래의 글은 히라다 마사히코의 책 『누구를 위한 부의 축적인가, 이시다 바이간에게 배운다』에 소개된 내용이다.

"검약이 집안을 바로 세운다. 검약하는 마음을 스스로 조율하고 다스리는 데서 집안을 세우는 일이 시작된다는 진리를 '수신제가치국평천하'라고 했다. 가족 구성원, 특히 가장의 절제와 자기관리가 얼마나 중요한가를 알아야 한다. 검약은 정직함에서 비롯하는 것이며, 사람을 이롭게 하는 것이다. 내가 말하는 검약이란 옷이나 재물을 소중히 여기는 것만이 아니라 부정을 저지르지 않고 마음을 올바르게 가지는 것을 뜻한다. 소비는 욕망을 자극한다. 그러므로 자신을 조율하는 뭔가를 갖지 못하면 인간을 타락하게 한다. 나아가서는 가족이라는 유대까지 무너뜨린다.”

가장의 절제와 자기관리를 통한 검약이 집안을 바로 세운다며 가정의 리더인 가장이 올바른 정신을 지녀야 함을 강조하고 있다.

비록 물리적 자원이 부족하지만 힘을 합치는 것은 가장 중요한 전략이다. 가정이든 기업이든 국가든 힘을 합치기 위해서는 마음을 하나로 모아야 한다. 같은 곳을 바라볼 수 있어야 승리하는 법이다.

스페인 선교사 판토하(1571~1618)가 쓴 최초의 한문 천주교 수양서, 『칠극』에 나오는 자식에 대한 돈 교육과 관련한 글이다.

“당신이 아들을 사랑한다면 덕을 물려주십시오. 재물과 복은 아울러 따라갈 것입니다. 재물을 물려주면 덕과 재물이 모두 위험해지지요. 재물이라는 것은 온갖 죄악이 담기는 그릇입니다. 어린 아들이 많은 재물을 끼고 있는 것은 마치 미친 사내가 예리한 칼을 지닌 것과 같습니다. 자기를 죽이고 남을 해치는 것을 모두 면치 못할 것입니다.”

미국의 부시 전 대통령은 연구소에 ‘가장 행복한 미국인을 찾아라.’라는 프로젝트를 맡겼다. 연구소에서 찾은 가장 행복한 미국인의 공통점은 돈이나 잘생긴 외모 등이 아니라 ‘가족관계가 행복한 사람’이었다. 그중에서도 부부 관계가 좋은 사람이 가장 행복한 사람이었다.

부부 관계에 정답은 없다. 부부도 원팀이다. 각자가 얼마나 유능하고 아름다운지, 역량이 얼마나 뛰어난지가 아니라 팀워크이다. 어느 부부든 원인을 모른 채 서로를 바꾸려고 하면 자신의 뜻대로 바뀌는 게 아니라 관계가 악화되기 시작한다. 내가 아닌 상대를 바꾸려는 시도는 성공확률이 제로에 가깝다. 내 아내, 내 남편을 그대로 받아들일 수 있어야 한다.

최고의 재테크와 가정 재무설계의 성공은 부부 관계에 있다. 좋은 부부 관계가 좋은 자녀를 만들고 좋은 세상을 만든다. 부부가 흔들릴 때 자녀도 흔들린다. 문제 자녀는 문제 부모에게 생긴다. 부부 관계가 행복할 때 자녀도 웃는다.

건강한 자본주의의 출발은 가정에 있다. 모든 가정이 재정적으로 독립한, 중산층의 가정이 되어야 한다. 가화만사성은 부의 토대가 된다. 그 출발은 우선 집집이 돈과 관련한 올바른 태도를 갖게 해주는 가훈에서 시작한다. 가훈을 가져라.

2. 방하착(放下着), 부와 성공의 허상을 놓아라

골목에서 아이들 옹기종기 땅따먹기 하고 있다
배고픈 것도 잊고 해 지는 줄도 모르고
영수야, 부르는 소리에 한 아이 흙 묻은 손 털며 일어난다
애써 따놓은 많은 땅 아쉬워 뒤돌아보며 아이는 돌아가고

남은 아이들 다시 둘러앉아 왁자지껄 논다
땅거미의 푸른 손바닥이 골목을 온통 덮을 즈음 아이들은 하나둘
부르는 소리 따라 돌아가고 남은 아이들은 여전히 머리 맞대고 놀고

부르시면, 어느 날 나도 가야 하리
아쉬워 뒤돌아보리

권지숙 시인의 『그가 부르시면』이란 시다. 그의 부름이 들리면 아
쉽지만 우리 모두는 놀이를 그쳐야 한다. 내가 따먹은 땅도 이루어
놓은 모든 것들도 다 내려놓아야만 한다. 미련과 애착이 클수록 이
부름은 공포의 소리가 된다.

"조금 내려놓으면 조금 평화로워질 것이다. 많이 내려놓으면 많이

평화로워질 것이다. 완전히 내려놓으면 완전한 평화와 자유를 알게 될 것이다. 그때 세상과의 싸움은 끝날 것이다." 태국 출신의 고승 아잔차 스님의 말이다.

방하착(放下着), 수행의 근본은 '놓음'에 있다. 방(放)은 '놓는다.'라는 뜻이며 착(着)은 '집착'을 의미하며, 하(下)는 '아래'란 의미이며 본성을 뜻한다. 따라서 방하착이란 착심(着心)을 내려놓으라는 것으로, 아무것도 하지 말고 멍하니 있으란 말이 아니라 집착하는 마음을 내려놓으라는 것이다.

비단 불교에서만 방하착을 말하는 것은 아니다. 기독교에서도 내려놓음은 매우 중요하게 다룬다. '당신 뜻대로 하소서.'는 내려놓음이다. 그 뜻이 나를 위한 길이라 여기면 편안하다.

마태복음에 "너희는 염려하지 말라, 공중의 새를 보라, 심지도 않고 거두지도 않고 창고에 모아들이지도 아니하되, 너희 하늘 아버지께서 기르시나니 너희는 이것들보다 귀하지 아니하냐, (중략) 그러므로 내일 일을 위하여 염려하지 마라, 내일 일은 내일이 염려할 것이요, 한 날의 괴로움은 그 날로 족하니라."라고 한다. 내려놓음이야말로 편안함과 행복으로 가는 길이라는 가르침이다.

간절할수록 초연해야 한다. 부를 추구하지만 돈에 집착하지 않아야 한다. 소망에 집착하지 않고 놓아버릴 때 더 잘 이루어지는 법이다. 계획대로 안 되면 우주에, 신에게 맡겨라. 더 이상 돌파구가 보이지 않거나 절체절명 위기의 순간, 생의 끝자락이라고 여길 때는 다 내려놓고 엎드려야 한다. 그것이 방하착이다.

돈과 관련해 방하착의 의미는 돈을 벌지 말라는 것이 아니다. 돈을 벌되 돈에 대한 집착은 놓아버리고 여여(如如)하라는 말이다. 적게 벌면 적게 번대로 많이 벌면 많이 번대로 의미 있는 쓰임을 가지면 그것으로 좋은 것이다.

많이 가지려는 것은 결국 돈에 욕심이 생기고 집착이 생겼다는 것을 의미한다. 돈에 눈이 멀게 되면 자기 자신이 보이지 않게 되고, 수많은 기회와 세상이 제대로 보이지 않는다. 큰 성공을 거두려면 남들이 보지 못하는 기회와 세상의 본질을 통찰하고 꿰뚫어 볼 수 있어야 한다. 돈에 대한 과다한 집착으로 눈이 멀게 되면 더 많이 잃게 되는 법이다.

2020년 8월 장마와 집중호우로 경남 합천군 황강의 제방이 유실되는 등 물난리 때 떠내려간 소가 80km를 떠내려간 곳에서 발견됐다는 언론 보도가 있었다. 이 기사를 보고 '우생마사(牛生馬死)'라는 말이 생각났다. 왜 소는 살고 말은 죽을까? 말의 헤엄속도는 소의 두 배의 속도라고 한다. 말은 힘이 좋아 하루 천 리를 달릴 수도 있지만, 물살을 거스르기 때문에 힘이 빠져 제풀에 죽는다. 하지만 소는 절대 물살을 위로 거슬러 올라가지 않는다. 소는 물결 따라 물 흐름에 몸을 맡기고 떠내려가다가 물 밖으로 나온다. 순리에 따르면 산다. 자연의 법칙, 이치에 따르면 산다.

인생을 살다 보면 일이 순조롭게 잘 풀릴 때도 있지만 어떤 때는 일이 아무리 애써도 꼬이기만 한다. 이때 흐름을 거스르지 말고 소와 같은 지혜를 발휘해야 한다. 바락바락 살려는 집착을 놓을 때 살길이 생기는 법이다. 위기에서 성급하게 흐름을 거슬리지 말고 소처럼 아집과 욕심을 내려놓고 우직하게 견뎌내야 한다.

지금은 투자와 투기가 범벅이 된 혼돈의 시대다. 사랑과 배려보다는 부유함이나 안락함과 같은 물질적 가치 추구에 혈안이 된 사람들로 가득하다. 욕망 충족과 물질적 가치에서 삶의 존재가치를 찾으려 한다. 그로 인해 안으로는 스트레스와 괴로움을 겪게 되고, 밖으로는 사회적 갈등으로 이어지게 된다.

내면의 고통과 외부의 갈등에서 벗어나는 방법은 물질적 가치 추구에 있지 않다. 한 번뿐인 인생을 후회로 마감하지 않고자 한다면, 돈과 출세라는 욕망에만 매달리다 보면 더욱 소중한 것을 잃게 된다는 사실을 깨달아야 한다.

행복은 욕망 충족이 아니라 자기성찰과 자기반성을 통한 내적 자각에 있다. 돈을 벌지 말라는 것이 아니라 열심히 돈을 벌되 돈에 대한 집착을 버리라는 뜻이다. 돈에 대한 집착을 내려놓으면 많이 벌어야 한다는 관념에서 벗어날 수 있게 된다. 사리사욕에서 벗어났기 때문에 여여(如如)할 뿐이다. 많이 벌었다면 많이 베풀 수 있게 되고, 적게 벌어도 스트레스 받지 않게 된다.

욕망은 끝이 없어 만족의 끝을 알지 못한다. 내가 가지지 못한 것에 대한 집착은 더욱 심해, 내 손에 있는 아흔아홉보다 남의 손에 있는 하나를 더 탐낸다. 어리석은 자는 '나에게 자식이 있고 재산이 있다.'라고 생각한다. 하지만 깨달은 자는 '나조차 이미 나의 것이 아닌데, 어떻게 자식이 있고 재산이 있겠는가?'라고 생각한다.

춘추전국시대 제나라 환공이 천년 동안 먹고 살 많은 재산이 있어도 백 년을 살 수 없음을 한탄했다고 한다. 부귀영화는 모든 사람들이 바라는 최고의 목표이다. 그래서 수단 방법을 가리지 않고 추구한다. 하지만 인간사에는 그 끝이 있다. 영원히 사는 사람은 없다. 부귀영화도 끝이 있기 마련이다.

조선일보 2019년 10월 19일자 「김지수의 인터스텔라」에 실린 한국 지성의 큰 산맥 이어령 교수의 마지막 인터뷰 「죽음을 기다리며 나는 탄생의 신비를 배웠네」 중 일부다.

"모든 게 선물이었다는 거죠, 마이 라이프는 기프트였어요. 내 집도 내 자녀도 내 책도, 내 지성도, 분명히 내 것인 줄 알았는데 다 기프트였어. 어린 시절 아버지에게 처음 받았던 가방, 알코올 냄새가 나던 말랑말랑한 지우개처럼, 내가 울면 다가와서 등을 두드려주던 어른들처럼. 내가 벌어서 내 돈으로 산 것이 아니었어요. 우주에서 선물로 받은 이 생명처럼, 내가 내 힘으로 이뤘다고 생각한 게 다 선물이더라고."

내 몸을 비롯해 내가 이 세상으로부터 받은 모든 선물은 '내 것'이라는 생각은 착각이다. 일정 시점이 되면 모든 것을 내려놓아야 한다. 베푸는 것이 아니라 되돌려 놓는 것임을 깨달아야 한다. 이 세상에 본디 나의 것이란 없으며, 모든 것은 나와 세상을 위해 잠시 활용하는 것이기 때문에 목적을 달성했다면 다시 원래로 돌려주는 것이 당연하다.

다 이루었으면 더 이상 매달리는 것은 아집이다. 부와 성공의 허상을 쿨하게 내려놓을 줄 알아야 한다. 집착을 놓아버렸을 때 지금까지와는 전혀 다른 새로운 세계가 열리게 된다.

현실 속에서 우리가 집착하는 것은 재물, 애정과 같은 것들이다. 그것들은 실재하는 행복이 아니라 욕망의 쓰나미와 같은 것이다. 과

분한 집착은 재앙을 불러오는 허상임을 깨달아야 한다. 마음의 집착
을 내려놓는 법을 배우고 익히는 것이 도(道)다. 방하착(放下着)!

2-1. 자리이타(自利利他)

*"부자는 가난한 사람들을 위해서가 아니라 자기 자신을 위해서 그의
부(富)를 버려야 한다."*

— 프랑스의 철학자 베르그송

화엄경에는 남을 이롭게 함으로써 스스로를 이롭게 한다는 '자리
이타(自利利他)'의 가르침이 있다. 나에게 도움 되는 일이 다른 사람
에게도 도움이 되는 것을 뜻하는 말이다. 진정한 도움, 진정한 사랑
은 '자리이타'이다. 너를 이롭게 함으로써 나에게도 이롭다. 너도 좋
고 나도 좋고. '나'와 '타인'이 하나임을 자각할 때 무한한 풍요로움과
도(道)가 찾아온다.

일본의 유명한 여류작가인 미우라 아야꼬는 생계가 어려웠던 시
절, 동네에 잡화점을 열었다. 장사가 잘 될 무렵, 건너편에 비슷한 잡
화점이 새로 생겼다. 그런데도 아야코네 가게만 잘되었다. 어느 날
남편이 말했다.

"저 집은 학교 다니는 아이들도 있어 들어갈 돈도 많을 텐데 장사
가 잘 안되니 우리가 좀 도와주십시다. 우리 가게에 물건을 좀 덜 갖
다 놓으면 손님들이 그 물건을 찾을 때 저 집 가서 사라고 추천해 줄

수 있지 않겠소?"

남편 말대로 하자 상대편 가게가 장사가 잘되기 시작하면서 아야코에게 여유 시간이 생겼고, 덕분에 아야코는 글을 쓰기 시작했다. 마침 아사히 신문사 장편소설 공모가 났고, 여기에 아야코가 당선되었다. 그 소설이 바로 그 유명한 『빙점』이며, 이후 가게에서 번 돈보다도 몇백 배의 부와 명예를 얻었다.

단지 자신과 가족의 물질적 풍요를 위해 수단 방법을 가리지 않고 돈벌이에만 혈안인 사람들은 진정 행복한 부자가 될 수 없다. 동물과 인간이 다른 점은 이타주의에 있다. 오직 자신과 가족만 잘 먹고 잘살기 위한 부(富)는 죄악이다. 진정한 부의 의식은 '모두가 행복해지는 마음, 남이 행복하면 나도 그만큼 행복해지는 마음'을 기반으로 하는 정신이다.

우리나라 대표적 노블레스 오블리쥬의 표본이 경주 최부잣집이다. 최부잣집 가훈에서 드러나는 가장 큰 특징은 자기 절제와 검약의 Rule이다. 자신에게 적용하는 기준이 매우 엄격하지만 다른 사람에게는 매우 후하게 덕을 베푼다는 것이다.

최부잣집의 1년 소작료 수입이 약 쌀 3천 석 정도였다고 한다. 이 가운데 1천 석은 집안용으로, 1천 석은 과객 접대용으로, 나머지 1천 석으로는 주변 지역의 어려운 사람들을 도와주는 데 썼다고 한다.

주변에 굶어 죽는 사람이 없게 하라는 가훈을 지키기 위해, 동쪽으로는 경주 및 동해안 일대와 서쪽으로는 영천, 남쪽으로는 울산, 북쪽으로는 포항까지 사방 1백 리 안에 굶어 죽는 사람이 없도록 수입 3천 석 가운데 1천 석을 빈민구제에 썼다고 한다.

가난한 사람들에 대한 부자의 너그러움은 무념보시의 음덕(陰德)을 쌓는 것이다. 최부잣집의 가훈은 부자가 궁극적으로 실천할 도(道)를 보여주고 있다. 그것은 다름 아닌 자리이타 정신, '남도 이롭게 하면서 자기 자신도 이롭게 하는 것'이다. 이 가훈을 통해 자신의 부(富)를 덕(德)이 되도록 하는 것임을 잘 보여주고 있다.

이는 "남에게 대접을 받고자 하는 대로 남을 대접하라(마태복음 7장 12절)."라는 기독교의 황금률과도 통한다. 동서고금을 막론하고 인류가 추구하는 이상향은 서로가 돕고 서로를 이롭게 하는 자리이타(自利利他)의 세계다.

부자가 되려면 사리에 밝아야 하고 사려 깊어야 한다. 노자는 "거두어들이려면 반드시 먼저 베풀어야 한다."라고 했다. 주역에도 '적선지가 필유여경'이란 말로 선(善)을 쌓아야 한다고 가르친다. 복을 지어야 덕이 따라오고 덕을 베풀어야 복이 오는 게 세상 이치다. 사리에 밝아야 한다.

남모르게 선행을 베풀 때는 그 음덕이 크고 작은 것이 중요한 것이 아니라 그 마음이 중요하다. 만나는 사람들에게 늘 미소를 지으며 상대를 편안하게 하는 것은 사려 깊음이며 큰 베풂이다. 베풀지 않고서 복덕을 바랄 수는 없다.

돈벌이의 목적은 다른 이들의 삶을 개선하고 나아가 세상을 발전시키는 데 있다. 이 세상을 살아가는 이유가 단지 부자 되는 것이어서는 안 된다. 진정한 성공과 행복을 성취하는 데 있다. 그것을 판단하는 기준은 '나로 인해 세상이 더 이롭고 풍요로워졌는가?'에 있다.

인생의 끝에 이르러서 돈을 벌기 위한 행위들을 되돌아보며, 가치 있는 삶이었다고 솔직하게 말할 수 있어야 한다. 오랜 세월 그토록 힘들여 노력한 일들이 진정 의미 있고 세상에 도움을 주는 것이었다고.

　도를 닦는 수행자든 돈을 버는 사업가든 자신만을 위하는 마음이어서는 안 된다. 타인을 위하는 마음, 이타심이 최고의 경지로 이끌어 준다.

2-2. 진공묘유(眞空妙有)

"내가 지난밤 꿈에 나비가 되었다. 날개를 펄럭이며 꽃 사이를 즐겁게 날아다녔는데, 너무 기분이 좋아서 내가 나인지도 몰랐다. 그러다 꿈에서 깨어버렸더니 나는 나비가 아니고 내가 아닌가? 그래서 생각하기를 아까 꿈에서 나비가 되었을 때는 내가 나인지도 몰랐는데 꿈에서 깨어보니 분명 나였던 것이다. 그렇다면 지금의 나는 진정한 나인가? 아니면 꿈에서 내가 된 것인가, 내가 나비가 되는 꿈을 꾼 것인가? 나비가 내가 되는 꿈을 꾸고 있는 것인가?"

『장자 제물론』에 나오는 호접몽 이야기다. 장자에게 가상세계와 현실 세계는 구분되지 않는다. 꿈은 곧 현실이고, 현실은 곧 꿈이다. 가상세계의 나비는 현실 세계의 장자고, 현실 세계의 나비는 가상세계의 장자다.

　단하선사가 낙양의 혜림사에 머물고 있을 때였다. 어느 추운 겨울 날 법당의 목불(木佛)을 꺼내 불을 지폈다. 이것을 본 주지가 무슨 짓이냐며 고함을 질렀다. 단하선사가 "부처님을 태워서 사리를 얻으려고 하네."라고 말하자 주지는 더욱 화를 내며 "목불인데 무슨 놈의 사리가 있단 말이냐?"라고 고함쳤다. 이때 단하선사는 "사리가 없는 부처님이라면 불을 땠다고 해서 나를 책할 것이 없지 않느냐!"라고 대답한다.

목불에서 사리가 나올 리는 없다. 진정한 믿음은 나무 불상이 아닌 마음에서 나오는 것임을 깨우쳐 준다. 우리가 보고 믿는 모든 것들이 다 허상은 아닐까?

불교에서는 꿈에서 깨어나는 것, '인간의 본능을 포함한 일체의 모든 것이 공(空)이요, 허상이다, 착각인 줄 알고 그 마음들을 전부 부처님 전에 바쳐라.'라고 가르친다.

본능에서 자유로워질 때 진정 자유인이 되고 부귀영화도 쥐락펴락할 수 있게 된다. 인생이란 지나고 나면 환(幻)이요, 꿈이다. 깨고 나면 생생한 꿈 이야기다. 고통도 즐거움도 아름다움도 미움도 순식간에 사라져 버리는 홀로그램이며, 허상이며 아무것도 아니다.

허상에 매달리는 착각을 하지 말고 지혜의 눈을 떠야 한다. 지혜의 눈으로 보면 이 세상에 내 것은 없다. 내 몸도, 자식도, 재산도 내 것이 아니다. 때가 되면 다 두고 가야 한다. 부귀영화와 권세도 허상이다.

50여 년간 기 에너지 연구에 몰입한 UCLA의 생리학 교수인 헌트(Valerie Hunt) 박사는 "우리가 자신을 완전히 텅 비우는 순간 어마어마한 변화가 일어납니다. 천 리 밖을 내다보는 능력, 마음으로 질병을 치유하는 능력, 만 리 밖에서 마음으로 대화하는 능력, 숨어 있던 이 모든 능력이 깨어나게 되죠."라는 말로 진공묘유를 설명하고 있다.

진공묘유(眞空妙有), '나를 텅 비우면 오묘한 일들이 일어난다.'라는 말로 마음의 단식을 말한다. 우리 의식의 표면은 시도 때도 없이 피어오르는 생각들로 늘 뒤덮여 있다. 하지만 우리가 조용히 바라보면 그 생각들은 저절로 사라진다. 그러면서 아무 생각도 없는 텅 빈 마음이 드러난다.

실패와 가난이라는 괴로운 상황이 문제가 아니라 그 상황에 안절부절못하는 우리의 마음 자세가 문제다. 초연해야 한다. 물리적 현실이 환상임을 받아들여야 한다. 물질화라는 것이 생각과 감정의 구체적인 결과물임을 알아차려야 한다. 물질의 바탕을 이루는 에너지는 우리의 의식, 마음이다. 마음을 텅 비우면 오묘한 일이 일어난다. 그것이 진공묘유의 가르침이다.

간절히 원하는 것은 잘 이루어지지 않지만, 희미한 기억 속의 염원은 잘 이루어진다. 잔뜩 힘이 들어간 염원, 욕심으로 가득 찬 염원은 잘 이루어지지 않는다. 힘을 빼야 한다. 마음을 비워야 한다. 그것은 우주의 무한력에 스스로를 맡기는 것이다. 그래야 우주와 하나가 되어 우주의 무한 에너지를 받아들일 수 있게 되고 바라던 것을 이룰 수 있게 된다. 텅 비움인 진공묘유는 우주와 하나가 되는 것이다. 진짜 비우게 되면 이루어지게 된다.

우리는 '마음을 비웠다.'라는 말을 자주 사용하지만, 진짜로 마음을 비운다는 것은 오랜 수련이 없으면 결코 쉽지 않은 일이다. 마음을 비우면 진실이 보이지만, 마음이 욕망으로 가득 차 있으면 진실은 보이지 않는다. 행복이란 마음을 비우는 것에서부터 시작된다.

나를 비울 때 만족과 행복이 채워지는 것이다.

수행의 고수들은 마음을 비웠을 때 자신의 본성과 세상의 이치를 확연히 깨달았다고 말한다. 다른 말로는 도(道)를 통했다는 말이다. 마음을 비웠다는 것은 집착을 버린 것이며, 모든 것을 주관이 아닌 객관적으로 바라볼 수 있는 상태다. 이 또한, 욕망을 버림으로써 욕망에 가려진 자신의 본성을 보았다는 의미일 것이다.

고대 그리스 로마 철학자 에픽테투스는 "삶에서 잃을 것은 아무것도 없다. 어떤 경우에도 '난 이러이러한 것을 잃었다.'라고 말할 것이 아니라 '그것이 제자리로 돌아갔다.'라고 말하라. 그러면 마음의 평화를 잃지 않을 것이다. 나의 배우자가 죽었는가? 아니다. 그는 본래의 자리로 돌아간 것뿐이다. 너의 재산과 소유물을 잃었는가? 아니다. 그것들 역시 본래의 위치로 돌아간 것이다."라고 말한다.

우리가 아무리 열심히 살아도, 그리고 그 경쟁에서 승자가 된다 해도, 우리는 여전히 한 명의 인간에 불과하다. 인간은 누구나 죽어야 한다. 영원히 살 수는 없다. 인생의 수(壽)가 길어야 100살이다. 강건하면 그 이상 살 수 있는 사람도 있지만, 보통은 그렇지 못하다. 하지만 우리는 부와 성공을 이루게 되면, 마치 천 년 만 년 그것을 누리며 살 수 있는 듯, 착각에 빠진다. 그 착각이 집착을 초래한다.

우리는 물질적 현상이 정말 진짜인 것처럼 보이고, 그것만이 전부인 것처럼 믿으며 살아가기 때문에 내면의 목소리를 듣지 않은 채 생존에만 전력을 다한다. 하지만 눈에 보이는, 오감이 만들어내는 현실만이 현실이 아니다. 자신을 육신과 동일시하는 생각을 멈춰야 한다. 우리는 육신의 옷을 입고 있다. 죽음은 우리의 옷인 육신을 벗는 행위에 지나지 않는다.

인체의 모든 세포를 쪼개보면 빈 공간이라고 한다. 뇌고 몸뚱이고 텅텅 비어 있다는 말이다. 색즉시공이다. 아인슈타인도 "우리는 시각적 착각 속에 살고 있다."라고 했고, 양자물리학자 틸러 박사는 "인간의 99.9999퍼센트는 빈 공간"이라고 말했다.

육신도 내 것이 아니요, 세상에 널려 있는 온갖 물질들도 다 허상이라는 진실을 깨닫는 순간, 소유와 탐욕의 마음과 그로 인한 고통은 저절로 텅 비어버린다.

"일체유위법 여몽환포영 여로역여전 응작여시관(一切有爲法 如夢幻泡影 如露亦如電 應作如是觀)"

『금강경』 4구게 중 한 구절이다. "일체의 있다고 하는 것은 꿈과 같고, 환상과 같고 물거품과 같으며, 그림자와 같으며, 이슬과 같고, 또한 번개와 같으니, 응당 이와 같이 관할지니라."라는 뜻이다.

지금 철석같이 믿고 있는 것이 어처구니없는 착각에 불과할 수 있다. 대궐 같은 나의 집, 고급 승용차는 실재하는 것인가? 어디서 와서 어디로 갈까? 우리 눈에 보이는 모든 것은 무(無)에서 나와 무(無)로 돌아간다. 세월이 흐르면 녹슬고 썩어 결국 먼지로 돌아간다.

내 몸, 내 생각은 내 것일까? 연인을 향해 죽도록 사랑하겠다는 마음은 언제까지 유지될까? 나를 끔찍하게 아껴주고 사랑해주던 부모님은 영원히 내 기억 속에 존재할 수 있을까? 이 모든 것들도 세월이 흐르면 새벽 물안개처럼 결국은 사라진다.

부자든 빈자든 모든 이들의 공통점은 '한 번뿐인 인생을 살아간다는 것'이다. 결국, 우리 모두가 향하는 곳은 죽음이다. 그 최후의 날까지 돈이 아니라 각자의 삶에서 반드시 가야 할 길을 발견하여 이 세상에 의미 있는 공헌을 하는 삶이야말로 세상에 대한 최고의 헌신이며, 그들이 이 시대의 도인(道人)들이다.

진공묘유(眞空妙有), 마음을 텅 비우면 오묘한 일, 참된 기쁨이 몰려온다. 텅 빈 나를 바라보는 관찰자가 진짜 나이며 본성이다.

에필로그, '한 손에는 화식열전, 한 손에는 죽비를'

"인간의 본질적 한계를 깨닫고 물질적 욕망을 버린 무욕(無慾)의 세계로 갈 때 우리는 조화로운 삶의 궁극에 도달할 수 있다."

– 아인슈타인

아인슈타인의 이 말은 그가 불교 신자는 아니지만, 부처님의 가르침처럼 들린다.

돈과 도(道), 이 둘 다 내가 깊이 경험하지 않은 것, 충분히 이해하지 못한 것에 대해 글을 썼다는 자책감이 몰려온다. 하지만 "여행이란 새로운 세상을 보기 위해서가 아니라 세상을 보는 새로운 눈을 뜨기 위해 떠나는 것."이라는

말처럼 부(富)를 보는 새로운 눈을 뜨기 위한 여정이었다.

이 책은 여태 살아오면서 부(富)에 관해 동서고금의 지혜들과 세상이 나에게 알려준 것들을 씨줄 날줄 삼아 엮어내고 돌이켜본 산물이다. 그렇다고 부자가 되기 위해 '이렇게 살아야 한다.'라고 강요할 의도는 전혀 없다.

이 책으로 인해 부자가 되었다고 생각하는 사람들이 그들만의 방법으로 또 다른 사람들을 부자로 이끌어 준다면 더 바랄 게 없다.

이 세상 모든 사람들의 목표가 '부자가 되는 것'이라면 세상은 삭막하고 험악해질 것이다. 누군가는 신부님, 스님이 되고, 또 누군가는 예술가나 과학자, 환경운동가가 되는 것을 목표로 해야 그보다 훨씬 잘 살고, 살맛 나는 세상이 된다. 비록 돈이 풍족하지 않아도 인간다움을 통해 지성과 예의를 지켜 고귀한 정신적 행복을 지향하는 삶을 추구하는 사람들도 많다.

부와 성공은 우리 삶의 목적이 아니다. 자신에게 의미가 있고 즐거운 삶을 살아갈 때 얻어지는 부산물일 뿐이다. 부자 되고 난 뒤에 골병 들면 무슨 소용이 있나? 늙어 병상에 눕기 직전에 이르러서야 삶의 진정한 아름다움에 눈을 떠서는 안 된다. 바로 지금 돈과 출세가 아닌 자신만의 완전한 인생을 시작해야 한다.

좋은 삶이란 나답게 자유롭게 사는 것이다. 다른 사람의 눈을 잣대로 살기보다 있는 그대로의 나를 긍정하고, 나의 삶에 중요한 의미를 추구하며, 나의 본질적인 정체성에 집중하는 것이 필요하다. 결국, 돈이 아닌 나 자신에게 중요한 의미를 추구하며 살아갈 때 좋은 삶을 누릴 수 있다.

절제가 뒷받침되지 않는 물질적 부(富)는 언젠가 사라져 버린다. 로버트 기요사키는 "나는 진정한 부자가 되고 싶었다. 그것은 정신적으로도 물질적으로도 감정적으로도 영적으로도 부자가 되는 것을 의미했다."라고 했다. 진정한 부자는 물질적, 정신적 영적 부자를 의미한다.

행복한 부자가 되고 싶다면 돈에 집착해서는 안 된다. 자기답게 사는 인생에 집중하고, 돈은 잊는 것이 바람직하다. 많은 사람들이 돈을 찾아 헤매며, 돈을 위해서는 무슨 짓이든 한다. 하지만 결과적으로는 손에 넣은 돈은 물론이고, 마음의 평화와 건강마저 잃게 된다.

고통의 근원인 돈으로부터 해탈할 수 있게 될 때 인생은 그 자체로 즐겁고 밝고 활기찰 것이다. 더 이상 돈을 벌지 않아도 된다고 할 때 하고 싶은 일은 무엇인가? 그 일을 찾고 준비해야 한다.

진정한 부자는 지갑이 비어도 개의치 않는 사람이다. 참된 부와 풍요는 외부가 아닌 우리의 내면에 있다. '아무리 가진 게 없는 사람도 마음만 먹으면 얼마든지 부자가 될 수 있다.'라는 사실을 깨달은 사람은 진짜 부자다. 돈뿐만 아니라 모든 것들에 구속받지 않는 사람이야말로 진정한 부자이다. 최고의 삶이란 풍족한 삶이 아니라 자유로운 삶, 마음의 평안에 있다.

돈만 밝히고 도(道)를 등한시하면 천박한 속물이 된다. 도(道)를 닦는 것은 마음을 닦는 것이다. 끊임없이 마음을 닦는다고 돈이 들어오지는 않는다. 하지만 사고방식이나 태도를 바꾸어 전과는 다른 삶으로 바꿀 수는 있다.

우리가 이 땅에 온 목적은 영혼의 성장에 있다. 돈을 벌려고 출세를 하고자 온 것은 아니다. '영적 성장을 위한 수행'이라는 고결한 목표를 위해 태어났다. 돈을 벌고 쓰는 일 또한 궁극적으로는 나를 닦는 수행의 한 방편에 불과하다.

영적 성장을 위한 삶을 사는 사람들은 본성에 회귀하고자 하는 영성 의식이 중심이 된 삶을 살고 있다. 그래서 그들은 지금의 삶을 자신의 의식을 정화시켜가는 배움터라고 생각한다.

하지만 불행하게도 동물적 탐욕의 의식에 휘둘리며 사는 사람도 있다. 그들이 추구하는 삶이란 어떻게 하면 남들보다 더 많이 가지고 좀 더 즐겨 볼까 하는 수준이다. 동물의식의 차원에 머물러 있는 한 진정한 행복이란 찾아 오지 않는다. 물질을 추구하면 쾌락만을 얻을 뿐, 진정한 행복은 정신을 추구해야 얻을 수 있다.

경제활동을 영위하면서, 일상생활 속에서 자신의 마음과 영혼을 성장시켜 나가는 길을 찾아야 한다. 그것은 깊은 산속으로 들어가 수련하는 것보다 훨씬 더 힘들고 더 큰 노력을 필요로 할지도 모른다. 조용한 산속이 아닌 세속에서의 자기 절제야말로 고(高) 난이도의 자기 수양이기 때문이다.

돈과 도(道)는 대립하는 것도 아니고 서로 다른 것도 아니다. 인생과 돈에 의미를 부여할 때 도(道)가 보이고, 돈에서 해탈한 자가 도인(道人)이다. 돈으로부터의 '해탈'이란 돈의 많고 적음에 개의치 않는 자, 돈으로 인한 고통과 굴레를 벗어나 돈으로부터 자유로운 자이다. 자신이 하는 일이 곧 수행이라고 생각하고, 깨달은 마음으로 돈을 벌 수 있다면 그 일은 나와 타인을 살린다.

해탈한 자산가란 어떠한 경우에도 돈과 재물로 인해 무너지지 않는다. 부와 관련한 그들의 생각은 '사람을 기쁘게 하고 봉사를 하면 돈은 저절로 들어온다.'는 확고한 믿음이다. 또한, 그들은 자신이 왜 부자가 되어야 하는지 그 이유를 아는 사람이며, 스스로가 우주의 무한한 풍요로움과 연결된 '무한부자'라는 사실을 깨닫고 굳건히 믿는 사람이다.

부귀를 누리려면 사리에 밝아야 하고 사려 깊은 사람이 되어야 한다. 해탈한 자산가는 사려 깊고 사리에 밝은 사람이기도 하다. 해탈한 자산가, 행복한 부자가 되어라, 부자는 그렇지 않은 사람보다 훨씬 더 좋은 일을 할 수 있다. 자기 절제를 통해 헐벗고 가난한 사람들을 도와주는 부자들이야말로 우리 사회의 생활 도인들이다.

세상을 사는 건 뭇사람들의 베풂 덕분이다. 하여 남은 생은 다른 사람들의 은혜에 보답하며 살아야 한다. 돈이 많으면 나누고, 없으면 안 쓰면 되고, 불편하면 수행으로 여기고 참으면 된다. 돈이 없으면 어떻고 조금 불편하면 또 어떤가?

이 책을 읽으신 모든 분들이 부디 깊은 산 속의 무소유 道人이 아닌, 세간(世間)속 큰 부자 道人이 되어 많은 사람을 살리는 해탈한 자산가가 되길 바라며 이 글을 마친다.

참고도서

「얼마나 있어야 충분한가」로버트 스키델스키, 에드워드 스키델스키 지음, 김병화 옮김, 박종현 감수, 부키, 2019.

「깨달음」김종의, 산지니, 2018.

「정신력의 기적」단 카스터, 역자 진웅기, 문예출판사, 2003.

「너의 내면을 검색하라」차드 멍 탄 지음, 권오열 옮김, 알키, 2012.

「행복의 정복」버트런트 러셀 지음, 이순희 옮김, 사회평론, 2005.

「머니」 토니 로빈슨 지음, 역자 조성숙, 알에이치코리아, 2015.

「파이어족은 온다」스콧 라킨스 지음, 역자 박은지, 지식노마드, 2019.

「완전한 몸, 완전한 마음, 완전한 생명」전홍준, 에디터, 1998.

「해동화식전」 이재운 지음, 안대회 옮김, ㈜휴머니스트, 2019.

「사마천의 화식열전1」 우승택 지음, 참글세상, 2010.

「사마천 경제학」소준섭 지음, 서해문집, 2011.

「사마천 애덤 스미스의 뺨을 치다」오귀환 지음, 한겨레신문사, 2005.

「재기」 장옥빈 지음, 역자 백은경, 고수, 2004.

「상성1~3」 세스쥔 지음, 김태성, 이은주 옮김, 중앙M&B, 2004.

「상경」스유엔 지음, 김태성,정윤철 옮김, 더난출판, 2002.

「거상」 쟈구어씨, 장쥔링 지음 김태성 옮김, 더나출판 2004.

「경세지략」 홍매 지음, 역자 임국웅, 넥세스, 2003.

「네 안의 부자본능을 깨워라」 백승헌 지음, 청림출판, 2007.

「소설 부자1,2권」 이재운, 바움, 2003.

「소설 갑부1,2권」이재운, 비움, 1996.

「중국 3천년의 인간력」모리아 히로시 지음, 박화 옮김, 청년정신, 2004.

「사마천 인간의 길을 묻다」

「사마천의 화식열전1,2」우승택 지음, 참글세상, 2010.

「당신도 초자연적이 될 수 있다」조 디스펜자 지음, 추미란 옮김, 산티, 2021.

「1700년 동안 숨겨진 절대기도의 비밀」 그렉 브레이든 지음, 황소연 옮김, 굿모닝미디어, 2019.

「여기가 끝이 아니다」린 그라본 지음, 나비스쿨, 2021.

「칠극」 판토하 지음, 정민 옮김, 김영사, 2021.

「너의 내면을 검색하라」차드 멍 탄 지음, 권오열 옮김, 알키, 2012.

「자조론」 새무얼 스마일즈 지음, 공병호 옮김, 비즈니스북스, 2006.

「타이탄의 도구들」 팀 페리스 지음, 박선령, 정지현 옮김, ORNADO, 2017.

「부의 바이블」 다이엘 라핀 지음, 김재홍 옮김, 북스넛, 2017.

「제로」천시아 지음, 정신세계사, 2012.

「더 해빙」이서윤, 홍주연 지음, 수오서재, 2020.

「스스로 행복하라」 법정, (주)샘터사, 2021.

「THE RULE」 닥터 매직 지음, 은행나무, 2020.

「감응력」페니 피어스 지음, 김우종 옮김, 정신세계사, 2009.

「월든」 헨리 데이빗 소로우 지음, 강승영 옮김, 은행나무, 2020.

「마흔의 돈 공부」단희쌤, 흐름출판, 2019.

「이시다 바이간에게 배운다」 하리다 마사히코 지음, 양억관 옮김, 멜론, 2009.

「자본주의」EBS 〈자본주의〉제작팀, 장지은, 고희정 지음, 가나문화콘텐츠, 2013.

「자본주의 사용설명서」 EBS 〈자본주의〉제작팀, 장지은, 고희정 지음, 가나문화콘텐츠, 2014.

「왓칭」김상운 지음, 정신세계사, 2011.

「돈」보도셰퍼 지음, 이병서 옮김, 에포케, 2020.

「오래된 비밀」이정일 지음, 이다미디어, 2013.

「마스터」클래스 케이 지음, 케이미라클모닝, 2021.

「죽기 전에 한번은 유대인을 만나라」랍비 조셉 텔루슈킨 지음김무겸 옮김, 북스네넷, 2012.

「바빌론부자들의 돈 버는 지혜」 조지S. 클레이슨 지음, 강주헌 옮김, 국일미디어, 2018.

돈道不二

펴 낸 날 2022년 3월 4일

지 은 이   강상삼
펴 낸 이   이기성
편집팀장   이윤숙
기획편집   윤가영, 이지희, 서해주
표지디자인 윤가영
책임마케팅 강보현, 김성욱
펴 낸 곳   도서출판 생각나눔
출판등록   제 2018-000288호
주   소   서울 잔다리로7안길 22, 태성빌딩 3층
전   화   02-325-5100
팩   스   02-325-5101
홈페이지   www.생각나눔.kr
이 메 일   bookmain@think-book.com

• 책값은 표지 뒷면에 표기되어 있습니다.
  ISBN   979-11-7048-373-1(03190)